HSE 履职能力评估必备知识丛书

HSE 管理知识与管理要求

韩文成　主编

石油工業出版社

内容提要

本书全面介绍了健康、安全与环境（HSE）管理知识和管理要求，涵盖了职业健康、消防安全、交通安全、设备设施、电气安全、环境保护、危险化学品、实验室安全及社会安全等多个领域。每章均从基础知识入手，结合实际案例，深入浅出地讲解了理论知识、管理要求及管控措施。书中还穿插了“相关链接”模块，提供了诸如“冰山理论”“破窗效应”等管理学知识，帮助读者拓宽视野。此外，随堂练习一百余例题为读者提供了实践与巩固知识的机会。

本书适合企业各级管理人员、安全生产人员及相关领域的学习者参考使用，旨在提升各级领导干部和管理人员的 HSE 履职能力，保障安全生产与员工健康。

图书在版编目（CIP）数据

HSE 管理知识与管理要求 / 韩文成主编 . -- 北京 : 石油工业出版社 , 2025. 5. --（HSE 履职能力评估必备知识丛书）. -- ISBN 978-7-5183-7470-0

Ⅰ. F426.22

中国国家版本馆 CIP 数据核字第 2025SL1158 号

出版发行：石油工业出版社
（北京安定门外安华里 2 区 1 号　100011）
网　址：www.petropub.com
编辑部：（010）64523550　　图书营销中心：（010）64523633
经　销：全国新华书店
印　刷：北京中石油彩色印刷有限责任公司

2025 年 5 月第 1 版　2025 年 5 月第 1 次印刷
787×1092 毫米　开本：1/16　印张：16.5
字数：267 千字

定价：90.00 元
（如出现印装质量问题，我社图书营销中心负责调换）

《HSE 履职能力评估必备知识丛书》

编 委 会

《HSE 管理知识与管理要求》

编 写 组

主　编：韩文成

副主编：熊　勇　龚德洪

成　员：张存社　魏成选　金　山　岳　成　郭旭航　郭梦宇　朱　鼎
周　肃　孔　浩　刘　洋　陈　璐　王一飞　戴昕昀　蒋佩忱

序

自20世纪90年代HSE管理体系进入中国以来，企业各级领导干部和员工的HSE理念、意识与风险管控能力得到了明显提升，但大部分领导干部和员工安全环保履职能力与企业实际需求相比还存在明显差距，这已成为制约企业HSE管理水平持续提升的瓶颈。尤其在当下面临安全发展、清洁发展、健康发展的新局面、新形势、新要求，领导干部和员工的知识结构、业务能力和安全素养还需要竿头日进。因此，为有效落实国家安全技能提升行动计划的部署要求，需坚持以安全知识培训为基础、以履职能力评估作手段，补齐干部员工安全素质短板，扎实推动全员岗位安全生产责任落实。

安全环保履职评估对象为领导人员和一般员工，领导人员是指按照管理层级由本级组织直接管理的干部，一般员工指各级一般管理人员、专业技术人员和操作服务人员。安全环保履职能力评估内容主要包括安全领导能力、风险管控能力、HSE基本技能和应急指挥能力，可通过现场访谈、绩效考核和知识测试几种方式结合，从具备的知识、意识、技能，以及应用和成效等几个方面进行评估。通过开展评估掌握全员安全环保履职能力的现状，明确员工安全环保履职能力普遍存在的短板，持续提升员工的HSE意识、知识和技能，确保全体员工的安全环保能力满足风险管控需求。评估结果将作为领导干部在职考核、提拔任用和个人HSE绩效考核的重要参考依据。领导人员调整或提拔到生产、安全等关键岗位，应及时进行安全环保履职能力评估；一般员工新入厂、转岗和重新上岗前，应依据新岗位的安全环保能力要求进行培训，并在入职前接受安全环保履职能力评估。

通过这些年的HSE履职能力评估实践发现，大多数领导干部和员工能够以能力评估为契机，在履职能力评估的准备与访谈过程中，对自身的HSE观念、知识和技能有了一次客观的认知的机会，通过评估都得到了一定程度的引导、启发和提升。但受时间等各类客观条件的限制，很难在短时间内有全面系统的提高，需找到一种系统、全面、权威的学习材料，以方便各级领导和员工在评估前后进行系统性、针对性的学习。虽然现在相关的各类书籍很多，但往往针对部分内容，对 HSE 管理理念、知识和技能的全面而系统的梳理一直还是空白。

为了方便各级领导和员工平时对 HSE 相关理念、知识和技能的学习，填补这方面学习书籍的空白，笔者总结了多年履职能力评估实践工作的经验，结合当前各级领导干部和员工理念、知识和技能的实际需求，对相关要求进行了全面、系统的梳理，形成了四个分册，分别从 HSE 管理理念与工具方法、HSE 管理知识与管理要求、风险管理与双重预防机制、作业许可与承包商安全管理等四个不同的方面进行叙述，针对不同的内容采用介绍、概括、提炼、精简、摘要、解析等方式进行编写，以方便各级领导和员工对相关内容知识的学习和查阅。

本丛书充分汇集和吸收了国内外最新的 HSE 理念、法规、标准、制度的先进思想与要求，充分收集和吸取了 HSE 工具、方法、知识、技能在实践运用中的成功经验，以及遇到的各类问题和解决方法，充分汇总和凝聚了业内各位 HSE 履职能力评估专家在多年实际工作中的体会与感悟，充分归纳和总结了第三方咨询机构在 HSE 履职能力工作中的经验教训与研究成果。

领导干部要“坚持学习、学习、再学习，坚持实践、实践、再实践”，学习是成长进步的阶梯，实践是提高本领的途径，工作水平提高的源泉是不断学习和实践。各级领导干部和员工要真正把学习作为一种追求、一种爱好、一种健康的生活方式；要善于挤时间，多一点学习、多一点思考；要沉下心来，持之以恒，重在学懂弄通，不能心浮气躁、浅尝辄止、不求甚解；要做到干中学、学中干，学以致用、用以促学、学用相长。相信本丛书的出版将为广大干部和员工学习 HSE 理念和知识，提升 HSE 履职能力提供极大的帮助！

前言

当前企业一些领导干部对安全管理感到乏力，尤其是大部分中层管理人员在HSE管理上缺乏求知欲和上进心，浅尝辄止的现象较为普遍，工作上“不主动、不积极、不作为”。对“直线责任”的理解变相为一种自我约束和自我设限的理由，“各人自扫门前雪，莫管他人瓦上霜”，在安全管理上同样缺乏“政治意识、大局意识、核心意识和看齐意识”。

一些领导干部在处理一些复杂程度高、专业性强的安全环保问题时，往往拿不出科学有效的应对措施和管理举措，往往被检查和考核“牵着鼻子走”，很难真正打开良好工作局面。此外，个别领导干部自认为是科班出身，知识储备较为扎实，但对知识的更新不及时，对专业化要求不重视，导致在新情况、新问题、新任务面前常常出现能力短缺、素质短板、方法短路的现象。

既要对HSE管理体系做好顶层设计，又要强调突出抓好各专业领域和关键环节的管控；既要对各项HSE管理作出系列要求，又要把风险管控和职责落实作为突破口，着力解决存在的管理短板和薄弱环节，全力统筹好推进的速度、力度和进度，把握平衡、综合施策，从而激发统筹兼顾的优势，达到持续改进的更好效果。

各级领导干部和员工要努力学习各方面知识，加快知识更新，优化知识结构，拓展眼界和视野，提高业务能力和安全管理能力。从干部自身来讲，要不断提高自我修养、增加HSE知识储备、遵守规章制度，老老实实做人，踏踏实实干事，敢于担当。要勤于学、敏于思，坚持“博学之、审问之、慎思之、明辨之、笃行之”，以学益智、以学修身、以学增才。深学笃用，要持续改进HSE体系建设，需要不断学、深入学、持久学。

各级领导干部和员工只有通过不断完善、更新自身知识结构，强化对安全管理知识的学习和掌握，才能增强安全工作的科学性、预见性、主动性，才能使得领导的决策体现时代性、把握规律性、富于创造性，避免陷入“少知而迷、不知而盲、无知而乱”的困境，才能克服本领不足、本领恐慌、本领落后的问题。

当然，安全管理强调坚持从企业实际出发，不等于关起门来搞 HSE 体系。要学习借鉴同行业体系运行和安全管理上的优秀成果，不搞生搬硬套，不能照搬照抄。安全管理必须坚持“以我为主、为我所用”，对其他单位优秀成果要认真鉴别、合理吸收，活学活用。

本书力求严格按照开展安全环保履职能力评估的能力要求，并结合多年能力评估的实践，通过深入浅出的语言，对职业健康、员工健康、消防安全、交通安全、环境保护、设备设施和租赁业务、电气安全、实验室安全、危险化学品及社会安全事件应对等方面进行系统阐述，借以案例和练习，力求全面、简洁、易懂和实用。为保持过程的连贯性，一些知识点以知识链接的形式穿插其中，以强化本书的实用性和趣味性。

在本书编写过程中，编者参阅大量国内外文献和有关资料，书中没能全部注明出处，在此对原著者深表感谢。东方诚信在组织本书的编写过程中，得到了长庆油田、西南油气田、大庆油田、青海油田、成品油销售公司、天然气销售公司等多家单位领导与专家的帮助和支持，在此深表谢意。由于编者水平有限，难免存在疏漏之处，敬请各位读者批评指正。

为方便大家适当检验对各章节知识的理解和掌握情况，本书编制了一百余道不定项选择题，供读者学习使用。

改变我们的观念和行为的一句话

◎ 八小时内外的安全同样重要，员工无论上班时，还是下班后都要注意安全。

◎ 将安全与家庭观念相结合，安全不仅与工作相关，也与日常生活相融。

◎ 工作场所从来没有绝对的安全，伤害事故是否发生取决于场所中员工的行为。

◎ 管理最终决定员工行为，安全应从最高领导开始，自上而下，全员参与。

◎ 如果员工行为没有实质改变，所有安全活动都是纸上谈兵。

◎ 集中于过程，而非结果，安全管理的价值才能体现出来。

◎ 如果总是希望一努力就能马上有回报，那么很可能会一事无成。

◎ 安全生产只有起点，没有终点；只有更好，没有最好。

◎ 责任心是安全之魂，标准化是安全之本。

◎ 如果我们总以过去的方式做事，那么得到的结果总是同过去一样。

◎ 复杂的事情简单做，你就是专家；重复的事情用心做，你就是行家。

◎ 行百里者半九十，越接近成功越困难，越需要坚持。

◎ 心在一艺，其艺必工；一心在一职，其职必举。

目录

第一章　职业健康与员工健康

加强职业健康管理，预防、控制和消除职业病危害，保护员工健康，是每个企业应尽的责任和义务，企业应贯彻落实把员工生命安全和身体健康放在第一位的要求，把健康理念融入生产经营管理各项制度，切实提升职业健康管理水平。员工健康管理是指通过开展员工健康体检、健康风险评估与干预、心理健康服务，以及改善饮食饮水卫生、优化工作环境、倡导健康生活方式，有效防控重大传染病和地方病、降低心脑血管疾病等慢性病风险，减少员工非生产亡人事件，改善员工身心健康水平。

第一节　健康企业建设

2016 年 10 月 25 日，中共中央、国务院印发的《"健康中国 2030" 规划纲要》是推进健康中国建设的宏伟蓝图和行动纲领。2019 年以来，相继印发了《国务院关于实施健康中国行动的意见》（国发〔2019〕13 号）、《国务院办公厅关于印发健康中国行动组织实施和考核方案的通知》（国办发〔2019〕32 号）、《健康中国行动（2019—2030 年）》和《关于推进健康企业建设的通知》（全爱卫办发〔2019〕3 号）等文件。

一、健康企业建设工作要求

（一）指导思想

健康企业建设应坚持以人民为中心的发展思想，牢固树立"大卫生、大健康"理念，把人民健康放在优先发展的战略地位，坚持预防为主、防治结合，普及健康知识，完善健康保障，建设健康环境，加强职业病预防和健康促进，引导员工建立正确健康观，形成有利于健康的工作环境和生活方式，让每名员工承担起自己健康的第一责任，有效预防、控制传染病和职业病危害，确保不发生聚集性传染病感染、群体性食物中毒和减少急性工业中毒、职业病，为推进高质量发展和创建世界一流示范企业提供保障。

（二）总体目标

到 2030 年，员工职业健康检查率达到 100%，工作场所职业病危害因素检测率达到 100%，职业病及肥胖、高血压、糖尿病、高脂血症等慢性病患病风险持续下降，员工健康管理达到国际同行业先进水平。

（三）工作要求

企业应当推进健康企业建设，落实全员健康责任，不断改善工作环境，科学安排休息休假，鼓励配备职业卫生师、健康管理师、心理咨询师和营养师等专业人员，完善员工健康管理。

企业应当教育员工树立“每个人是自己健康第一责任人”的理念，主动关注健康、重视健康，主动学习健康知识，主动践行健康工作生活方式，营造健康的工作环境与和睦的家庭氛围。

企业应当为员工提供健康安全的工作环境、饮食饮水、健身场地和设施，配备必要的个人健康指标监测设备。

企业应为现场员工提供清洁卫生的生活环境，落实高低温等特殊环境劳动保护措施，合理安排工作时间、轮换作业，减轻劳动强度。

企业应当在进入野外、海外项目所在地区之前开展健康危险因素辨识和风险评估，落实风险削减和控制措施，开展必要的免疫接种、传染病和地方病预防，配备必要的医疗设施和药品。

应当为海上石油生产设施或者作业设施上的员工配备符合标准的劳动防护用品，出海作业员工应当持有健康证。在有人驻守设施上配备专兼职医务人员和必要的医疗设施及药品。

企业应当制订本单位公共卫生突发事件应急预案，建立专兼职应急救援队伍，储备必要的应急救援装备和物资，定期开展培训和演练。

（四）十项措施

建设健康企业十项措施包括企业要“五个抓实”和员工“五个做到”，具体内容如下：

——抓实健康企业创建，健全健康责任体系，建设符合标准的作业场所。

——抓实全员定期健康检查，开展员工身心健康风险评估和心理健康服务，建立健康档案并实施科学指导干预。

——抓实员工休息休假制度执行，严格遵守法规要求，科学合理安排特殊工种岗位员工轮休补休。

——抓实员工健康状况与岗位适配度机制构建，制定特殊区域、特殊环境、特殊岗位工作的健康标准，合理安排员工上岗。

——抓实健康幸福文化建设，广泛开展丰富多彩群众性文体活动，营造团结向上的企业氛围。

——员工要增强健康责任意识，树立“每个人是自己健康第一责任人”的理念，主动关注健康、重视健康。

——员工要提高身心健康素养，主动学习和了解职业病及常见疾病防治常识，提升个人防护、自救和互救能力。

——员工要践行健康工作方式，遵守制度规程，规范使用职业病防护用品。

——员工要践行健康生活方式，合理膳食、适量运动，倡导戒烟限酒、心理平衡。

——员工要培养诚信友善的精神品质，建立良好人际关系，营造健康工作环境、和睦家庭氛围。

二、健康企业建设主要任务

企业应高度重视员工健康管理工作，努力为员工创造健康的工作和生活环境，各级 HSE（安全生产）委员会要对员工健康工作实行统一领导，各部门分工负责。指定职业卫生管理机构，配备满足要求的专兼职职业卫生管理人员，建立健全职业卫生责任制，做到责任到位、投入到位、监管到位、防护到位、应急救援到位。

（一）深化体系建设补齐短板

企业应结合健康中国行动要求，不断完善、持续改进健康安全环境管理体系，补齐健康管理短板。深化 HSE 管理体系审核，完善审核标准中健康相关管理要求，通过开展体系审核、量化审核和健康专项审核，实现从上至下的健康监督管理全覆盖。要将健康管理与基层站队 HSE 标准化建设相结合，为员工提供整洁卫生、绿色环保、舒适优美和人性化的工作环境。要将健康危害因素辨识与岗位“写风险”活动相结合，实现健康危害和安全风险同步管控。

（二）完善规章制度夯实基础

企业应建立健全自我约束、持续改进的内生机制，建立覆盖生产经营全过程的职业健康管理制度。要对照国家职业健康法律法规、规章制度和标准规范，及时补充完善并落实职业健康管理制度和操作规程，推进职业健康和安全生产规章制度的衔接配套，增强制度的系统性和可操作性。根据员工人数和健康风险程度，依据有关标准设置医务室、紧急救援站、有毒气体防护站，配备急救箱等装备，为员工提供免费测量血压、体重、腰围等健康指标的场所和设施。建立健全职业卫生档案，并保证数据的完整性、真实性和准确性。

（三）强化三同时源头治理

新建、扩建、改建建设项目和技术改造项目可能产生职业病危害的，要依法依规履行建设项目职业病防护设施“三同时”制度，做好职业病危害预评价、职业病防护设施设计、职业病危害控制效果评价及相应的评审工作，组织职业病防护设施验收，有效预防、控制和消除可能产生的职业病危害。要优先采用有利于防治职业病和保护员工健康的新技术、新工艺、新设备、新材料，不得生产、经营、进口和使用国家明令禁止使用的可能产生职业病危害的设备或材料。

（四）强化教育提高健康意识

企业应将职业健康教育培训纳入教育培训计划，认真开展《职业病防治法》宣传周活动，积极传播职业健康先进理念和文化。员工要树立健康形象和健康意识，积极参加健康培训，学习和掌握与健康相关的各项制度、标准，熟知工作场所存在的危害因素，掌握健康危害防护知识、岗位操作规程、个人防护用品的正确佩戴和使用方法。积极践行简约适度、绿色低碳、科学运动、益于健康的生活方式，争做“健康达人”。

（五）强化健康监护与风险预判

企业应建立职业健康监护制度，组织员工进行职业健康检查，配合开展职业病诊断与鉴定工作。对从事接触职业病危害和特殊作业（如电工作业、高处作业、压力容器作业、职业机动车驾驶、视屏作业、高原作业等）的员工，要依法开展上岗前、在岗期间、离岗时和应急职业健康检查，禁止安排未经上岗前职业健康检查的人员从事接触职业病危害因素的作业，禁止安排有职业禁忌的人员从事所禁忌的作业。鼓励开展全员健康检查，对女员工定期进行妇科疾病及乳腺疾病的查治，指导员工关注疾病早发现早治疗。有序开展健康检查结果科学评估，及时发现健康风险，强化员工健康风险的预判预警。

（六）强化监测检测防控危害

企业应加强职业病危害项目申报、日常监测、定期检测与评价，在醒目位置设置公告栏，公布工作场所职业病危害因素检测结果和职业病危害事故应急救援措施等内容；对产生严重职业病危害的作业岗位，在醒目位置设置警示标识和中文警示说明。按照标准为岗位员工配备与职业病危害因素相适宜的劳动防护用品，并做好劳动防护用品的采购、验收、保管、发放、使用、报废等工作。推进粉尘、噪声、高毒等超标作业场所专项治理，改善员工作业环境。对长时间、高强度、重复用力、快速移动等作业方式，采取先进工艺技术、调整作息时间等措施，预防和控制过度疲劳和相关疾病发生。

（七）强化心理健康培训辅导

企业应把心理健康教育融入员工思想政治工作，依托本单位党团、工会、人力资源部门、健康管理部门等设立心理健康辅导室并建立心理健康服务团队，或通过购买服务形式，为员工提供健康宣传、心理评估、教育培训、咨询辅导等服务，引导员工科学缓解压力，正确认识和应对常见精神障碍及心理行为问题。充分利用广播、电视、书刊、网站、微信、微博、移动客户端等平台，传播自尊自信、乐观向上的现代文明理念和心理健康知识，调整员工工作状态，减少工作失误，预防和控制对安全生产可能产生的不良影响。

（八）改善环境保障员工健康

企业可以在食堂和餐厅配备专兼职营养师，开展减盐、减油、减糖“三减”活动，定期对员工开展营养、平衡膳食和食品安全相关培训，为不同营养状况的员工推荐相应食谱。针对不同岗位人群，编制环境与健康手册，宣传和普及环境与健康基本理念、基本知识和基本技能。推进无烟工作场所建设，室内采用简约绿色装修装饰，做好室内油烟排风，防治室内空气污染，提高工作生活环境水平。经常性对员工进行防灾减灾、突发事件应对知识和技能的传播和培训，提高自救和互救能力。可以制定健康公约和健康守则等行为规范，建立健康宣传栏、橱窗等健康教育窗口，指导员工采取有效措施预防控制环境污染相关疾病、道路交通伤害、消费品质量安全事故等，形成健康生活方式。

（九）防控地方病杜绝隐患

企业应组织健康管理专家赴基层开展“送健康”活动，特别是在单位所在地以外和野外进行施工作业的项目，为员工免费测量血压、血糖、心电图、体重、腰围等健康指标，指导员工注重个人卫生，养成良好卫生习惯，提高自我防范意识。开展寄生虫病综合防控工作，加强环境卫生治理，坚持以控制传染源为主的防治策略。全面强化饮水型燃煤型氟砷中毒、大骨节病、氟骨症等地方病防治。境外企业要建立远程健康监测系统，强化员工健康状态日常监测，指导员工参与自我健康管理和健康促进。

（十）提高公共卫生管理水平

各单位要高度重视公共卫生体系建设，健全完善疾病预防控制体系、重大疫情防控救治体系和统一的应急物资保障体系。要将应急管理相关培训纳入各级健康管理人员的日常工作，确保在疫情发生时做好监测报告、工作场所防控、防疫宣教等工作。完善重大突发公共卫生事件应急机制，明确牵头部门，形成多部门协同的联防联控预警应急、监测和防控体系。要大力开展员工应急教育，普及传染病防控知识，编写传染病防控手册，指导员工做好应急防御工作。境外企业要针对驻在国出现的传染病疫情，制订传染病防控措施，做好出国员工健康检查和预防接种工作。

最后，企业应规范劳动用工管理，依法与员工签订劳动合同。对产生职业病危害的劳动岗位，与员工签订劳动合同时，要将工作过程中可能产生的职业病危害及其后果、职业病防护措施和待遇等如实告知员工，并签订职业病危害告知书。各单位要加强女员工劳动保护，将本单位属于女员工禁忌从事的劳动岗位书面告知女员工，避免准备怀孕和孕期、哺乳期女员工接触有毒有害物质和放射线。要保证员工休息时间和正常休假，落实女员工产假、产前检查及哺乳时间。要依法按时足额缴纳工伤保险费。对从事接触职业病危害的员工，给予适当岗位津贴。

三、健康企业建设标准

企业各级 HSE（安全生产）委员会全面负责本单位健康企业建设工作，定期召开专题会议，听取健康企业建设工作进展，协调解决建设过程中存在的困难和问题，并明确牵头部门和相关部门责任分工、具体负责人。

（一）建立健全管理制度

制订健康企业工作计划和实施方案。工作计划包括 3～5 年中长期计划、年度计划和配套的实施方案。中长期计划包括健康企业建设的目标、内容、要求和时间表等。年度工作计划包括工作目标、任务分工、完成时限、健康体检与风险评估、职业健康检查等内容，有具体目标要求和配套实施方案。实施方案包括组织机构、责任体系、人员配备、阶段目标、质量控制、效果评估、经费保障等核心内容，且具有企业自身特点和操作性。

依据国家和中国石油天然气集团有限公司（以下简称“集团公司”）有关规定，在企业年度投资计划、财务预算内统筹安排健康企业建设支出，规范健康企业建设支出的会计核算，明确办公、健康检查、健康宣教、健康评估、健康相关设施设置与维护等相关费用标准，满足健康企业建设需求。

完善健康相关制度，并随着员工健康需求的不断提高，持续改进和更新。如员工健康保护和健康促进相关制度，存在职业病危害的企业完善职业健康相关制度。规范劳动用工，依法与员工签订劳动合同，明确劳动条件、劳动保护和职业病危害防护措施等内容。

按时足额缴纳工伤保险保费，为员工投保大病保险。完善协商协调机制，构建和谐劳动关系。采取多种措施，发动员工积极参与健康企业建设。通过多种方式鼓励、引导、接纳、培养员工主动参与到健康企业建设的组织动员、资源整合、需求评估、计划制订、活动实施、项目评价和改进完善等全部过程。

（二）建设企业健康环境

企业应完善生产设施、生活实施、卫生辅助用室及文化和体育设施等基础设施。工作场所生产区、非生产区和辅助生产区分区明确、布局合理，车间、控制室等建（构）筑物、道路、卫生防护距离满足《工业企业总平面设计规范》（GB 50187）的要求。工作环境整洁卫生、舒适优美，无卫生死角。

1. 工作场所基本卫生要求

工作场所满足基本卫生要求：

——生产布局合理，有害作业与无害作业分开，工作场所与生活场所分开，工作场所不得住人。

——装置和场地内设备设施、工艺管线和作业区域的目视化标识齐全醒目。

——产生职业病危害的工作场所设置与职业病防治工作相适应的有效防护设施。

——产生职业病危害的企业按照《工作场所职业病危害警示标识》（GBZ 158）的要求，设置公告栏，公告栏内容齐全。

——存在或者产生高毒物品的作业岗位按照《高毒物品作业岗位职业病危害告知规范》（GBZ/T 203）的要求，在醒目位置设置高毒物品告知卡。

——职业病危害因素的强度或者浓度符合《工作场所有害因素职业接触限值　第1部分：化学有害因素》（GBZ 2.1）和《工作场所有害因素职业接触限值　第2部分：物理因素》（GBZ 2.2）的相关要求。

——按照《工业企业设计卫生标准》（GBZ 1）的要求，根据实际需要和使用方便原则设置辅助用室，包括更衣间、洗浴间、盥洗室、孕妇休息间、厕所等，满足员工最多班组使用需求。

——各类工器具和物品定置定位，分类存放，标识清晰，设备、工具、用具等设施符合保护员工生理、心理健康的要求。

——野外施工营地设置、布局、卫生、厨房、宿舍符合《野外施工营地卫生和饮食卫生规范》（Q/SY 08307）的要求。

2. 污染物排放与处置要求

废气、废水、固体废物排放和贮存、运输、处理符合国家、地方相关标准和要求。废水、废气达标排放率100%，固体废物合规处置率100%，含油污泥应进行资源回收与综合利用。

——生产设施大气污染物排放符合《大气污染物综合排放标准》（GB 16297）、《陆上石油天然气开采工业大气污染物排放标准》（GB 39728）、《石油炼制工业污染物排放标准》（GB 31570）、《储油库大气污染物排放标准》（GB 20950）、《加油站大气污染物排放标准》（GB 20952）、《油品运输大气污染物排放标准》（GB 20951）、《挥发性有机物无组织排放控制标准》（GB 37822）的规定。

——废水排放符合《污水综合排放标准》（GB 8978）、《海洋石油勘探开发污染物排放浓度限值》（GB 4914）、《石油炼制工业污染物排放标准》（GB 31570）的规定。

——固体废物分类存放，标识清晰，符合《环境保护图形标志　固体废物贮存（处置）场》（GB 15562.2）的规定。危险废物处置符合《危险废物收集、贮存、运输技术规范》（HJ 2025）、《危险废物贮存污染控制标准》（GB 18597）、《危险废物填埋污染控制标准》（GB 18598）的规定。废弃危险化学品运输符合《危险化学品安全管理条例》的规定。

——噪声排放符合《工业企业厂界环境噪声排放标准》（GB 12348）。

——“三废”处理设施、三级防控设施、在线监测设施等按标准配置齐全，完好投用。

3. 病媒生物的预防

根据实际制订工作场所病媒生物的预防与定期检查制度，病媒生物控制水平符合《病媒生物密度控制水平　鼠类》（GB/T 27770）、《病媒生物密度控制水平　蚊虫》（GB/T 27771）、《病媒生物密度控制水平　蝇类》（GB/T 27772）、《病媒生物密度控制水平　蜚蠊》（GB/T 27773）的要求。

4. 工作环境与设施

工作及作业环境、设备设施工效学符合《工作系统设计的人类工效学原则》（GB/T 16251—2023/）的要求。作业空间满足操作者的姿势和动作的稳定性和灵活性，保证安全、稳固和稳定。

采光、照明、通风、保温、隔热、隔声、污染物控制等设计符合《办公建筑设计规范》（JGJ/T 67）的要求。采光符合《建筑采光设计标准》（GB 50033），工作场所照明符合《建筑照明设计标准》（GB/T 50034）。工作场所温度、通风、隔声等符合《工业企业设计卫生标准》（GBZ 1）。工作场所尘、毒等污染物控制符合《工作场所有害因素职业接触限值　第 1 部分：化学有害因素》（GBZ 2.1）和《工作场所有害因素职业接触限值　第 2 部分：物理因素》（GBZ 2.2）。

全面控烟，打造无烟环境。室内工作场所及公共场所全面禁烟，设置显著标识，企业内无烟草广告和促销。

厕所设置布局合理、管理规范、干净整洁。设排臭、防蝇措施。厕所不宜距工作地点过远，寒冷地区宜设在室内。

5. 饮用水管理

加强水质卫生管理，制订生活饮用水、直饮水及饮水机设备检测与设施清洗维护制度。通过饮用水输配水管网，使用集中式供水单位提供的饮用水，定期检查、清洗企业内二次供水设施和输配水管网，保证企业供应的生活饮用水符合《二次供水设施卫生规范》（GB 17051）。通过自建供水设施供水，要取得相关卫生许可，供应的生活饮用水水质符合《生活饮用水卫生标准》（GB 5749）。通过装置直饮水设备供水，相关设备应具有卫生许可批件，供应的直饮水符合《饮用净水水质标准》（CJ 94）。通过装置饮水机设备供水，相关设备应具有卫生许可批件，供应的饮用水符合《食品安全国家标准　包装饮用水》（GB 19298）。

6. 企业员工食堂

企业内部员工食堂执行《食品安全法》要求，达到食品安全管理等级 B 级以上；设立“营养健康角”，摆放测量身高、体重、血压等的设备和工具，并定期维护；垃圾分类存放。开展形式多样的营养健康知识宣传活动；盐、油、糖等采购、台账齐全，定期公示每周盐、油、糖使用量和人均每日或每餐摄入量，就餐场所不摆放盐、糖。未设置食堂的，就餐场所不能与存在职业性有害因素的工作场所相毗邻，设置足够数量的洗手设施。

7. 健康应急装置

生产场所作业设备、按标准配备的各类健康安全环保设施和设备状态完好。在可能发生急性职业损伤的有毒、有害工作场所按照《石油化工可燃气体和有毒气体检测报警设计标准》(GB/T 50493)、《工作场所有毒气体检测报警装置设置规范》(GBZ/T 223)设置报警装置，配置现场急救用品、冲洗设备、应急撤离通道和必要的泄险区。在可能突然泄漏或者逸出大量有害物质的密闭或者半密闭工作场所要另外安装事故通风装置，以及与事故排风系统相联锁的泄漏报警装置。

(三)健康管理与服务

1. 医疗健康服务

医务室、紧急救援站、有毒气体防护站、急救箱设置符合《工业企业设计卫生标准》(GBZ 1)。为员工提供免费测量血压、体重、腰围等健康指标的场所和设施。

建立全员健康管理服务体系，建立健全健康体检制度，优化体检项目，制订员工年度健康检查计划，建立员工健康档案，员工健康档案做到“一人一档”。委托有能力的医疗卫生机构开展员工健康评估。

根据健康评估结果，实施高风险人群分级分类健康管理和指导，降低职业病及肥胖、高血压、糖尿病、高脂血症等慢性病患病风险。

设立心理健康辅导室，制订并实施员工心理援助计划，提供心理评估、心理咨询、教育培训等服务。通过专业人员对员工提供专业指导、培训和咨询，解决员工的心理和行为问题。通过心理健康调查、培训、讲座、电话咨询、网络咨询的形式，给予员工帮助、建议和其他信息。

组织开展适合不同工作场所或工作方式特点的健身活动，完善员工健身场地及设施，开展工间操、眼保健操等工作期间劳逸结合的健康运动。

制订防控传染病、食源性疾病等健康危害事件的应急预案，应急预案要符合法律、法规、规章和标准的规定，符合本单位应急管理的实际情况；应急组织和人员职责分工明确，程序、处置和保障措施明确具体。定期或有计划组织应急演练，演练结束后开展评估总结，分析存在的问题，提出改进建议。

落实《女职工劳动保护特别规定》(国务院令第619号)，加强对怀孕和哺乳期女员工的关爱和照顾。开展婚前、孕前和孕期保健，避免孕前、孕期、哺乳期女员工接触有毒有害物质和放射线。将妇科和乳腺检查项目纳入女员工健康检查。按规定为女员工卫生、哺乳、母婴保健护理等提供必要设施。

2. 健康管理要求

企业主要负责人和职业卫生管理人员遵守职业病防治法律、法规，依法组织本单位的职业病防治工作。按《工作场所职业卫生管理规定》(国家卫生健康委员会令第5号)设置或指定职业卫生管理机构及管理人员。存在严重职业病危害的企业，设置或者指定职业卫生管理机构或者组织，配备专职职业卫生管理人员；存在职业病危害的其他企业，设置或者指定职业卫生管理机构或者组织，配备专兼职职业卫生管理人员。

企业主要负责人、职业卫生管理人员接受职业卫生培训。培训内容包括：职业卫生相关法律、法规、规章和国家职业卫生标准；职业病危害预防和控制的基本知识；职业卫生管理相关知识；国家卫生健康委规定的其他内容。

组织员工开展上岗前的职业卫生培训和在岗期间的定期职业卫生培训，普及职业卫生知识，督促员工遵守职业病防治的法律、法规、规章、国家职业卫生标准和操作规程，增强职业病防范意识和能力。对职业病危害严重的岗位员工，要进行专门的职业卫生培训，经培训合格后方可上岗作业。因变更工艺、技术、设备、材料，或者岗位调整导致接触的职业病危害因素发生变化的，要重新对员工进行上岗前的职业卫生培训。

建立完善职业健康监护制度，按照《职业健康监护技术规范》(GBZ 188)，对从事接触职业病危害作业的员工进行上岗前、在岗期间和离岗时的职业健康检查，根据员工所接触的职业病危害因素种类或所从事的工作性质，确定职业健康检查的内容和周期。规范建立职业健康监护档案并定期评估，配合做好职业病诊断与鉴定工作。妥善安置有职业禁忌、职业相关健康损害和患有职业病的员工，保护其合法权益。依法依规安排职业病病人进行治疗、康复和定期检查。对从事接触职业病危害作业的员工严格执行基层一线关键艰苦岗位上岗津贴政策。

员工参与岗位风险辨识、清楚本岗位存在的健康风险及其控制措施。严格遵守工艺纪律和操作纪律，熟练掌握操作规程并严格执行。严格交接班、巡检管理、规范开停工等操作变更管理。

根据日常工作表现和岗位健康目标指标完成情况，定期对岗位员工的健康意识、知识和技能等进行评价。健康风险管理工具能正确有效应用，风险辨识评价全面准确，控制措施有效可行。

3. 危害因素监测

存在职业病危害的单位实施由专人负责的职业病危害因素日常监测，并确保监测系统处于正常运行状态。职业病危害严重的单位委托具有相应资质的职业卫生技术服务机构，每年至少进行一次职业病危害因素检测，每三年至少进行一次职业病危害现状评价。

职业病危害一般的单位委托具有相应资质的职业卫生技术服务机构，每三年至少进行一次职业病危害因素检测。监测、检测、评价结果存入企业职业卫生档案。

检测结果向员工公布，存在职业病危害因素接触强度或浓度超标的工作场所，及时进行整改，保护员工的健康和生命安全。

优先采用有利于防治职业病和保护员工健康的新技术、新工艺、新设备、新材料，逐步替代职业病危害严重的技术、工艺、设备、材料。

（四）健康文化建设

积极树立健康企业理念，传播健康企业文化。通过多种传播方式，广泛开展健康知识普及，倡导员工主动践行合理膳食、适量运动、戒烟限酒等健康生活方式。评选“职业健康达人”，并给予表彰奖励。

定期组织开展传染病、慢性病、职业病防治及心理健康等内容的健康教育活动，提高员工健康素养。定期对食堂管理和从业人员开展营养、平衡膳食和食品安全相关培训。

关爱员工身心健康，构建和谐、平等、信任、宽容的人文环境。采取积极有效措施预防和制止工作场所暴力、歧视和性骚扰等。

积极参与社会环境营造，切实履行社会责任，引导员工参与无偿献血、义务植树、志愿者活动等社会公益活动。

相关链接：需要层次理论（Hierarchy of Needs）

马斯洛需求层次理论是心理学领域中，人本主义流派的重要理论，由美国心理学家亚伯拉罕·马斯洛（Abraham Maslow）于1943年在《人类动机理论》一文中首次提出。该理论描述了人类有五层次的需要，通常被描绘成金字塔内的等级。从层次结构的底部向上，需求分别为：生理需要、安全需要、爱与归属需要、尊重需要和自我实现需要，后又补充了认知需要和审美需要。马斯洛的需要层次理论自提出以来，经历了不断的发展和修正。该理论强调了个体追求自我实现和成长的重要性，对于理解人类行为和动机提供了重要的视角，见图1-1。

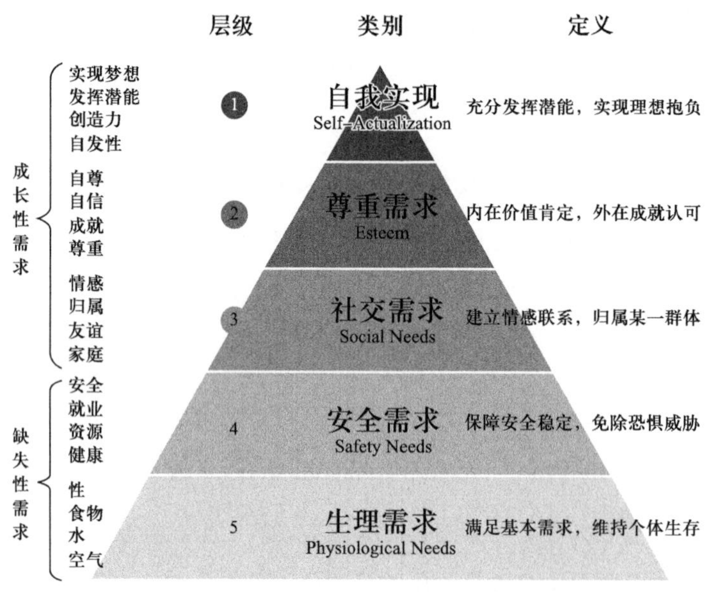

图1-1 马斯洛需求层次理论示意图

一、五种需求

马斯洛认为需要层次越低，力量越大，潜力越大。随着需要层次的上升，需要的力量相应减弱。高级需要出现之前，必须先满足或部分满足低级需要。在从动物到人的进化中，高级需要出现得比较晚，婴儿有生理需要和安全需要，但自我实现需要在成人后出现；所有生物都需要食物和水分，但是只有人类才有自我实现的需要。

（一）生理需要

生理需要是个体维持生存的需求，包括食物、水、睡眠、呼吸和性。这些是个体维持生命最基本的需要，也是人类各种需要中最重要、最有力量、最为迫切的要求，必须首先给予满足。在这些基本需要中，获得充足的食物、洁净的水和空气，要比其他诸如获得同伴的尊重或艺术享受，以及潜能发展等更为重要。

（二）安全需要

安全需要是个体对组织、秩序、财产、安全感和可预见性的需求，是在生理需要得到相对满足后产生的需要，包括稳定、受到保护、远离恐惧和混乱、免除焦虑等，尤其是对纪律、秩序和财产等的需要。当个体对未来感到不可预测，或者社会秩序、个人财产受到威胁的时候，个体就会产生强烈的安全需要。人们需要的劳动安全、职业安全、生活稳定及避免灾难等都是安全需要。

（三）社会需要

人是社会中的一个具体的个体，社会需要主要是爱与归属的需要，是对亲情、友情和爱情的一种渴望，个体感到缺乏朋友、爱人、子女，渴望与人建立一种充满感情的关系，渴望在其群体和家庭中拥有地位，如向往爱情和家庭生活，与朋友交往、参加社团活动并被团体接纳等。

（四）尊重需要

尊重需要是个体基于自我评价产生的自重、自爱和期望受到他人、群体和社会认可等的需求。尊重需要是在社会需要相对满足后产生的需要。马斯洛把尊重需要分为两种基本类型：自尊的需要和受到他人和群体尊重的需要。如果一个人无法满足来自内部和外部的尊重，就会产生自卑、无助、失落和沮丧等情绪，对个体的发展产生不利的影响。

（五）自我实现需要

自我实现是最高层次的需求，是个体的各种才能和潜能，在适宜的社会环境中得到了充分发挥，实现了个人的理想和抱负，并且达到个性充分发展、潜能充分发挥和人格的和谐。自我实现是一种创造性的需要。

后来，马斯洛又将自我实现细分为认知需要、审美需要和自我实现的需要。认知需要包括求知、理解、探索和好奇，是人具有的学习和发展的愿望，以及探索新异事物与未知事物的愿望。审美需要表现为人们追求对称、秩序、和谐、完善的事物。自我实现需要表现为人追求实现自己的能力和潜能。

二、需求分类

马斯洛把人的需要分为基本需要与心理需要两类：

（一）基本需要

基本需要也叫缺失性需要。如果缺失，可引起匮乏性动机，为人和动物所共有；如果得到满足，紧张就会消除，兴奋就会降低，便失去了动机，它与人的本能相联系。是个体不可或缺的普遍的生理和社会的需求。这类需要既与人的本能、健康状况相联系，也与一个人的社会要求有关，包括生理需要、安全需要、归属与爱的需要，以及尊重需要 。

（二）心理需要

心理需要也叫成长性需要，可以产生成长性动机，是一种超越了生存需要之后，所产生的发自内心的希望发展和实现自身潜能的需要，它不受本能的支配，为人类所特有。满足了这种需要，人就会产生出强烈、深刻的幸福感，这就是马斯洛所描述的“高峰体验”。它包括认知需要、审美需要和自我实现的需要。

（三）两者关系

人的基本需要和发展性需要是按个体的生存意义和生活价值的大小呈梯状排列，各种需要是相互联系、相互依赖和彼此重叠的，是一个按层次组织起来的系统，即由于生理或心理上的缺失而产生某些需要，当这些基本需要由低级到高级得到相对满足后，就会产生高一层次的需要。

发展性需要是由个体自身健康成长和自我实现趋向所激励的需求，不存在严格的高低层级关系，其特点是不会随着某种需要的满足而减弱，反而因获得满足而不断增强，而且满足较高层次需要的途径，要远多于满足较低层次需要的途径。但是，1970 年，马斯洛又把七级需要层次归并为原来的五个层次。

三、理论运用

人的需要结构比较复杂，在同一时期内，可能同时存在几种需要，由于个体的行为活动受多种需要支配，但每个时期总有一种需要占优势支配地位，而优势需要则支配着一个人的意识成为组织自己行为的核心力量，见图 1–2。

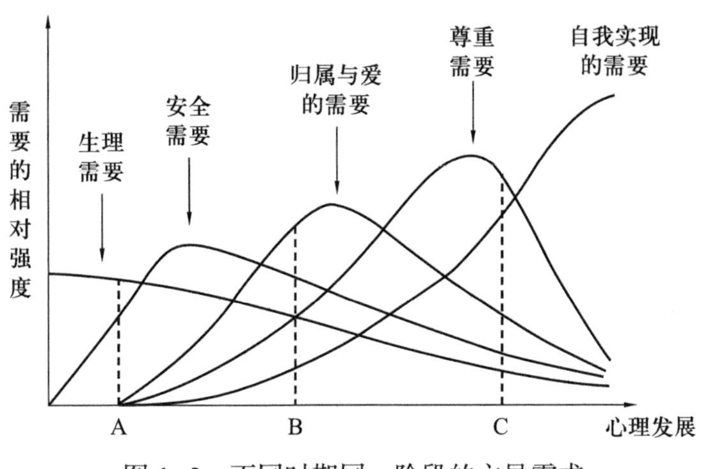

图 1–2　不同时期同一阶段的主导需求

该理论在心理学、教育学、管理学等多个学科中广泛应用。因为，了解个体行为积极的推动力量，可以根据个体哪些需要的获得满足入手。在员工激励、产品设计、市场营销等方面，马斯洛的理论可以帮助企业了解员工和客户的需求，从而更好地满足他们的期望。

第二节　职业健康管理

职业健康管理是指通过对工作场所内产生或存在的职业性有害因素及其健康损害进行识别、评估、预测和控制，预防和保护员工免受职业性有害因素所致的健康影响和危害，促进和保障员工在职业活动中的身心健康和社会福利。

一、一般管理要求

企业是职业病防治的责任主体，应当明确职业卫生管理职能的归口管理部门，并对本企业产生的职业病危害承担责任。职业健康管理对象为企业从事接触职业病危害因素作业或对健康有特殊要求的作业人员，包括与企业签订劳动合同的各种用工形式的员工，如合同制员工、市场化员工、劳务派遣员工等。

（一）资源配置

企业应当依法为员工提供符合要求的工作环境和条件，采取工程技术、个体防护和职业卫生管理等综合治理措施，从源头上控制和消除职业病危害，保障员工身心健康。

职业病危害严重的企业应当配备专职职业卫生管理人员。其他存在职业病危害的企业，员工总数超过一百人的，应当配备专职职业卫生管理人员；员工总数在一百人以下的，应当配备专职或者兼职的职业卫生管理人员，负责本企业的职业病防治工作。

企业工会依法对职业卫生工作进行监督，参与相关职业危害事故调查处理，反映员工职业健康方面的诉求，对职业卫生规章制度提出意见和建议，维护劳动者的合法权益。

（二）培训要求

企业主要负责人和职业卫生管理人员应当具备与本单位所从事的生产经营活动相适应的职业卫生知识和管理能力，并接受职业卫生培训。

企业应当将职业卫生培训纳入本企业年度培训计划，对员工进行上岗前的职业卫生培训和在岗期间的定期职业卫生培训；对职业病危害严重岗位的员工进行专门的职业卫生培训，经培训合格后方可上岗作业。

因变更技术、工艺、设备、材料，或者岗位调整导致员工接触的职业病危害因素发生变化的，应当重新对员工进行上岗前的职业卫生培训。

（三）防治计划

存在职业病危害的所属企业应当制订年度职业病危害防治计划和实施方案，建立、健全职业卫生管理制度，将职业卫生要求纳入岗位操作规程。

企业应当为员工提供符合国家职业卫生标准的职业病防护用品，督促、指导员工按照使用规则正确佩戴、使用，并进行经常性的维护保养、确保有效，不得发放钱物替代发放职业病防护用品。

企业应当依法参加工伤保险，不得安排未成年工从事接触职业病危害的作业，不得安排孕期、哺乳期女员工从事对本人和胎儿、婴儿有危害的作业，不得安排有职业禁忌的员工从事其所禁忌的作业，做好职业病患者的社会保障工作。

（四）“三同时”

企业工作场所存在职业病目录所列职业病危害因素的，应当按照《职业病危害项目申报办法》（国家安全生产监督管理总局第 48 号）的规定，及时、如实向所在地卫生健康主管部门申报职业病危害项目。

企业对可能产生职业病危害的建设项目，应当在建设项目可行性论证阶段进行职业病危害预评价，在施工前进行职业病防护设施设计，在竣工验收前或者试运行期间进行职业病危害控制效果评价及相应的评审，组织职业病防护设施验收。

应当按照《建设项目职业病危害风险分类管理目录》（国卫办职健发〔2021〕5号）相关规定开展建设项目职业病防护设施管理和工作场所职业病危害因素定期检测。

二、工作场所检测

产生职业病危害的所属企业的工作场所应按要求进行检测，并应当符合防尘、防毒、防暑、防寒、防噪声与振动、防电离辐射等基本要求。企业应当对工作场所产生或者存在的职业病危害因素开展日常监测和定期检测。

（一）日常检测

存在职业病危害的企业应当实施由专人负责的工作场所职业病危害因素日常监测工作，制订日常监测工作方案，明确监测周期、监测地点、监测岗位、监测时段等内容，确保监测系统处于正常工作状态。

（二）定期检测

企业应当委托有相应资质的职业卫生技术服务机构，对工作场所进行职业病危害因素定期检测和现状评价。

（三）超标治理

工作场所职业病危害因素强度或者浓度超标的，应当立即组织治理；仍然达不到标准和要求的，必须停止作业。检测、评价结果应当存入本单位职业卫生档案，并向卫生健康主管部门报告和员工公布。

（四）检测与评价周期

职业病危害严重的所属企业，每年至少进行一次职业病危害因素检测，每三年至少进行一次职业病危害现状评价。职业病危害一般的所属企业，每三年至少进行一次职业病危害因素检测。

发生职业病危害事故或者国家卫生健康委规定的其他情形的所属企业，应当及时进行职业病危害现状评价。

三、公告与警示

（一）公告栏

产生职业病危害的企业应当在醒目位置设置公告栏，公布有关职业病防治的规章制度、操作规程、职业病危害事故应急救援措施和工作场所职业病危害因素检测结果（见图 1−3）。

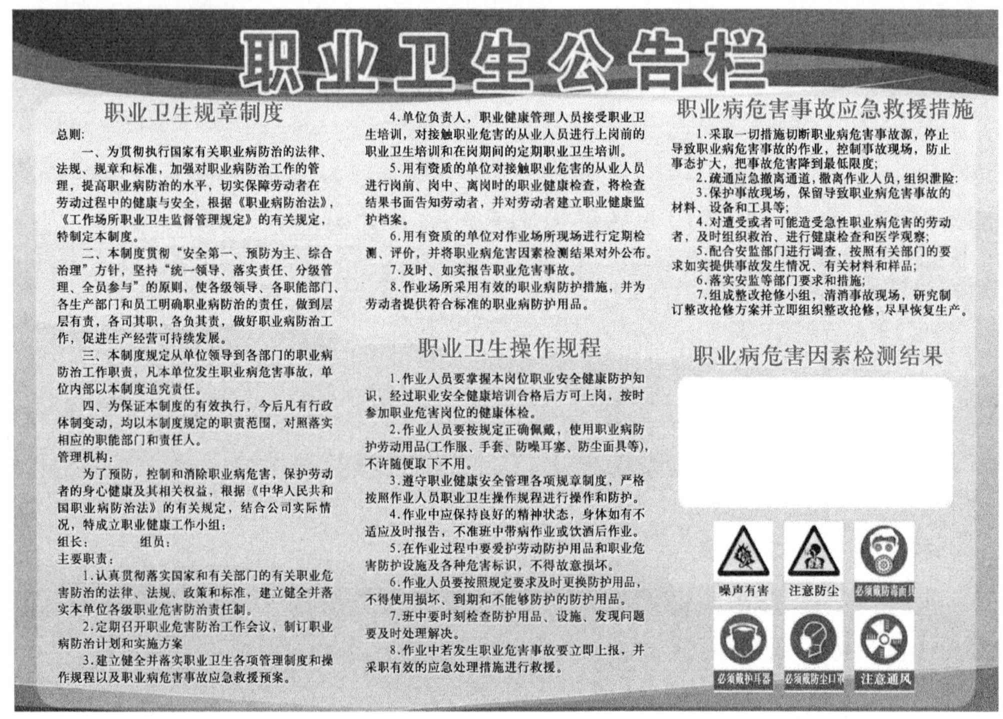

图 1−3　职业卫生公告栏

（二）警示标识

在存在或者产生职业病危害的工作场所、作业岗位、设备、设施的醒目位置，设置警示标识和中文警示说明，提醒员工对职业病危害产生警觉并采取相应防护措施。

（三）告知卡

企业应当在存在或者产生高毒物品的作业岗位的醒目位置，按照有关规定设置高毒物品告知卡，载明高毒物品的名称、理化特性、健康危害、防护措施及应急处理等告知内容与警示标识（见图 1−4）。

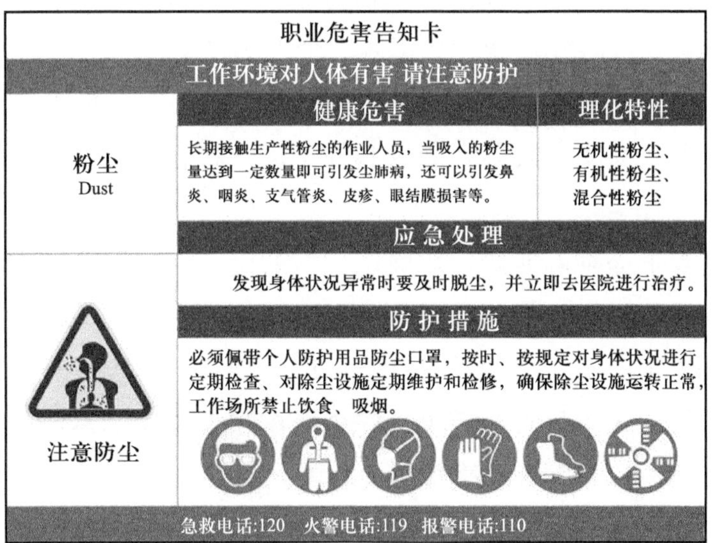

职业危害告知卡

工作环境对人体有害 请注意防护

粉尘 Dust	健康危害	理化特性
	长期接触生产性粉尘的作业人员，当吸入的粉尘量达到一定数量即可引发尘肺病，还可以引发鼻炎、咽炎、支气管炎、皮疹、眼结膜损害等。	无机性粉尘、有机性粉尘、混合性粉尘

应急处理

发现身体状况异常时要及时脱尘，并立即去医院进行治疗。

防护措施

必须佩带个人防护用品防尘口罩，按时、按规定对身体状况进行定期检查、对除尘设施定期维护和检修，确保除尘设施运转正常，工作场所禁止饮食、吸烟。

注意防尘

急救电话:120　火警电话:119　报警电话:110

图 1–4　职业危害告知卡

四、应急与保护

（一）应急准备

企业应当编制职业病危害事故应急救援预案，并定期演练。在可能发生急性职业损伤的有毒、有害工作场所，设置报警装置，配置现场急救用品、冲洗设备、应急撤离通道和必要的泄险区。

企业应当将现场急救用品、冲洗设备等设在可能发生急性职业损伤的工作场所或者临近地点，并在醒目位置设置清晰的标识。

企业还应当在可能突然泄漏或者逸出大量有害物质的密闭或者半密闭工作场所，安装事故通风装置及与事故排风系统相联锁的泄漏报警装置。

（二）放射性保护

企业应当在生产、销售、使用、贮存放射性同位素和射线装置的场所，按照国家有关规定设置明显的放射性标志，在入口处设置安全和防护设施及必要的防护安全联锁、报警装置或者工作信号；在放射性装置的生产调试和使用场所采取防止误操作、防止工作人员受到意外照射的安全措施。

企业应当配备与辐射类型和辐射水平相适应的防护用品和监测仪器，包括个人剂量测量报警、固定式和便携式辐射监测、表面污染监测、流出物监测等设备，并保证可能接触放射线的员工佩戴个人剂量计。

企业应当对职业病防护设备、应急救援设施进行经常性的维护、检修和保养，定期检测其性能和效果，确保其处于正常状态，不得擅自拆除或者停止使用。

企业应当要求提供可能产生职业病危害的设备、化学品、放射性同位素和含有放射性物质等材料的承包商提供中文说明书，并在设备的醒目位置设置警示标识和中文警示说明，载明设备性能、产品特性、主要成分、存在的有害因素、可能产生的职业病危害及后果、安全操作和维护注意事项、安全使用注意事项、职业病防护和应急救治措施等内容。

化学品、放射性同位素和含有放射性物质的材料的产品包装应当有醒目的警示标识和中文警示说明。贮存上述材料的场所应当在规定的部位设置危险物品标识或者放射性警示标识。

（三）员工告知

企业应当将工作场所可能产生的职业病危害、预防措施、对健康的影响和职业健康检查结果如实告知员工，告知形式包括劳动合同告知、培训告知、公告告知和个人告知等。

企业与员工订立劳动合同时，应当将工作过程中可能产生的职业病危害及其后果、职业病防护设施和待遇等如实告知员工，可以与接触职业病危害的员工签订职业病危害告知书，作为劳动合同附件管理，不得隐瞒或者欺骗。

员工在履行劳动合同期间因工作岗位或者工作内容变更，从事可能接触新的职业病危害的作业时，所属企业应当依照前款规定，向员工履行如实告知的义务，并协商变更原劳动合同相关条款。

五、职业健康监护与档案

企业应当对从事接触职业病危害因素作业和从事特殊作业的员工开展职业健康监护，建立职业健康监护档案。

（一）检查对象与时机

企业应当对如下几类人员开展职业健康检查，检查项目和周期按照相关标准执行。

——对从事接触职业病危害因素作业的员工进行上岗前、在岗期间、离岗时的职业健康检查；

——对接触职业病危害因素具有慢性健康影响的员工进行离岗后健康检查；

——对发生急性职业病危害事故时，遭受或者可能遭受急性职业病危害的员工进行应急健康检查；

——对从事高处、压力容器、职业机动车驾驶等特殊作业的员工进行上岗前、在岗期间的职业健康检查。

（二）员工体检报告

企业应当在职业健康检查结束后30个工作日内向职业健康检查机构索要和取得职业健康检查报告，包括总结报告、个体结论报告或者职业健康监护评价报告。

企业收到职业健康检查报告后，应当及时将职业健康检查结果如实告知受检员工本人，员工本人签字后记入个人职业健康监护档案。

（三）员工监护档案

企业应当建立健全本单位职业健康监护档案和员工个人职业健康监护档案，并按要求妥善保存。

员工离开所属企业时，有权索取本人职业健康监护档案复印件，所属企业应当如实、无偿提供，并在所提供的复印件上签章。

企业发现职业病病人或者疑似职业病病人时，应当按照国家规定及时向所在地卫生健康主管部门和有关部门报告。

（四）职业卫生档案

企业应当按照要求建立健全职业卫生档案，明确保管层级、形式和期限，做好档案保管工作。职业卫生档案原则上由企业及其下属单位两级创建和保管，企业可结合实际，进行适当调整。

职业卫生档案分为电子档案和纸质档案两种形式，鼓励档案电子化。电子档案和纸质档案并存的部分，两种形式的档案内容应一致。职业卫生档案包括在职业病危害防治和职业卫生管理工作中形成的，能够准确、完整反映本单位职业卫生工作全过程的文字、图纸、照片、报表、音像资料、电子文档等文件材料。

企业应当按照档案管理规定对职业卫生档案进行管理，保证数据的完整性、真实性和准确性。职业卫生档案至少应包括：

——职业病防治责任制文件，职业卫生管理规章制度、操作规程；

——工作场所职业病危害因素种类清单、岗位分布及作业人员接触情况等资料；

——职业病防护设施、应急救援设施基本信息，以及其配置、维护、检修与更换等记录；

——工作场所职业病危害因素检测、评价报告与记录；

——职业病防护用品配备、发放、维护与更换等记录；

——主要负责人、职业卫生管理人员和职业病危害严重岗位的员工职业卫生培训资料；

——职业病危害事故报告与应急处置记录；

——员工职业健康检查结果汇总资料，存在职业禁忌证、职业健康损害或者职业病的员工处理和安置情况记录；

——建设项目职业病防护设施“三同时”有关资料；

——职业病危害项目申报等有关回执或者批复文件；

——其他有关职业卫生管理的资料或者文件。

相关链接：情绪管理（Emotion Management）

情绪管理（Emotion Management）是指通过研究个体和群体对自身情绪和他人情绪的认识、协调、引导、互动和控制，充分挖掘和培植个体和群体的情绪智商、培养驾驭情绪的能力，从而确保个体和群体保持良好的情绪状态，并由此产生良好的管理效果。

一、认识情绪管理

人一定会有情绪的，压抑情绪反而会带来更不好的结果，学着体察自己的情绪，是情绪管理的第一步。如何“适当表达”自己的情绪，是一门艺术，需要用心的体会、揣摩，更重要的是，要确实用在生活中，以适宜的方式疏解情绪。疏解情绪的目的在于给自己一个理清想法的机会，让自己好过一点，也让自己更有能量去面对未来。

（一）情绪是指什么

情绪是个体对外界刺激的主观的有意识的体验和感受，具有心理和生理反应的特征。个人无法直接观测内在的感受，却能够通过其外显的行为或生理变化来进行推断。意识状态是情绪体验的必要条件。

情绪最基本的四种表现：快乐、愤怒、恐惧、悲哀。痛苦是最普遍的消极情绪。心境是微弱、持久，具有沉浸性的情绪状态；激情是猛烈爆发而短暂的情绪状态，应激是在出乎意料的紧急情况下所引起的情绪状态。

情绪是身体对行为成功的可能性乃至必然性，在生理反应上的评价和体验，包括喜、怒、忧、思、悲、恐、惊七种。行为在身体动作上表现得越强就说明其情绪越强，如喜会是手舞足蹈、怒会是咬牙切齿、忧会是茶饭不思、悲会是痛心疾首等就是情绪在身体动作上的反应。

情绪不可能被完全消灭，但可以进行有效疏导、有效管理、适度控制。情绪无好坏之分，一般只划分为积极情绪、消极情绪。由情绪引发的行为则有好坏之分、行为的后果也有好坏之分，所以说，情绪管理并非消灭情绪，也没有必要消灭，而是疏导并合理化情绪之后的信念与行为。这就是情绪管理的基本范畴。

（二）什么是情绪管理

情绪管理是指用心理科学的方法有意识地调适、缓解、激发情绪，以保持适当的情绪体验与行为反应，避免或缓解不当情绪与行为反应的实践活动。包括认知调适、合理宣泄、积极防御、理智控制、及时求助等方式。

简单地说，情绪管理是对个体和群体的情绪感知、控制、调节的过程，其核心必须将人本原理作为最重要的管理原理，使人性、人的情绪得到充分发展，人的价值得到充分体现；是从尊重人、依靠人、发展人、完善人出发，提高对情绪的自觉意识，控制情绪低潮，保持乐观心态，不断进行自身激励、自身完善。

情绪的管理不是要去除或压制情绪，而是在觉察情绪后，调整情绪的表达方式。情绪调节是个体管理和改变自己或他人情绪的过程。在这个过程中，通过一定的策略和机制，使情绪在生理活动、主观体验、表情行为等方面发生一定的变化。情绪固然有正面有负面，但关键不在于情绪本身，而是情绪的表达方式。以适当的方式在适当的情境表达适当的情绪，就是健康的情绪管理之道。

情绪管理就是善于掌握和调节自己的情绪，对生活中矛盾和事件引起的反应能适可而止地排解，能以乐观的态度、幽默的情趣及时地缓解紧张的心理状态。

情绪就是人对事物的态度的体验。

二、五种基本能力

“情绪管理”即是以最恰当的方式来表达情绪，情绪管理指的是要适时适所，对适当对象恰如其分地表达情绪。情绪管理要求一个人要辨认情绪、分析情绪和管理情绪。工作并快乐着，这是情绪管理的目标。情绪智慧涵盖下列 5 种能力：

（一）自我觉察

是指了解自己内心的一些想法和心理倾向，以及自己所具有的直觉能力。自我觉察，即当自己某种情绪刚一出现时便能够察觉，它是情绪智力的核心能力。一个人所具备的、能够监控自己的情绪及对经常变化的情绪状态的直觉，是自我理解和心理领悟力的基础。

（二）自我调控

是指控制自己的情绪活动及抑制情绪冲动的能力。情绪的调控能力是建立在对情绪状态的自我觉知的基础上的，是指一个人如何有效地摆脱焦虑、沮丧、激动、愤怒或烦恼等因为失败或不顺利而产生的消极情绪的能力。这种能力的高低，会影响一个人的工作、学习与生活。

（三）自我激励

是指引导或推动自己去达到预定目的的情绪倾向的能力，也就是一种自我指导能力。它是要求一个人为服从自己的某种目标而产生、调动与指挥自己情绪的能力。一个人要成功的话就要学会自我激励，尽力发挥出自己的创造潜力，这就需要对情绪的自我调节与控制，能够对自己的需要延迟满足。

（四）识别情绪

这种觉察他人情绪的能力就是所谓的同理心，亦即能设身处地站在别人的立场，为别人设想。越具同理心的人，越容易进入他人的内心世界，也越能觉察他人的情感状态。

（五）处理关系

是指善于调节与控制他人情绪反应，并能够使他人产生自己所期待的反应的能力。一般来说，能否处理好人际关系是一个人是否被社会接纳与受欢迎的基础。如果一个人发出的情绪信息能够感染和影响对方的话，那么，人际交往就会顺利进行并且深入发展。

三、自我情绪管理

（一）心理暗示法

就是个人通过语言、形象、想象等方式，对自身施加影响的心理过程。分消极与积极两种自我暗示。积极自我暗示，在不知不觉之中对自己的意志、心理以至生理状态产生影响，令自己保持好的心情、乐观的情绪、自信心，从而调动人的内在因素，发挥主观能动性。而消极的自我暗示会强化一个人个性中的弱点，唤醒他潜藏在心灵深处的自卑、怯懦、嫉妒等，从而影响情绪。

（二）注意力转移法

就是把注意力从引起不良情绪反应的刺激情境，转移到其他事物上去或从事其他活动的自我调节方法。当出现情绪不佳的情况时，要把注意力转移到使自己感兴趣的事上去，如外出散步、看看电影、换换环境等，有助于使情绪平静下来，在活动中寻找到新的快乐。这种方法，一方面，中止了不良刺激源的作用，防止不良情绪的泛化、蔓延；另一方面，通过参与新的活动特别是自己感兴趣的活动，而达到增进积极的情绪体验的目的。

（三）适度宣泄法

过分压抑只会使情绪困扰加重，而适度宣泄则可以把不良情绪释放出来，从而使紧张情绪得以缓解、轻松。因此，遇有不良情绪时，最简单的办法就是“宣泄”；宣泄一般是在背地里，在知心朋友中进行的。采取的形式或是尽情地向至亲好友倾诉；或是通过体育运动、劳动等方式来尽情发泄。必须指出，在采取宣泄法来调节自己的不良情绪时，必须增强自制力，不要随便发泄不满或者不愉快的情绪，要采取正确的方式，选择适当的场合和对象，以免引起意想不到的不良后果。

（四）自我安慰法

当一个人遇有不幸或挫折时，为了避免精神上的痛苦或不安，可以找出一种合乎内心需要的理由来说明或辩解。如为失败找一个冠冕堂皇的理由，用以安慰自己，或寻找的理由强调自己所有的东西都是好的，以此冲淡内心的不安与痛苦。这种方法，对于帮助人们在大的挫折面前接受现实，保护自己，避免精神崩溃是很有益处的。因此，当人们遇到情绪问题时，经常用“胜败乃兵家常事”“塞翁失马，焉知非福”“坏事变好事”等词语来进行自我安慰，可以摆脱烦恼，缓解矛盾冲突、消除焦虑、抑郁和失望，达到自我激励，总结经验、吸取教训之目的，有助于保持情绪的安宁和稳定。

（五）交往调节法

某些不良情绪常常是由人际关系矛盾和人际交往障碍引起的。因此，当一个人遇到不顺心、不如意的事，有了烦恼时，能主动地找亲朋好友交往、谈心，比一个人独处胡思乱想、自怨自艾要好得多。因此，在情绪不稳定的时候，找合适的人谈一谈，具有缓和、抚慰、稳定情绪的作用。另一方面，人际交往还有助于交流思想、沟通情感，增强自己战胜不良情绪的信心和勇气，能更理智地去对待不良情绪。

（六）情绪升华法

升华是改变不为社会所接受的动机和欲望，而使之符合社会规范和时代的要求，是对消极情绪的一种高水平的宣泄，是将消极情感引导到对人、对己、对社会都有利的方向去。如一青年员工因失恋而痛苦万分，但他没有因此而消沉，而是把注意力转移到工作中，立志做生活的强者，证明自己的能力。

在上述方法都失效的情况下，仍不要灰心，在有条件的情况下，去找心理医生进行咨询、倾诉，在心理医生的指导、帮助下，克服不良情绪。

四、员工情绪管理

情绪是指个体对本身需要和客观事物之间关系的短暂而强烈的反应。而在企业当中，企业管理者如果不能很好地进行员工情绪的管理，那么将会导致企业的工作效率低下，从而影响企业的发展，那么如何做好企业员工的情绪管理呢?

（一）建设企业文化，理顺组织情绪

在现代企业管理中，企业文化已经逐渐成为新的组织规范。事实上，企业文化对员工不仅具有一种强有力的号召力和凝聚力，而且对员工的情绪调节起着重要作用。一般而言，员工从进入企业的那一刻起，便开始寻求与企业之间的认同感，如果企业文化中有一个员工愿意为之奋斗的愿景使命，一种被员工认同的价值观和企业精神，那么这个企业就能够激励员工超越个人情感，以高度一致的情绪去达成企业的目标愿景。

（二）开放沟通渠道，引导员工情绪

积极的期望可以促使员工向好的方向发展，员工得到的信任与支持越多，也会将这种正向、良好的情绪带到工作中，并能将这种情绪感染给更多的人。企业管理者必须要营造良好的交流沟通渠道，让员工的情绪得到及时的交流与宣泄，在企业管理中如果交流沟通渠道受阻，员工的情绪得不到及时的引导，这种情绪会逐步蔓延，影响到整个团队的工作。

（三）匹配工作条件，杜绝消极情绪

工作环境等工作条件因素对员工的情绪会产生很大影响，在实际的工作中，企业管理者需要将工作条件与工作性质进行匹配，从而避免其消极情绪的产生。如项目攻关小组具有强烈的不确定性，非常强调员工的团队合作能力，因此，工作环境应设计成开放式结构，在办公用具的摆放、员工工作空间等方面可相对宽松，有利于团队成员间的交流。

（四）营造情绪氛围，提升个体感受

每个企业都有一定的氛围，表现为组织的情绪，如愉快的工作氛围、沉闷的工作氛围、复杂的人际关系等。这种组织情绪会影响员工的工作效率和心情，甚至会成为一个员工是否留在企业的原因。在企业管理当中整个组织的情绪氛围会影响和改变员工的情绪，尽管员工和组织的情绪是相互影响的，但是组织对个体的影响力量要比个体对整个组织的影响力量大。因此，从企业发展的角度来看，企业管理者必须要营造企业良好的情绪氛围。

企业在人力资源的维护环节中，通过规章制度约束加强对企业员工在日常工作中的情绪管理，可以有效减少工作场所中的消极冲突。此外，在制订员工心理援助计划时，可通过在企业内部设立专门的不良情绪宣泄场所和心理咨询室，帮助员工及时有效地发泄不良情绪、减小工作压力、调整心理状态、培养情绪管理能力，更好地为实现组织目标及其个人目标而工作。

第三节　员工健康管理

企业应把员工生命安全和身体健康放在第一位，把健康理念融入生产经营管理各项制度，切实提升企业职业卫生和员工健康管理水平，员工健康管理坚持“以人为本、生命至上；健康优先、科学发展；预防为主、防治结合；共建共享、持续改进”的原则，增强健康责任意识，提高身心健康素养，践行健康工作和生活方式，培养诚信友善的精神品质，主动开展自我健康维护。

一、健康体检与干预

企业是员工健康体检的责任主体，应当明确本企业员工健康体检工作的管理部门与职责，建立健全有关员工健康体检的管理制度、标准规范及管理流程，制订年度员工健康体检计划并组织实施。

（一）员工健康体检

原则上每年安排员工进行一次健康体检，并跟踪员工健康变化情况。员工健康体检不能由职业健康检查、上岗前健康检查和国家要求的特定项目检查替

代。禁止以发放货币形式替代员工健康体检。

遵循科学、实用、适宜的原则，结合员工健康体检和健康风险评估结果，有针对性确定不同年龄、不同性别、不同工作环境员工的差异化健康体检项目。员工健康体检至少包括《员工健康体检规范》（Q/SY 12470）必选项目中体格检查、实验室检查和其他辅助检查。

执行统一的员工健康体检费用标准，女员工可在上述标准基础上增加妇科体检费用。应当优先委托当地有资质的非营利性机构承担员工健康体检工作，承检机构收费不得超过当地市场化平均价格。与外部承包商、分包商及劳务派遣单位通过协议、合同等形式明确健康体检相关要求。

（二）风险评估与干预

根据年度体检结果，对员工健康风险、健康危险因素等进行识别与评估，对高风险人群实施分级分类健康管理和指导，降低肥胖、高血压、糖尿病、高脂血症等慢性病患病风险。开展健康数据的统计分析，掌握员工健康状况的变化趋势，及时采取针对性健康干预措施。

明确员工健康状况与岗位匹配度要求，及时调整健康状况与岗位不适应的员工。各单位应当依据员工健康风险评估结果，督促员工落实健康改进建议，教育引导员工树立健康意识，加强自我健康管理，降低健康风险。

开展新员工入职和员工出国、赴高原施工、执行特殊任务前的健康风险评估，不得安排健康状况与岗位不适应员工上岗作业。

企业应改善劳动环境、完善职业卫生服务，落实工时制度、休假制度，丰富文体活动，加强心理健康咨询，通过群体健康促进，提高健康管理水平。

结合实际，完善员工健身场地和设施，广泛开展工间操、大合唱等丰富多彩群众性文体活动，营造和谐健康的企业氛围。

（三）员工健康档案

建立健全员工健康档案，开展健康大数据统计分析，掌握员工健康变化趋势，为健康管理决策提供依据。员工健康档案应当包含历年连续健康体检报告、健康风险评估报告及其他相关信息。

确保员工健康档案的真实性、科学性，除因工作需要，经员工本人同意，按照档案管理规定查阅外，其他人员无权随意查阅。

二、其他健康工作内容

（一）心理健康管理

为员工提供心理健康服务，实施员工帮助计划（EAP），提供心理评估和咨询辅导，为员工主动寻求心理健康服务创造条件。把心理健康管理纳入员工思想政治工作，依托本单位党团、工会、人力资源部门、卫生室等设立心理健康辅导室，培训心理健康服务骨干队伍，配备专兼职辅导人员。

定期组织开展职业健康、心理健康与促进等内容的健康教育活动，传授情绪管理、压力管理等自我心理调适方法和抑郁、焦虑等常见心理行为问题的识别方法，提高员工心理健康素养。

对处于特定时期、特定岗位，或者经历特殊突发事件的员工，进行心理疏导和帮助；采取预防和制止工作场所暴力、歧视和性骚扰等措施；关爱员工身心健康，构建和谐、平等、信任、宽容的人文环境。

（二）饮食饮水管理

开展营养健康食堂建设，建立健全食堂管理制度，倡导智能化管理。员工食堂应当科学合理搭配膳食营养，开展减盐、减油、减糖活动，达到食品安全管理等级 B 级以上。

定期对食堂管理和从业人员开展营养、平衡膳食和食品安全相关培训，并保证持健康证上岗。加强水质卫生管理，完善供水设施和设备，定期开展生活饮用水水质检测。

规范供餐服务，提倡分餐制，餐桌配公筷、公勺等分餐工具，并提供免费白开水或者直饮水。配备洗手、消毒设施或者用品，座位间保持一定距离，避免高密度聚集用餐。

（三）传染病和地方病防控

企业应当关注所在地人民政府发布的公共卫生突发事件风险等级和应急响应级别，建立重大传染病防治及疫情处理协同机制，制订并落实重大传染病的防控方案和应急预案，确保精准防控。

企业应当采取有效措施控制苍蝇、蚊子、老鼠、蟑螂等病媒生物，预防和控制病媒生物性传染病的发生和传播。

所属企业海外项目应当强化疟疾、登革热、黄热病等海外多发传染病的防控，疟疾、登革热等蚊媒传播疾病高发地区的蚊虫控制设施应当与主体工程同时设计、同时施工、同时投入生产和使用。

企业应当通过所在地卫生健康主管部门及时了解存在的地方病，制订并落实针对寄生虫病、饮水型燃煤型氟砷中毒、大骨节病、氟骨症等地方病的防护措施，预防地方病发生。

企业应当组织预防传染病、地方病的宣传教育，引导员工认识疫苗对于预防疾病的重要作用，养成良好的卫生习惯，讲究个人卫生，加强个人防护。

（四）非生产亡人事件

企业应当及时、准确报告员工非生产亡人事件。外部承包商、分包商和劳务外包人员在合同执行期间发生的非生产亡人事件，由建设单位（甲方或业主单位）负责报告。根据员工非生产亡人事件等级确定调查责任主体，事件调查组应当在规定时限内完成调查并提交调查报告。企业应当定期统计本企业发生的员工非生产亡人事件，分析和掌握事件的发生规律和变化趋势，制订落实预防措施。

三、员工帮助计划（EAP）

员工帮助计划（employee assistance program）又称员工心理援助项目、全员心理管理技术（以下简称EAP）。它是由企业为员工设置的一套系统的、长期的福利与支持项目。通过专业人员对组织的诊断、建议和对员工及其直系亲属提供专业指导、培训和咨询，旨在帮助解决员工及其家庭成员的各种心理和行为问题，提高员工在企业中的工作绩效。

（一）主要目的

EAP不仅仅是员工的一种福利，同时也是对管理层提供的福利。员工心理援助专家可以为员工和企业提供战略性的心理咨询、确认并解决问题，以创造一个有效、健康的工作环境。通过对员工的辅导，对组织环境的分析，帮助HR处理员工关系的死角，消除可能影响员工绩效的各方面因素，进而增加组织的凝聚力，提升公司形象。它帮助识别员工所关心的问题，并且给予解答，这些问题会影响到员工的工作表现，同时影响到整个组织机构业绩目标的实现。

如今，EAP 已经发展成一种综合性的服务，其内容包括压力管理、职业心理健康、裁员心理危机、灾难性事件、职业生涯发展、健康生活方式、法律纠纷、理财问题、饮食习惯、减肥等各个方面，全面帮助员工解决个人问题。

（二）心理咨询

解决这些问题的核心目的在于使员工在纷繁复杂的个人问题中得到解脱，管理和减轻员工的压力，维护其心理健康。员工帮助计划提供以下五类服务：

——员工心理健康问题评估。由专业人员采用专业的心理健康评估方法评估员工心理生活质量现状，及其导致问题产生的原因。

——搞好职业心理健康宣传。利用海报、自助卡、健康知识讲座等多种形式树立员工对心理健康的正确认识，鼓励遇到心理困扰问题时积极寻求帮助。

——工作环境的设计与改善。一方面，改善工作硬环境；另一方面，通过组织结构变革、领导力培训、团队建设、工作轮换、员工生涯规划等手段改善工作的软环境。

——开展员工和管理者培训。通过压力管理、挫折应对、保持积极情绪、咨询式的管理者等一系列培训，帮助员工掌握提高心理素质的基本方法，增强对心理问题的抵抗力。

——组织各类员工心理咨询。对于受心理问题困扰的员工，提供咨询热线、网上咨询、团体辅导、个人面询等丰富的形式，充分解决员工心理困扰问题。

在服务方式上，EAP 有着自己的一整套机制：除了提供心理咨询之外，它还可以通过心理健康调查、培训、讲座、电话咨询、网络咨询或其他认可的标准，在系统、统一的基础上，给予员工帮助、建议和其他信息。

（三）运作模式

EAP 很难有统一的标准模式，因为不同企业对 EAP 有不同的需求和偏好；企业内部不同部门对 EAP 的理解和要求不一致；这也为 EAP 的运作提供了足够的灵活性，可以根据企业的需求灵活地调整 EAP 方向和重点，灵活地选择服务方式，以及与企业需求相匹配。EAP 服务方式多样，时间高度灵活，有 24h 心理热线、面对面咨询、分层次分主题的小规模心理培训及大规模心理讲座。

企业在应用 EAP 时创造了一种被称为“爱抚管理”的模式。一些企业设置了放松室、发泄室、茶室等，来缓解员工的紧张情绪；或者制订员工健康修改计划和增进健康的方案，帮助员工克服身心疾病，提高健康程度；还有的是设置一系列课程进行例行健康检查，进行心理卫生的自律训练、性格分析和心理检查等。

完整的 EAP 包括：压力评估、组织改变、宣传推广、教育培训、压力咨询等几项内容。具体地说，可以分成三个部分：第一是针对造成问题的外部压力源本身去处理，即减少或消除不适当的管理和环境因素；第二是处理压力所造成的反应，即情绪、行为及生理等方面症状的缓解和疏导；第三是改变个体自身的弱点，即改变不合理的信念、行为模式和生活方式等。

EAP 的目的是通过专业的服务，解决员工的各种心理问题和困扰，改善组织的环境和气氛，从而提高员工的工作效率和企业的生产效率。组织中员工出现了心理问题，会影响员工的工作热情，降低员工的工作效率，从而会影响到组织的生产。EAP 服务通过为员工制订帮助计划，帮助员工缓解工作压力、消除心理困扰、改善工作情绪、提高工作积极性，员工的心理问题解决了，工作状态改变了，组织的生产效益也会随之得到提高。工作场所中员工的工作绩效和企业的管理效能是企业最为关心的内容，也是 EAP 咨询努力的方向。

为了保持和提高员工心理健康度，一些企业要求员工定期接受心理咨询，并把这作为制度化的福利措施；同时运用行为疗法对员工的不良行为进行改善；而在选择中高层管理人员时，用心理学方法对候选人已具备的能力、发展潜力进行全面了解，由于企业能够正确用人和用最好的人，给企业带来巨大的效益。

EAP 服务为来访者的隐私保密，为来访者建立心理档案，向企业提供整体心理素质反馈报告，有重大情况（如危及他人生命财产安全）和企业方及时沟通。对 EAP 的反馈检验分为两个方面：硬性指标和软性指标。硬性指标包括：生产率、销售额、产品质量、总产值、缺勤率等；软性指标包括：人际冲突、员工士气、工作满意度、员工忠诚度、组织气氛等。

四、体重管理要求

根据员工健康体检数据统计超重和肥胖是员工面临的重要健康风险。饮食不科学、工作压力大、作息不规律、缺乏运动等工作生活习惯是导致超重和肥胖的主要原因。超重和肥胖的干预需要通过筛查划分干预目标人群，制订有针对性的干预措施和方案，明确干预目标效果并及时开展评价，保证干预措施的可持续性。

（一）目标人群分类

采用 BMI 或腰围等指标对人群进行超重和肥胖的筛查，针对不同的目标人群，分析造成超重或肥胖的危险因素，采取普遍性干预和个性化干预相结合的预防和控制措施。将目标人群划分为：

——体重正常人群（$18.5kg/m^2 \leqslant BMI < 24.0kg/m^2$，且男性腰围＜85cm、女性腰围＜80cm）；

——超重人群（$24.0kg/m^2 \leqslant BMI < 28.0kg/m^2$，或 85cm≤男性腰围＜90cm、80cm≤女性腰围＜85cm）；

——肥胖人群（$BMI \geqslant 28.0kg/m^2$，或男性腰围≥90cm、女性腰围≥85cm）。

超重和肥胖的干预目标不仅仅是减低体重，更重要的是减少体内脂肪的含量，特别是减少内脏脂肪的沉积。对干预措施的效果进行评价，制订下一次干预的目标，使整个干预过程形成良性循环。

（二）体重管理要求

坚持树立超重和肥胖是可以预防和控制的理念。预防超重和肥胖要做到尽早发现有超重和肥胖趋势的个体 / 人群，通过广泛的、群众性的健康教育和健康促进，提高人群健康素养，普及体重管理的知识和技能。健康教育内容主要包括科学选择食物和合理安排每日膳食，在工作、学习、出行、家务和休闲锻炼等日常生活环节提高身体活动量的方法等。

1. 减肥应坚持不懈

超重和肥胖的控制不是一蹴而就的，需要坚持不懈。因此，在体重控制的过程中要不断观察体重的变化，建立“筛查→干预→评估→筛查”的封闭循环，在一定时间周期内形成相对固定的干预模式，才能达到最终目的。

2. 多因素综合干预

超重和肥胖是遗传、环境、行为和社会等多种因素共同作用的结果。在防治过程中要根据不同人群的特性，从生理—心理—社会多层次、多方面深入分析造成个体 / 群体超重和肥胖的生物学、环境、生活方式、卫生保健体系等原因，选择一系列有效的、有针对性的、不同强度的干预措施，在企业、社区、家庭和个体等不同环境下组织实施。

3. 改善生活方式

超重和肥胖是导致心脑血管等疾病的重要危险因素，而不合理的膳食、缺乏运动等不科学的生活方式和行为是导致超重和肥胖的重要原因，已成为危害员工健康的突出问题，必须加以改善。健康的生活方式包括避免久坐，规律作息，定期进行锻炼；限能量平衡膳食，清淡饮食，多吃新鲜的蔬菜、水果，少吃腌制、高脂、高糖、油炸食物，控制进食速度、足量饮水、减少在外就餐等。

4. 建立支持环境

超重和肥胖的风险不仅取决于个体敏感性，还有单位、家庭、社区等环境因素。有效实施超重和肥胖干预，需要多方合作和全面参与，通过开展健康讲座、提供健康咨询、配备体重腰围监测设备、打造健身场所、推进健康食堂建设、开展多种形式的健身活动等方式建立多维度体重控制的支持环境。

（三）体重管理方法

体重管理是一个综合性的过程，需要从饮食、运动、生活习惯等多方面入手，单位应积极创造员工进行身体活动的环境、机会和氛围。尽可能增加活动场地和器械；有计划或不定期地组织各种形式的体育活动。以下是一些常见的体重管理方法。

1. 合理膳食

合理膳食是管理体重的基础，进食应有规律，按计划用餐，三餐的食物能量分配及间隔时间要合理，一般早、晚餐各占 30%，午餐占 40%。膳食中营养素的组成和数量是影响能量摄入的关键，鼓励摄入低能量、低脂肪、适量蛋白质和碳水化合物、充足微量元素和维生素的膳食，避免吃油腻食物和油炸食品，少吃零食和甜食，不喝或少喝含糖饮料。

推荐成人每天摄入 12 种以上食物，每天摄入蔬菜不少于 300g，其中新鲜深色蔬菜应占 1/2；水果 200～350g；全谷物及杂豆 50～150g；饮奶 300mL 以上或相当量的奶制品；大豆和坚果 25～35g。

2. 科学运动

食物摄入量和身体活动量是保持能量平衡、维持健康体重的两个关键因素。通常身体活动量应占总能量消耗的 15% 以上，如快速步行、跳舞、休闲游泳，及做家务（如擦窗子、拖地板）等。建议每天主动运动 6000 步，或中等强度运动 30min 以上，可以一次完成，也可以分 2～3 次完成。活动时心率为最大心率的 60%～80%（最大心率可用“220－年龄”计算），自觉疲劳程度或用力程度为“有点费力，或有点累、稍累”。主动性运动主要包括有氧运动、抗阻运动（力量运动）、柔韧性运动和平衡协调类运动。运动时应兼顾不同类型。

（1）有氧运动：如果平常身体活动很少，开始运动时，可以设定一个较低水平的目标，选择感觉轻松或有点用力的强度，以及习惯或方便的运动，如步行、骑自行车等，每天进行 15～20min。待适应运动量的变化后，再逐渐增加活动强度和时间。

（2）抗阻运动：主要针对身体的大肌肉群，阻力负荷可以采用哑铃、水瓶、沙袋、弹力带和健身器械，也可以是肢体和躯干自身的力量（如俯卧撑、引体向上等）。坚持每周 2～3d 抗阻运动，隔天进行，每次 8～10 个动作，每个动作做 3 组，每组重复 8～15 次。

（3）柔韧性练习：最好每天进行伸展或柔韧性活动，特别是进行大强度有氧运动和抗阻运动前后。运动前热身包括颈、肩、肘、腕、髋、膝、踝各关节的屈曲和伸展活动，运动后包括颈、肩、上肢和下肢的肌肉拉伸活动。此外，太极拳、瑜伽等也是不错的柔韧性练习。

（4）将锻炼融入生活：寻找和培养自己有兴趣的运动方式，并多样结合，持之以恒，把天天运动变为习惯，把身体活动融入工作和生活中，利用上下班时间，增加走路、骑自行车、爬楼梯的机会。坐公交车，提前一站下车；每周主动少驾车，骑车上班或走路上班；办公室工作过程中，能站不坐，如站着打电话、能走过去办事不打电话、少乘电梯多爬楼梯等；在家里尽量减少看电视、手机和其他屏幕时间，多进行散步、遛狗、逛街、打球、踢毽子等活动。

3. 规律作息

经常熬夜、睡眠不足、作息无规律可引起内分泌紊乱，脂肪代谢异常，增加肥胖风险，导致“过劳肥”。应按昼夜生物节律，保证每日 7h 左右的睡眠时间，建议在晚上 11 点之前上床睡觉。尽可能减少静坐和被动视屏时间，每天静坐和被动视屏时间要控制在 2～4h。对于长期静坐或伏案工作者，每小时要起来活动 3～5min。

4. 中医药保健

中医学将肥胖归属于“脂人”“膏人”“肥人”等范畴，肥胖属本虚标实证，辨证涉及痰、湿、热等病理因素，常兼夹痰湿、血瘀、气郁等标实之证，其病位多在脾胃，与肾气虚关系密切，并可涉及五脏。常见胃热火郁证、痰湿内盛证、气郁血瘀证、脾虚不运证、脾肾阳虚证五种辨证分型。

遵循“药食同源”理论，结合中医辨证分型论治，胃热火郁证采用具有清胃热、消导滞作用的食药物质，如铁皮石斛、麦芽等；痰湿内盛证采用化痰消滞作用的食药物质，如薏苡仁、橘皮、砂仁等；气郁血瘀证采用理气化瘀作用的食药物质，如橘皮、山楂、当归等；脾虚不运证采用健脾益气作用的食药物质，如茯苓、山药、莲子等；脾肾阳虚证采用温阳补虚作用的食药物质，如小茴香、山药、肉桂等。

5. 心理健康服务

体重与人的心理状态相关联。心理干预，尤其是行为和认知行为治疗，以及动机性访谈有助于减轻肥胖或超重人群的体重。这些措施联合饮食和运动干预，对超重成人的体重减轻尤其有效。

单位可充分利用已建立的心理健康阵地与平台，开展员工心理健康服务，营造体重管理积极心态氛围。把心理健康辅导与咨询融入体重管理工作，依托党团、工会、人力资源和医疗机构等，开展多样化情绪缓解、压力释放工作。

6. 家庭参与

倡导家庭体重管理的作用，家人之间互相支持可有效促进体重管理。饮食、身体活动、作息等习惯相对接近，是导致聚集性家庭肥胖的主要原因。鼓励以家庭健康生活方式培养为重点，倡导将健康体重作为家庭生活新理念，做到“三知一管”（即知晓健康体重标准、知晓自身体重变化、知晓体重管理方法，科学管理自身体重）。家庭成员定期测量体重，加强相互提示和监督，掌握科学烹饪技巧，积极参与全民健身运动，降低聚集性家庭肥胖风险。

7. 医学治疗

超出标准体重上限 10kg 以上为肥胖症，必要时需要到医院接受医学治疗，由专业减重医生进行评估，并根据评估结果进行科学而安全的减重治疗。目前医学减重可以分为三种治疗手段：

——医学营养治疗。在医生指导和监督下合理选择低热卡饮食方案（限时饮食、轻断食等），但需保证摄入足够的蛋白质、不饱和脂肪酸、维生素、微量元素，以及水分和膳食纤维，避免引发营养不良、内分泌紊乱等问题，损害身体健康。

——药物治疗。在减重专科医生指导下，合理规范使用国家药监局正式批准的药物（包括奥利司他、利拉鲁肽 3.0mg、贝那鲁肽、诺和盈等）。切忌盲目尝试网传的所谓“脂肪炸弹”“甲状腺素”等意图通过增加消耗来减肥的药物。

——微创减重手术治疗。一般针对中、重度肥胖症患者，尤其已经因肥胖而导致其他疾病的患者，会建议手术治疗。目前减重效果可靠、安全性有保障、在全世界范围内施行最多的手术方式主要有胃袖状切除术和胃旁路术。

五、健康小屋建设

企业在建设“健康小屋”时，通常是为了为员工提供健康服务，改善员工的身心健康。各企业应根据自身的实际情况明确具体要求和做法，可以从以下几个方面考虑：

（一）目标和定位

——目标：明确健康小屋的目标，例如提供基础医疗咨询、健康监测、心理疏导、急救处置等。

——定位：根据企业规模和员工需求，确定健康小屋的功能定位（如预防保健型、医疗辅助型或 Wellness 型）。

（二）选址与布局

健康小屋的选址最好靠近办公区域，交通便利；环境安静、私密性好，避免干扰；方便轮椅等特殊需求人群到达。必要和可行时，应进行功能分区：

——健康咨询区：配备专业医生或健康管理员，提供基础医疗建议。

——健康监测区：放置体重计、血压计、血糖仪、尿酸仪等设备，供员工自测使用。

——急救区：配备急救箱和常用药品。

——心理疏导室：提供心理咨询或放松空间。

——健康宣传区：展示健康知识手册、书籍、海报或宣传资料。

（三）设施与人员

1. 基本设备

——急救箱（包含绷带、止血带、三角巾等）。

——基础医疗设备：AED、血压计、血糖仪、尿酸仪、体温计、体重秤等。

——健康宣传资料：健康手册、急救流程图、健康标语等。

2. 其他设施

——舒适的座椅、按摩椅、视频播放器、饮用水、空气净化器（如有必要）。

——心理咨询室可配备放松椅或音乐设备。

3. 人员配置

——健康管理员：负责健康小屋的日常管理，协调资源和提供健康建议。

——医疗专业人员：如企业内部医生或签约合作医院的医务人员，定期驻点服务。

——志愿者：可招募员工中的健康管理志愿者，定期协助开展健康活动。

（四）运营与维护

1. 制度与流程

——健康小屋使用管理制度，明确开放、咨询、问诊时间，预约方式和使用规范。

——建立保密制度：保护员工个人隐私，确保健康数据不外泄。

——建立急救流程：制订突发情况下的应急预案，确保员工在紧急情况下能够快速获得帮助。

2. 宣传与推广

——开展健康讲座或培训时，宣传健康小屋的功能和服务内容。

——制作健康手册或宣传海报，张贴在办公区域和健康小屋内。

——通过企业内部微信、邮件、公告栏等方式，提高员工对健康小屋的认知。

3. 运营与维护

——定期检查健康小屋的设施设备，及时补充药品和耗材。

——根据员工反馈意见，优化服务内容和服务流程。

——记录员工的健康数据和咨询记录（需确保隐私保护），建立健康档案。

（五）预期的效果

——提升员工健康意识，减少常见病和职业病的发生。

——降低因病缺勤率，提高工作效率。

——改善员工满意度，增强企业凝聚力。

通过以上具体要求和做法，企业可以因地制宜地建设健康小屋，为员工提供便捷的健康管理服务。

相关链接：高风险人群分级标准

随着社会发展和生产生活方式的改变，我国居民健康状况在得到持续改善的同时，超重和肥胖问题日益突出。体重异常特别是超重和肥胖是导致糖尿病、高血压等心脑血管疾病和部分癌症等疾病的重要危险因素，已成为危害群众健康的重大公共卫生问题，尤其对高风险人群亟须加强干预，予以改善。如满足下列条件之一，可判定为高风险人群。

一、高血压

（1）收缩压≥180mmHg 或舒张压≥110mmHg。

（2）收缩压≥130mmHg 或舒张压≥85mmHg 且存在 3 种及 3 种以上心血管风险因素（如高血压家族史、年龄≥55 岁、吸烟、高钠低钾饮食、过量饮酒、血脂增高、超重和肥胖、高敏 C 反应蛋白升高、长期精神紧张等）。

（3）有高血压病史且存在 3 种及 3 种以上心血管风险因素。

（4）收缩压≥130mmHg 或舒张压≥85mmHg 且伴中重度靶器官损害（如肾功能受损、心脑血管疾病、眼底病变等）或糖尿病等。

（5）有高血压病史且伴中重度靶器官损害或糖尿病等。

二、2 型糖尿病

（1）已确诊为 2 型糖尿病。

（2）血糖增高且存在 3 种或 3 种以上显著风险因素（如肥胖、血脂增高、高血压、年龄≥55 岁、缺乏体力活动、有黑棘皮病、糖尿病家族史、长期接受抗精神病药物或抗抑郁症药物治疗等）。

（3）血糖增高伴有并发症，如心脑血管疾病、糖尿病肾病、糖尿病眼病、糖尿病足等。

三、高脂血症

（1）总胆固醇（TC）≥7.2mmol/L。

（2）甘油三酯（TG）≥5.4mmol/L。

（3）低密度脂蛋白（LDL−C）≥4.9mmol/L。

（4）血脂增高合并其他疾病（如心脏病、脑卒中、心肌病等心脑血管疾病，BMI≥32，胰腺炎等）。

四、脑中风

（一）患慢性病

（1）存在 3 种或 3 种以上的脑中风危险因素（如高血压、高胆固醇血症、糖尿病前期和糖尿病、吸烟、呼吸睡眠暂停、高同型半胱氨酸血症、日常身体活动缺乏及久坐、饮酒、肥胖等）。

（2）有过短暂性脑缺血发作（TIA）或中风史。

（3）存在心血管系统并发症，如房颤、心力衰竭等。

（4）存在脑血管畸形病史。

（二）无慢性病

（1）生活方式极其不健康，如长期大量吸烟（吸烟指数＞400）、酗酒（日均酒精摄入量男性≥61g，女性≥41g）、睡眠剥夺（睡眠时间＜6h/d）等。

（2）肥胖（BMI≥32）且伴有其他代谢异常（如高脂血症、高尿酸血症）。

五、心血管病

（1）已知患有心血管疾病，如冠心病、心肌梗死、心力衰竭等。

（2）存在3种或3种以上心血管疾病风险因素（如高血压、糖尿病、高脂血症、肥胖、吸烟等，且未得到有效控制）。

（3）年龄≥55岁，伴有其他慢性疾病（如糖尿病、高血压等）。

六、肥胖

（1）BMI≥32。

（2）男性腰围≥90cm，女性腰围≥85cm且伴有3种或以上合并症（糖耐量受损、2型糖尿病、高血压、高脂血症、高尿酸血症、心血管疾病、慢性肾病等）。

（3）28≤BMI＜32且伴有3种或3种以上合并症。

七、心理疾病

存在重度心理障碍或精神疾病，如精神分裂症、双相情感障碍、物质成瘾（含酒精依赖）、重度抑郁症伴有自杀倾向等，症状严重，影响正常生活和工作，甚至可能威胁生命安全，需要立即进行医疗干预和全面管理。

第二章　消防安全与消防管理

消防安全管理工作贯彻“预防为主、防消结合”的方针，企业应当建立健全有关消防安全的制度、标准和规程，落实消防安全责任制，做好火灾预防、专职消防应急救援队伍建设、岗位志愿消防队伍建设和应急抢险救援等工作。实行企业承担主体责任的管理体制，建立各级主要领导负总责、分管领导负专责、其他领导各负其责，各级业务管理部门直接监管、安全生产（消防）监管部门综合监管、基层单位属地监管和全员参与的机制。

第一节　火灾原理与处置

火灾系指凡在时间或空间上失去控制的燃烧所造成的灾害。日常见到的事故火灾最多，是因为人们时刻处在可燃环境中，火灾隐患无处不在。学习掌握消防安全基本知识，掌握避险、自救的方法，确保人身和财产安全是非常必要的。

一、燃烧与火灾类型

燃烧俗称着火，这种现象在日常生活中是经常可以看到的，通常情况下，燃烧是指某些可燃物质在较高温度时，与空气中的氧化合成发热和发光的剧烈氧化反应现象。燃烧在本质上属于氧化还原反应，参加燃烧反应的反应物必须包含氧化剂和还原剂，也就是通常所说的助燃物和可燃物。燃烧具有三个特征，即化学反应、放热和发光。这三个特征是区分燃烧和非燃烧现象的依据。

（一）燃烧的条件

物质燃烧过程的发生和发展，必须具备以下三个必要条件，即可燃物、助燃物（氧化剂）、引火源（也称着火点）。只有这三个条件同时具备，才可能发生燃烧现象，无论缺少哪一个条件，燃烧都不能发生。但是，并不是上述三个条件同时存在，就一定会发生燃烧现象，还必须这三个因素相互作用才能发生燃烧。

1. 可燃物

凡是能与空气中的氧或其他氧化剂发生剧烈化学反应的物质，都称为可燃物。可燃物按其物理状态分为气体、液体和固体三类。气体可燃物通常为扩散燃烧，即可燃物和氧气边混合边燃烧；液体可燃物（包括受热后先液化、后燃烧的固态可燃物）通常先是蒸发为可燃蒸气，可燃蒸气再与氧化剂发生燃烧；固体可燃物先通过热解等过程产生可燃气体，可燃气体再与氧化剂燃烧。

2. 助燃物

凡能帮助和支持燃烧的物质，即能与可燃物发生反应的物质都称为助燃物（实质上是氧或氧化剂）。助燃物主要有两大类：空气或氧气。其他氧化剂，如氯酸甲、高锰酸甲、氯、溴等。

3. 引火源

凡是能引起可燃物与助燃物发生燃烧反应的热能，都称为引火源。常见的是热能，其他还有化学能、电能、机械能等转变的热能。在日常生活中，引起火灾的火源主要有两类：直接火源，如明火、电火花或摩擦、撞击火花、雷电等；间接火源，如加热自燃起火，本身放热自燃起火等。

对于可燃物质能否燃烧，也与可燃物质、助燃物质量的多少、火源能量的大小有关。如常温下的柴油、沥青也挥发出一些油气，但用划着的火柴去点燃却也不能燃烧，这是因为常温下挥发出的油气数量太少。空气中的氧气含量约占 21%，此时物质可以完全燃烧，而当空气中的氧气含量降到 12% 以下时，绝大多数物质的燃烧就会停止。在火源方面，由于可燃物质的燃点不同，因而达到燃烧所需的热能也不完全一样。有时，因为火源的热量不大，温度不够，燃烧现象便不能发生。

（二）燃烧的类型

根据燃烧的基本条件，任何可燃物产生燃烧或持续燃烧都必须具备燃烧的必要条件和充分条件。燃烧的类型有许多种，主要有闪燃、着火、自燃和爆炸。

1. 闪燃

一定温度下，液体能蒸发成蒸气或少量固体表面上能产生足够的可燃蒸气，遇火源能产生一闪即灭的现象。发生闪燃的最低温度称为闪点；液体的闪点越低，火险性越大。闪点是评定液体火灾危险性的主要依据。表 2–1 给出了某些可燃液体的闪点温度。

表 2–1　某些可燃液体的闪点温度

名称	二硫化碳	乙醚	丙酮	汽油	乙醇	甲苯	石油	润滑油
闪点，℃	−45	−45	−10	10	10	26.3	30	285

注：1. 闪点低于或等于 45℃的液体为易燃液体，闪点大于 45℃的称为可燃液体。
2. 易燃和可燃液体的闪点高于贮存温度时，火焰的传播速度低。

2. 着火

可燃物质发生持续燃烧的现象叫着火；如油类、酮类。可燃物开始持续燃烧的所需要的最低温度，叫燃点，燃点越低，越容易起火。根据可燃物质的燃点高低，可以鉴别其火灾危险程度，表 2–2 给出了几种可燃物质着火的燃点。

表 2–2　几种可燃物质的燃点

名称	汽油	乙醇	煤油	橡胶	纸张	石蜡	麦草	布匹
燃点，℃	16	60～76	86	120	130	190	200	200
名称	棉花	烟草	松木	有机玻璃	聚乙烯	聚氯乙烯	涤纶	尼龙 6
燃点，℃	210	222	250	260	340	391	390	395

3. 自燃

可燃物在空气中没有外来火源，靠自热和外热而发生的燃烧现象称为自燃。根据热的来源不同，可分为本身自燃和受热自燃。使可燃物发生自燃的最低温度叫自燃点。物质的自燃点越低，发生火灾的危险性越大。自燃有固体自燃、气体自燃及液体自燃。表 2–3 给出了几种物质的自燃点。

自燃物品的防火与灭火：储运自燃物品时必须通风散热，远离火源、热源、电源，不要受日光曝晒，装卸时防止撞击、翻滚、倾倒和破损容器。储存或运输时严禁与其他化学危险品混放或混运；油布、油纸等只许分层、分件挂置，不许堆放存放。应注意防潮湿。扑救自燃火灾一般可以用水、干粉或沙土。

表 2-3 几种可燃物的自燃点

物质名称	黄磷	硫	松香	汽油	柴油	无烟煤	稻草	木材
自燃点，℃	30	190	240	255～530	350～380	280～500	330	400～500
物质名称	氢	CO	H_2S	乙醇	乙醛	丙酮	苯	合成橡胶
自燃点，℃	572	609	292	392	275	661	580	320
物质名称	铝	铁	镁	锌	有机玻璃	聚苯乙烯	树脂	涤纶纤维
自燃点，℃	645	315	520	680	440	490	460	442

4. 爆炸

由于物质急剧氧化或分解反应产生温度、压力分别增加或同时增加的现象，称为爆炸。爆炸时化学能或机械能转化为动能，释放出巨大能量，或是气体、蒸气在瞬间发生剧烈膨胀等现象。

常见的爆炸分为物理爆炸和化学爆炸。其中物理爆炸由于液体变成蒸气或者气体迅速膨胀，压力增加超过容器所能承受的极限而造成容器爆炸，如蒸汽锅炉，液化气钢瓶。化学爆炸是固体物质本身发生化学反应，产生大量气体和热而发生的爆炸，可燃气体和粉尘与空气混合物的爆炸属于此类化学爆炸，能发生化学爆炸的粉尘有铝粉、铁粉、聚乙烯塑料、淀粉、烟煤及木粉等。

（三）火灾的类型

人们在实践中证明，多数火灾是从小到大，由弱到强，逐步成为大火的。火灾的形成过程一般分为初起、成长、猛烈和衰变四个阶段（见图 2-1），前三个阶段是造成火灾危害的关键。

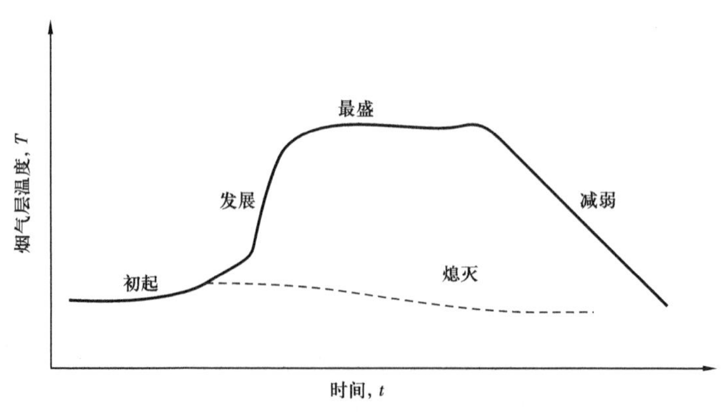

图 2-1 火灾的形成过程

依据《火灾分类》（GB/T 4968—2008），按照可燃物的类型和燃烧特性，将火灾分为 A、B、C、D、E、F 六个不同的类别。

——A 类火灾：指固体物质火灾。这种物质往往具有有机物质性质，一般在燃烧时产生灼热的余烬。如木材、煤、棉、毛、麻、纸张等火灾。

——B 类火灾：指液体火灾或可熔化的固体物质火灾。如汽油、煤油、柴油、原油、甲醇、乙醇、沥青、石蜡等火灾。

——C 类火灾：指气体火灾。如煤气、天然气、甲烷、乙烷、丙烷、氢气等火灾。

——D 类火灾：指金属火灾。如钾、钠、镁、铝镁合金等火灾。

——E 类火灾：指带电物体和精密仪器等物质的火灾。

——F 类火灾：指烹饪器具内的烹饪物（如动植物油脂）火灾。

（四）灭火的原理

一切防火措施都是为了防止燃烧的三个条件同时存在，所能采取的基本措施是：控制可燃物，隔绝阻燃物，消除点火源，阻止火势蔓延。灭火的基本原理可以归纳为：冷却、隔离、窒息和化学抑制四种。前三种灭火作用主要是物理过程，化学抑制是一个化学过程。无论使用什么方式灭火，都是利用上述四种原理中的一种或多种结合来实现的。

1. 冷却灭火法

冷却灭火法的原理是将灭火剂直接喷射到燃烧的物体上，以降低燃烧的温度于燃点之下，使燃烧停止。或者将灭火剂喷洒在火源附近的物质上，使其不因火焰热辐射作用而形成新的火点。冷却灭火法是灭火的一种主要方法，常用水和二氧化碳作灭火剂冷却降温灭火。

2. 隔离灭火法

隔离灭火法是将正在燃烧的物质和周围未燃烧的可燃物质隔离或移开，中断可燃物质的供给，使燃烧因缺少可燃物而停止。方法有：把火源附近的可燃、易燃、易爆和助燃物品搬走；关闭可燃气体、液体管道的阀门，以减少和阻止可燃物质进入燃烧区；设法阻拦流散的易燃、可燃液体；拆除与火源相毗连的易燃建筑物，形成防止火势蔓延的空间地带。

3. 窒息灭火法

窒息灭火法是阻止空气流入燃烧区或用不燃物质冲淡空气，使燃烧物得不到足够的氧气而熄灭的灭火方法。具体方法是：用灭火毯、沙土、湿麻袋、湿棉被等不燃或难燃物质覆盖燃烧物；喷洒雾状水、干粉、泡沫等灭火剂覆盖燃烧物；用水蒸气或氮气、二氧化碳等惰性气体灌注发生火灾的容器、设备；密闭起火建筑、设备和孔洞；把不燃的气体或不燃液体（如二氧化碳、氮气、七氟丙烷、四氯化碳等）喷洒到燃烧物区域内或燃烧物上。

4. 化学抑制灭火法

化学抑制灭火法是根据燃烧的连锁反应原理，将灭火剂喷向燃烧物，抑制火焰，使燃烧过程产生的游离基（自由基）消失，从而导致燃烧停止。物质的有焰燃烧都是通过链锁反应来进行的。在碳氢化合物燃烧的火焰中，维持其链锁反应的自由基主要是H·、OH·和O·。因此，如果能够有效地抑制自由基的产生或者能够迅速降低火焰中H·、OH·、O·等自由基的浓度，那么燃烧就会中止。卤代烷灭火剂在火焰的高温作用下产生的自由基Br·、Cl·以及干粉灭火剂的粉粒，都是扑获自由基的能手，从而导致火焰的熄灭。

二、初起火灾的处置

火灾初起阶段是灭火的最好时机，因为此时燃烧面积不大，火焰不高，火势发展比较慢，如发现及时，灭火措施得当，就能很快扑灭火灾，避免重大损失。《中华人民共和国消防法》规定：任何人发现火灾时，都应当立即报警。任何单位、个人都应当无偿为报警提供便利，不得阻拦报警。严禁谎报火警。

（一）火灾报警

——到消防队报警。

——拨打“119”火警电话报警。

——使用有线广播报警。

——大声呼喊报警。

（二）报警内容

发生火灾时，拨打“119”火灾电话向公安消防队报警，但必须讲清以下内容。

——发生火情的详细地址。包括街道名称、门牌号码，靠近何处；周围有何明显建筑或单位；高层建筑要讲明第几层楼等。

——什么东西起火（起火物）。如房屋、商店、油库、露天堆场等；尤其要讲清起火物为何物，如液化石油气、汽油、化学试剂、棉花等都应讲清楚，以便消防部门根据情况派出相应的灭火车辆。

——火势情况。如看见冒烟，看到火光，火势猛烈，有多少房屋着火等。

——报警人姓名及所用电话的号码。以便消防部门电话联系及时了解火场情况，调集灭火力量，还应派人到路口接应消防车。

（三）火灾扑救

发生火灾后，要及时使用本单位（区域）的灭火器材、设备进行扑救。有手动灭火系统的应立即启动。

1. 断绝可燃物

将燃烧点附近可能成为火势蔓延的可燃物移走。关闭有关阀门，切断流向燃烧点的可燃气体和液体。打开有关阀门，将已经燃烧的容器或受到火势威胁的容器中的可燃物料通过管道导至安全地带。采用现场消防沙或泥土、黄沙筑堤等方法，阻止流淌火或可燃液体流向燃烧点。

2. 冷却

本单位（区域）如有消防给水系统、消防车或泵，应使用这些设施灭火。本单位（区域）如配有相应的灭火器，则使用这些灭火器灭火。如缺乏消防器材设施，则应使用简单工具灭火，如水桶、面盆等。

3. 窒息

使用泡沫灭火器喷射泡沫覆盖燃烧物表面。利用容器、设备的顶盖盖没燃烧区。油锅着火时，立即盖上锅盖。利用毯子、棉被、麻袋等浸湿后覆盖燃烧物表面。用沙、土覆盖燃烧物。对忌水物质则必须用干燥沙土扑救。

4. 扑打

对小面积草地、灌木及其他固体可燃物燃烧，火势较小时，可用扫帚、树枝条、衣物扑打。

5. 断电

如发生电气火灾，或者火势威胁到电气线路、电气设备，或电气灭火人员安全时，首先要切断电源。如使用水、泡沫灭火剂等灭火，必须在切断电源以后进行。

6. 阻止火势蔓延

对封闭条件较好的小面积室内着火，在未做好灭火准备前，先关闭门窗，以阻止新鲜空气进入。与着火建筑相毗邻的房间，先关上相邻房门，可能条件下还应再向门上浇水。

7. 防爆

将受到火势威胁的易燃易爆场所，压力容器、槽成等疏散到安全地区。对受到火势威胁的压力容器、设备应立即停止向内传输物料，并将容器内物料设法导走。停止对压力容器加温，打开冷却系统阀门，对压力容器设备进行冷却。有手动放空泄压装置的，应立即打开有关阀门放空泄压。

三、火灾自救与逃生

任何人员在发现火灾险情时，在力所能及的情况下，应第一时间进行火灾的扑救。人身起火燃烧，轻者留下伤残，重者危及生命，及时正确的扑救人身着火，可大大降低伤害程度。其他人员应听从指挥、有序疏散，被火灾围困时，应想尽一切办法自救和逃生。

（一）人身着火自救

由于工作场所作业客观条件限制，人身着火事故往往因火灾爆炸事故或在火灾扑救过程中引起，也有的因违章操作或意外事故所造成。

——如果发现身上着了火，千万不可惊跑或用手拍打，因为惊跑或拍打会加剧火势，应赶紧设法脱掉着火的衣服或就地打滚压掉火苗，或及时向身上浇水或喷灭火剂（水基灭火器最佳）。

——明火扑灭后，应进一步采取措施清理棉、毛制品的可能存在的阴火，防止死灰复燃。

——化纤织品比棉织品有更大的危险性，这类制品燃烧速度快，容易粘在皮肤上，应注意扑救中或扑灭后，不能轻易撕扯受害人的烧残衣物，否则容易造成皮肤大面积创伤，使裸露的创伤表面加重感染。

——火灾扑灭后，应特别注意对烧伤患者的保护，对烧伤部位用绷带或干净的床单进行简单的包扎后，尽快送医院治疗，如皮肤大面积烧伤，尤其要注意伤者的保暖。

易燃可燃液体大面积泄漏引起人身着火，这种情况一般发生突然，燃烧面积大，受害人往往不能进行自救。此时，在场人员应迅速将受害人拖离现场，用湿衣服、毛毡、灭火毯等物品进行包裹、压盖灭火。如使用灭火器灭人身火灾，采用水基泡沫灭火器最佳，应特别注意不能将干粉、二氧化碳等灭火剂直接对受害人面部喷射，防止造成窒息和冻伤。

（二）如何火灾逃生

火灾造成人员死亡的主要原因是火灾烟雾中毒导致的窒息。因烟雾中含有大量的一氧化碳及塑料化纤燃烧产生的氯、苯等有害气体，火焰又可造成呼吸道灼伤及喉头水肿，导致浓烟中逃生者在 3～5min 内中毒窒息身亡。发生火灾扑救和逃生应注意以下事项：

——发生初期火灾时，第一发现人大声呼叫报警，并立即利用身边的消防器材进行扑救，同时报告现场负责人。拨打就近火警电话，说明着火介质、着火时间、着火地点、火势情况，指派专人在门口迎接消防车。

——若火势现场无法控制，应迅速撤离逃生，逃生时不要顾及钱财和其他，逃命最重要。不要因穿戴不整齐而害羞，或怕财务受损，而失去最佳的逃生时期。

——逃离火灾时，一定要带上应急包并做一些简单的防护，通过浓烟区时最好用水打湿毛巾而后再捂鼻或直接戴上面罩，弯腰或匍匐前行。逃离火灾现场时一定不要坐普通电梯，要走安全通道，如带防火门的楼梯通道。

——积极寻找暂时的避难处所。在综合性多功能大型建筑物内，可利用设在走廊末端以及卫生间附近的避难间，躲避烟火的危害。若暂时被困在房间里，要关闭所有通向火区的门窗，用浸湿的被褥、衣物等堵塞门窗缝，并泼水降温，以防止外部火焰及烟气侵入。在被困时，要主动与外界联系，以便尽早获救。

——楼通道被火封住，欲逃无路时，可将床单、被罩或窗帘等撕成条结成绳索，牢系窗槛，顺绳滑下。在此过程中要注意手脚并用（将绳缠在腿上并夹紧，双手一上一下交替往下爬），要注意把手保护好，防止顺势滑下时脱手或将手磨破。

——如不能自救，应尽量待在容易被人发现且能够避开烟雾的地方，及时地发出声响或有效的求救信号，引起救援人员的注意。当被烟气窒息失去自救能力时，应努力滚向墙边或者门口，容易被消防员发现。同时，这样做还可以防止房屋塌落砸伤自己。

（三）如何安全疏散

在消防队到达前，现场负责人和安全监督人员应立即组织人员迅速展开初期火灾的扑救工作，迅速疏散着火区内无关人员到安全区，切断易燃物输送源或迅速隔离易燃物等。

——组织疏散。发生火灾时，必须有组织地进行疏散，才能避免混乱，减少人员死亡。应结合现场区域设置及分布结构、人员特点，制订应急疏散预案，拟定疏散路线和疏散出口，火场上受火势威胁的人员，必须服从安全监督人员指挥，有组织、有秩序地进行疏散。

——疏散引导。发生火灾时，由于人们急于逃生的心理作用，起火后可能极易造成疏散堵塞或人员拥挤，导致伤亡。此时，安全监督人员要设法疏散引导，指明疏散通道，以沉着、镇定的语气诱导人员消除恐慌心理，从而有条不紊地完全疏散。

——掩护疏导。对火势较大，直接威胁人员安全、影响疏散时，应组织现场工作人员或到场的公安消防人员，可利用各种灭火器材，全力堵截火势发展，掩护被困人员疏散。逃生人多拥挤时，还应设法疏导人流，必要时采取措施强制疏导，防止出现堵塞和踩伤、挤伤。

第二节　灭火器分类与使用

灭火器是一种最常见的消防器材，由筒体、器头、喷嘴等组成，借助驱动压力可将所充装的灭火剂喷出，达到灭火的目的。灭火器由于结构简单，操作方便，轻便灵活，使用面广，是扑救初起火灾的重要消防器材。按充装的灭火剂类型不同，主要分为干粉灭火器、二氧化碳灭火器、水基灭火器（包括清水灭火器、水雾灭火器、泡沫灭火器）和洁净气体灭火器。

一、干粉灭火器

干粉灭火器是目前使用最普遍的灭火器，其有两种类型。一种是碳酸氢钠干粉灭火器，俗称“BC类干粉灭火器”，用于灭液体、气体初起火灾。另一种是磷酸铵盐干粉灭火器，俗称“ABC类干粉灭火器”，可灭固体、液体、气体初起火灾，应用范围较广。分为手提式和手推式两种，见图2-2。手提式干粉灭火器的规格有1kg、2kg、3kg、4kg、5kg、6kg、8kg、10kg；手推式干粉灭火器的规格有20kg、50kg、100kg、125kg。

图2-2 手提式和手推式干粉灭火器

干粉灭火剂灌装在灭火器筒内，在惰性气体（二氧化碳和氮气）压力作用下喷出，形成浓云般的粉雾，覆盖燃烧面，与火焰接触、混合时，发生一系列物理、化学作用，使燃烧的链锁反应中断。同时，干粉灭火剂可以降低残存火焰对燃烧表面的热辐射，并能吸收火焰的部分热量，灭火时分解产生的二氧化碳、水蒸气等对燃烧区内的氧气浓度又有稀释作用，抑制燃烧。

（一）手提式灭火器

手提式干粉灭火器使用时，应手提灭火器的提把，迅速赶到火场，在室外使用时注意占据上风方向。在距离起火点3～5 m处，使用前先把灭火器上下颠倒几次，使筒内干粉松动。使用时应先拔下保险销，如有喷射软管的需一只手握住其喷嘴（没有软管的，可扶住灭火器的底圈），另一只手提起灭火器并用力按下压把，干粉便会从喷嘴喷射出来。干粉灭火器在喷射过程中应始终保持直立状态，不能横卧或颠倒使用，否则不能喷粉。

——干粉灭火器扑救可燃，易燃液体火灾时，应对准火焰根部扫射。如果被扑救的液体火灾呈流淌燃烧时，应对准火焰根部由近而远，并左右扫射，直至把火焰全部扑灭。

——干粉灭火器扑救固体可燃物火灾时，应对准燃烧最猛烈处喷射，并上下、左右扫射。如条件许可，操作者可提着灭火器沿着燃烧物的四周边走边喷，使干粉灭火剂均匀地喷在燃烧物的表面上，直至将火焰全部扑灭。

——在扑救容器内可燃液体火灾时，应注意不能将喷嘴直接对准液面喷射，防止射流的冲击力使可燃液体溅出而扩大火势，造成灭火困难。

（二）推车式灭火器

推车式干粉灭火器一般由两人操作。使用时应将灭火器迅速拉到或推到火场，在离起火点 10m 处停下，将灭火器放稳，一人迅速取下喷枪并展开喷射软管，然后一手握住喷枪枪管，另一只手打开喷枪并将喷嘴对准燃烧物；另一人迅速拔出保险销，并向上扳起手柄，灭火剂即喷出。具体的灭火技法与手提式干粉灭火器一样。

（三）悬挂式灭火器

悬挂式干粉灭火装置在喷淋头的喷嘴处部位装有感温玻璃球，在正常情况下，玻璃球的上端顶住喷嘴处的密封片。起火时，温度升高，玻璃球内的液体因受热膨胀后自动胀碎（68℃），密封片自动跌落，灭火装置内的干粉药剂在氮气作用下自喷嘴喷出，进行灭火。悬挂式干粉灭火装置安装简单，一般悬挂于墙顶，其喷嘴距离地面 2.5m，具有灭火速度快，灭火药剂毒性低，使用安全等特点，见图 2–3。

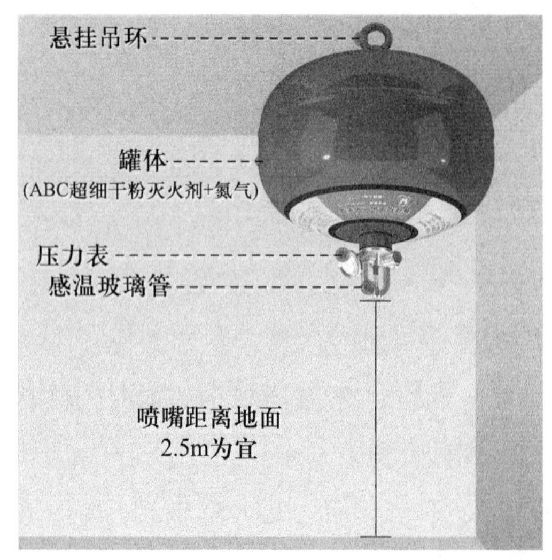

图 2–3　悬挂式灭火器示意图

悬挂式干粉灭火装置广泛适用于办公室、机房、资料室、档案室、财务室、设备间、发动机房、配电室和各种仓库等封闭性场所，越是无人值守的重要区域，越能充分显示出其智能安全的特点，在无人操纵的情况下，可对突发火灾实施自动灭火。除悬挂式干粉灭火器外，还有悬挂式七氟丙烷灭火器，其特点和功能基本相同，这里不再累述。

二、二氧化碳灭火器

二氧化碳灭火器充装的是二氧化碳灭火剂。二氧化碳灭火剂平时以液态形式贮存于灭火器中，其主要依靠窒息作用和部分冷却作用灭火。二氧化碳灭火器适用于扑救 600V 以下的带电电器、贵重设备、图书资料、仪器仪表等场所的初起火灾，以及一般可燃液体的火灾。分为手提式和推车式两种，见图 2–4。手提式二氧化碳灭火器规格为 2kg、3kg、5kg、7kg；推车式二氧化碳灭火器的规格为 10kg、20kg、30kg、50kg。

图 2–4　手提式和手推式二氧化碳灭火器

二氧化碳具有较高的密度，约为空气的 1.5 倍。灭火时，二氧化碳气体可以排除空气而包围在燃烧物体的表面或分布于较密闭的空间中，降低可燃物周围或防护空间内的氧气浓度，产生窒息作用而灭火。另外，二氧化碳从储存容器中喷出时，会由液体迅速汽化成气体，而从周围吸引部分热量，起到冷却的作用。

（一）手提式灭火器

使用时，可手提或肩扛灭火器迅速赶到火灾现场，在距燃烧物 5m 处，放下灭火器。灭火时一手扳转喷射弯管，将喷筒对准火源，另一只手提起灭火器并压下压把，液态的二氧化碳在高压作用下立即喷出且迅速气化。在灭火时，要连续喷射，防止余烬复燃，不可颠倒使用。在寒冷季节使用二氧化碳灭火器时，阀门（开关）开启后，不得时启时闭，以防阀门冻结。

应注意二氧化碳是窒息性气体，对人体有害，在空气中二氧化碳含量达到8.5%，会发生呼吸困难，血压增高；二氧化碳含量达到20%～30%时，呼吸衰弱，精神不振，严重的可能因窒息而死亡。因此，在空气不流通的火场使用二氧化碳灭火器后，必须及时通风。

二氧化碳是以液态存放在钢瓶内的，使用时液体迅速气化吸收本身的热量，使自身温度急剧下降到 −78.5° C 左右。利用它来冷却燃烧物质和冲淡燃烧区空气中的含氧量以达到灭火的效果。所以使用二氧化碳灭火器不能直接徒手握住喷管，要戴上手套，动作要迅速，以防止冻伤。如在室外，则不能逆风使用。

（二）推车式灭火器

推车式二氧化碳灭火器一般由两个人操作，使用时应将灭火器推或拉到燃烧处，在离燃烧物 10m 左右停下，一人快速取下喇叭筒并展开喷射软管后，握住喇叭筒根部的手柄并将喷嘴对准燃烧物；另一人快速按逆时针方向旋动阀门的手轮，并开到最大位置，灭火剂即喷出。具体的灭火技法与手提式二氧化碳灭火器一样。

三、水基灭火器

水基型灭火器其灭火器机理为物理性灭火器原理。灭火剂主要由碳氢表面活性剂、氟碳表面活性剂、阻燃剂和助剂组成。故水基型（水雾）灭火器具备其他灭火器无法媲美的阻燃性。水基型灭火器不受室内、室外、大风等环境的影响，灭火剂可以最大限度地作用于燃烧物表面。手提式水基型灭火器的规格为 3L 、4L、6L、9L；推车式水基型灭火器的规格为 20L 、45L、60L、125L，见图 2−5。

灭火剂对 A 类火灾具有渗透的作用，如木材、布匹等，灭火剂可以渗透可燃物内部，即便火势较大未能全部扑灭，其药剂喷射的部位也可以有效地阻断火源，控制火灾的蔓延速度；对 B 类火灾具有隔离的作用，如汽油及挥发性化学液体，药剂可在其表面形成长时间的水膜，即便水膜受外界因素遭到破坏，其独特的流动性可以迅速愈合，使火焰窒息。

图 2–5　手提式和手推式水基灭火器

（一）清水灭火器

清水灭火器通过冷却作用灭火，主要用于扑救固体火灾即 A 类火灾，如木材、纸张、棉麻、织物等的初期火灾。采用细水雾喷头的清水灭火器也可用于扑灭可燃固体的初期火灾。

手提式清水灭火器使用方法：将灭火器提至火场，在距着火物 3～5m 处，拔出保险销，一只手紧握喷射软管前的喷嘴并对准燃烧物，另一手握住提把并用力压下压把，水即可从喷嘴中喷出。灭火时，随着有效喷射距离的缩短，使用者应逐步向燃烧区靠近，使水流始终喷射在燃烧物处，直至将火扑灭。清水灭火器在使用过程中切忌将灭火器颠倒或横卧，否则不能喷射。

（二）水基型水雾灭火器

2008 年我国开始推广新的水基型水雾灭火器，其具有绿色环保，灭火后药剂可 100% 生物降解，不会对周围设备、空间造成污染，高效阻燃、抗复燃性强；灭火速度快，渗透性极强等特点。水基灭火器可扑救 ABCE 类型火灾，也可以扑救 36kV 以下的电气火灾。

水基型水雾灭火器属物理灭火机理。药剂可在可燃物表面形成并扩展一层薄水膜，使可燃物与空气隔离，实现灭火。经雾化喷嘴，喷射出细水雾，漫布火场并蒸发热量，迅速降低火场温度，同时降低燃烧区空气中氧气的浓度，防止复燃。抗复燃性好，是水基灭火器无可比拟的一大优点。

除了灭火之外，水雾型灭火器还有一个最大的特点是可用于火场自救。在起火时，将水雾灭火器中的药剂喷在身上，并涂抹于头上，可以使自己在普通火灾中完全免除火焰伤害，在高温火场中最大限度地减轻烧伤。

手提式水雾灭火器不同于传统灭火器，有红、黄、绿三色可以选择，因为这三种颜色比较醒目。三个颜色的灭火器都一样，它们颜色的不同完全取决于厂家和商家喜好。手提式水雾灭火器的瓶身顶端与底端还有纳米高分子材料，可在夜间发光，以便在晚上起火时第一时间找到灭火器。

（三）水基型泡沫灭火器

泡沫灭火器充装的是水和泡沫灭火剂，可分为化学泡沫灭火器和机械泡沫灭火器。主要用于扑救 B 类火灾；也可用于固体 A 类火灾 ；抗溶泡沫灭火器还可以扑救水溶性易燃、可燃液体火灾。但泡沫灭火器不适用于带电设备火灾和 C 类气体火灾、D 类金属火灾。

手提式机械泡沫灭火器的使用方法：将灭火器提至火场，在距着火物 3～5m 处，拔出保险销，一只手紧握喷射软管前的喷嘴并对准燃烧物，另一只手握住提把并用力压下压把，泡沫即可从喷嘴中喷出。在室外使用时，应选择在上风方向喷射。在扑救可燃液体火灾时，如燃烧物已呈流淌状燃烧，则将泡沫由近而远喷射，使泡沫完全覆盖在燃烧液面上。

如在容器内燃烧，应将泡沫射向容器的内壁，使泡沫沿着内壁流淌，逐步覆盖着火液面，切忌直接对准液面喷射；在扑救固体物质时，应将射流对准燃烧最猛烈处。灭火时，随着有效喷射距离的缩短，使用者应逐步向燃烧区靠近，并始终将泡沫喷射在燃烧物上，直至将火扑灭。

使用时，灭火器应当是直立状态的，不可颠倒或横卧使用，否则会中断喷射；也不能松开开启压把，否则也会中断喷射。

四、保养和检查

灭火器的维修、再充装应由已取得维修许可证的专业单位承担。灭火器一经开启，必须送到维修单位检查，更换已损件，重新充装灭火剂和驱动气体。

（一）维修保养

无法清楚识别生产厂名称和出厂日期（包括贴花脱落，或虽有贴花但已看不清）的灭火器必须报废。维修后的灭火器的筒体应贴有永久性的维修和合格标识，维修标识上的维修单位名称、筒体的试验压力值、维修日期等内容应清晰，每次的维修铭牌不得相互覆盖。

二氧化碳灭火器应放置在明显、取用方便的地方，不可放在采暖或加热设备附近和阳光强烈照射的地方，存放温度应为 −10℃～ +55℃。在搬运过程中，应轻拿轻放，防止撞击。

干粉灭火器应放置在保护物体附近干燥通风和取用方便的地方。要注意防止受潮和日晒，灭火器各连接件不得松动，喷嘴塞盖不能脱落，保证密封性能。

水基灭火器应当放置在阴凉、干燥、通风、并取用方便的部位。环境温度应为 4℃～55℃，冬季应注意防冻。定期检查喷嘴是否堵塞，使之保持通畅，是否有工作压力。对泡沫灭火器需检查压力显示表，如表针指向红色区域即应及时进行修理。

灭火器筒体、受内压的器头及筒体与器头的连接零件等，应按规定进行水压试验。手提式和推车式干粉灭火器，以及手提式和推车式二氧化碳灭火器期满 5 年，以后每隔 2 年，必须进行水压试验等检查。灭火器应每年至少检查一次，超过规定泄漏量的应检修。

手提式水成膜灭火器报废年限为 5 年；手提式清水灭火器、手提式水雾灭火器报废年限为 6 年；手提式干粉灭火器报废年限为 10 年；推车式干粉灭火器、手提式二氧化碳灭火器、推车式二氧化碳灭火器报废年限为 12 年。

（二）日常检查

灭火器使用期间，应按制造厂规定要求进行定期检查，检查内容可包括：

——灭火器保险销和铅封是否完好，是否被开启喷射过。

——灭火器的喷嘴、软管是否畅通、变形、开裂、损伤等。

——灭火器的压把、阀体等金属件不得有严重损伤、变形、锈蚀等缺陷。

——灭火器的橡胶、塑料件不得变形、变色、老化或断裂，否则必须更换。

——筒体严重变形、筒体严重锈蚀或连接部位、筒底严重锈蚀的灭火器必须报废。

——干粉灭火器压力表的外表面不得有变形、损伤等。

——干粉灭火器压力表的指针是否在绿色区域，在红色区域应充装驱动气体，在黄色区域表示超过正常压力。

——二氧化碳贮气瓶用称重法检验泄漏量。灭火器的年泄漏量不应大于灭火器额定充装量的 5%。如果重量减少超过 5% 时，应及时补充罐装。

五、七氟丙烷灭火系统

七氟丙烷（HFC-227ea、FM-200）是无色、无味、不导电、无二次污染的气体，是一种以化学灭火为主兼有物理灭火作用的洁净气体化学灭火剂，具有清洁、低毒、电绝缘性好，灭火效率高的特点，不污染被保护对象，不会对财物和精密设施造成损坏，特别是它对臭氧层无破坏，是一种洁净气体灭火剂。已广泛应用于电子计算机房、档案馆、通信机房、变配电室、发电机房、程控交换机房、电视广播中心及金融机构、政府机关等经常有人工作的重要场所。

七氟丙烷灭火系统是集气体灭火、自动控制及火灾探测等于一体的现代化智能型自动灭火装置，具有自动、手动、机械应急手动和紧急启动 / 停止四种控制方式，见图 2-6。系统装置操作简单，清洁环保、绝缘性良好，适用于有人工作的场所，对人体基本无害。

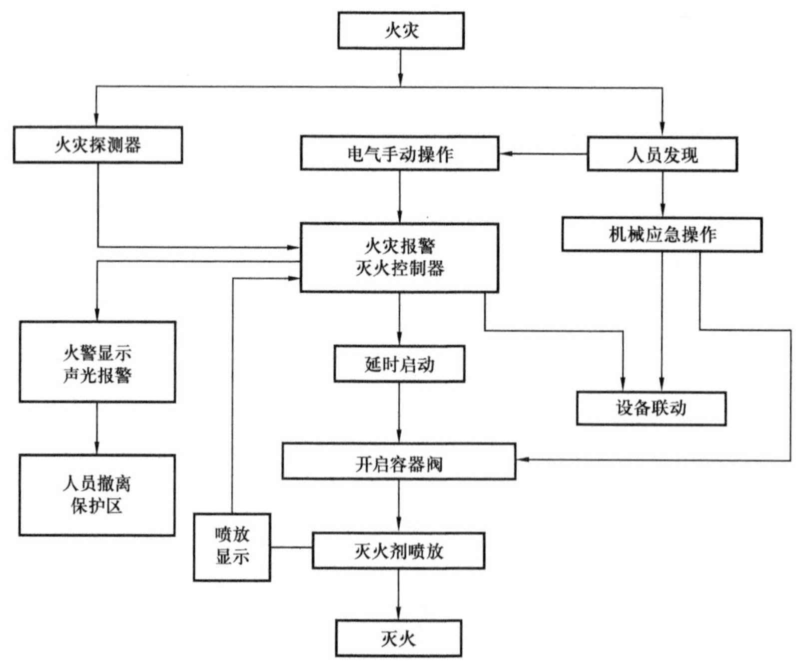

图 2-6　七氟丙烷灭火系统响应基本流程

七氟丙烷自动灭火系统由灭火剂瓶组、驱动气瓶组、瓶组架、单向阀、集流管、选择阀、安全阀、管网、喷嘴、药剂、火灾报警控制器、声光报警器、警铃、放气指示灯、紧急启动/停止按钮等组成，见图2-7。

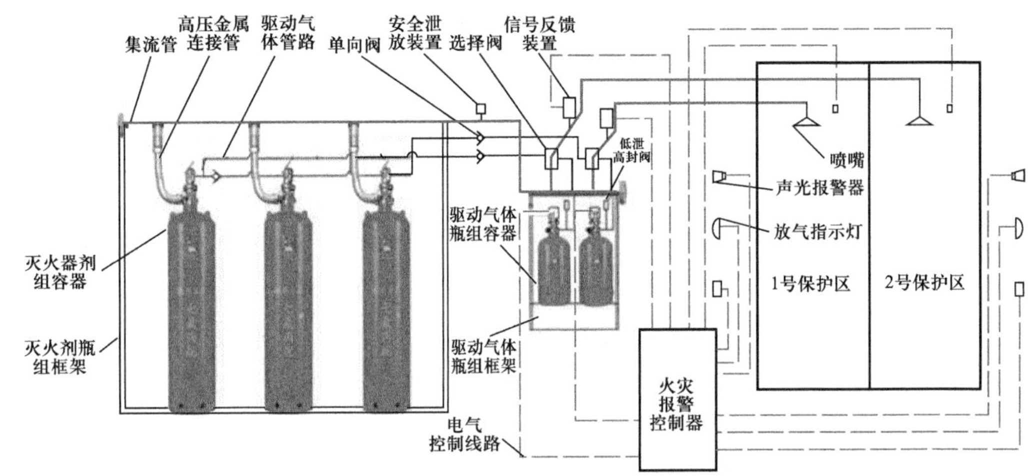

图2-7 七氟丙烷自动灭火系统原理图

七氟丙烷灭火系统结构合理、动作可靠，能以较低的灭火浓度扑灭B、C类火灾及电气火灾；储存空间小，临界温度高，临界压力低，在常温下可液化储存；释放后不含粒子或油状残余物，亦可透过正常排气通道排走。

七氟丙烷虽然在室温下比较稳定，但在高温下仍然会分解，分解产生具有辛辣气味的氟化氢（HF），即使其浓度很小，也会给人造成很大程度的不适和伤害。接触液态七氟丙烷可以导致冻伤。在设计浓度（设计标准一般是10%）的范围无火情的状态下对人体没有损害，但当浓度达到10%以上时，不适的感觉就会出现，时间长了，还会有生命危险。保护区中，物质燃烧可能产生的毒气包括一氧化碳和二氧化碳，对人员的伤害也是不可预计的。

相关链接：消防沙箱

消防沙箱一般配备在易燃易爆液体或强腐蚀性液体的储存、使用和生产场所，利用消防沙箱可以方便地提供灭火、泄漏液体的吸纳或围堵用的沙土等材料，另外，还可用于扑救D类金属火灾。

消防沙箱的大小根据现场情况设计，消防沙的储备量要充足。消防沙池附近还需要配置消防桶、消防铲、灭火器及消防水带等消防设施，每个消防沙箱还需要设置醒目的标识。

消防沙要保持干燥，因为有水分的话遇到火后会飞溅伤人；消防砂还有吸纳易燃液体的功能，所以露天设置的消防沙池应有防雨、防潮措施。

第三节 消防安全管理

企业应当将包括消防安全布局、消防站、消防供水、消防通信、消防车通道、消防装备等内容的消防规划纳入本单位的总体规划，并负责组织实施。消防安全布局不符合消防技术标准的，应当调整、完善。消防设施、消防装备不足或者不适应实际需要的，应当增建、增配或者进行技术改造。

一、消防安全检查

企业应当建立常规消防安全检查、消防专项检查和防火巡查等消防安全检查制度，明确消防安全检查的责任人、内容和频次等，及时发现并消除火灾隐患。

企业应当至少每季度进行一次防火检查。炼化生产装置、油（气）站（库）、天然气处理厂、民用爆炸物品仓库等易燃易爆高危场所的防火巡查应当结合岗位巡回检查进行。

公众聚集场所在营业期间应当至少每两小时进行一次防火巡查，营业结束时应当对营业现场进行检查，消除遗留火种。

生产、储存、经营易燃易爆危险品的场所，不得与居住场所设置在同一建筑物内，应当与居住场所保持安全距离，设置明显的安全标志，并进行封闭式管理。

二、聚集场所要求

大型人员密集场所及公众聚集场所的设置必须符合有关消防安全规定。大型人员密集场所及公众聚集场所应当符合下列要求：

（1）保持疏散通道和安全出口畅通，防火分区和防烟分区完整，禁止锁闭、遮挡安全出口，占用、堵塞、封闭疏散通道和消防车通道。

（2）保持消防设施及安全疏散指示标志完好，禁止擅自停用、挪用、遮挡、损坏、拆除、埋压或圈占。

（3）电气设备的安装、电气线路的敷设应符合消防安全要求，并安装安全保护装置，禁止擅自拉接临时电线。

（4）建立使用管理制度，禁止超员使用，禁止违规使用明火和易燃易爆危险物品。

（5）定期组织对员工进行消防和应急专业技能培训及消防应急疏散演练。

举办大型群众性集会活动，承办单位应当依法申请安全许可，制订灭火和应急疏散预案并组织演练，明确消防安全责任分工，确定消防安全管理人员，保持消防设施和消防器材配置齐全、完好有效，保证疏散通道、安全出口、疏散指示标志、应急照明和消防车通道符合消防技术标准和管理规定。

三、现场消防监护

关键生产装置开（停）车与紧急抢修、火灾风险较高的工业动火、生产装置消防水中断、举办大型群众性集会活动，以及其他有可能发生火灾或人员伤亡的生产经营活动，应当安排消防车进行现场监护。承担现场监护任务的专职消防应急救援队伍应当与责任区属地单位共同对现场危险因素进行分析，编制现场监护方案，明确应急处置措施，并建立现场监护记录。

四、消防产品要求

使用的消防产品必须符合国家、行业标准。严禁使用不合格的消防产品、国家明令淘汰的消防产品，以及应依法取得而未取得国家强制性产品认证的消防产品。

企业使用的建筑构件、建筑材料和室内装修、装饰材料的防火性能必须符合国家标准或行业标准。人员密集场所室内装修、装饰，应当按照消防技术标准的要求，使用不燃、难燃材料。

企业使用的电器、燃气用具等产品，应当符合消防安全的要求。电器产品、燃气用具的安装、使用及其线路、管路的设计、敷设、维护保养、检测，必须符合消防技术标准和管理规定。

企业应当使用符合国家规定的消防产品，建立消防设施、器材管理制度，定期组织消防设施、器材的检查、维护保养和检测，确保消防设施、器材完好有效。

五、其他安全要求

任何单位、个人不得损坏、挪用或者擅自拆除、停用消防设施、器材，不得埋压、圈占、遮挡消火栓，不得占用防火间距，不得占用、堵塞、封闭疏散通道、安全出口、消防车通道。人员密集场所的门窗不得设置影响逃生和灭火救援的障碍物。

企业负责消防设施维护管理的单位，应当保证消防供水、消防通信、消防车通道等公共消防设施的完好有效。在修建道路及停电、停水、截断通信线路等有可能影响消防灭火救援时，有关单位必须事先通知消防主管部门及专职消防应急救援队伍，并办理相关手续后方可实施。

企业消防安全责任人、专（兼）职消防管理人员、消防控制室的值班与操作人员等应当接受消防安全专门培训，消防控制室的值班与操作人员应当持证上岗。

公众聚集场所在营业或活动期间，应当通过张贴图画、广播、闭路电视等方式，向公众宣传防火、灭火、疏散逃生等常识。

对于有两个以上产权单位和使用单位的建筑物，各产权单位、使用单位对消防车通道、涉及公共消防安全的疏散设施和其他建筑消防设施应当明确各方管理责任。有物业管理单位的可签订协议委托统一管理。

相关链接：冰山理论

冰山理论最早是由奥地利心理学家弗洛伊德提出来的，指的是事物的表面只是冰山一角，只有深入挖掘才能发现其中的真相。弗洛伊德的冰山理论后来被广泛应用于各领域，在不同领域有着不同的解读和应用方式。

一、弗洛伊德冰山理论

弗洛伊德的冰山理论用来描述人类心智活动的复杂性和多层次性，认为人的人格就像海面上的冰山一样，露出来的仅仅只是一部分，即有意识的层面；剩下的绝大部分是处于无意识的，而这绝大部分在某种程度上决定着人的发展和行为。他认为人类的心智可以分为意识、前意识和潜意识三个层次，其中只有一小部分是意识，大部分是潜意识。意识如同冰山露出水面的部分，而潜意识则是水下庞大的部分，主导着人的行为和情感，但往往不被察觉，见图 2–8。

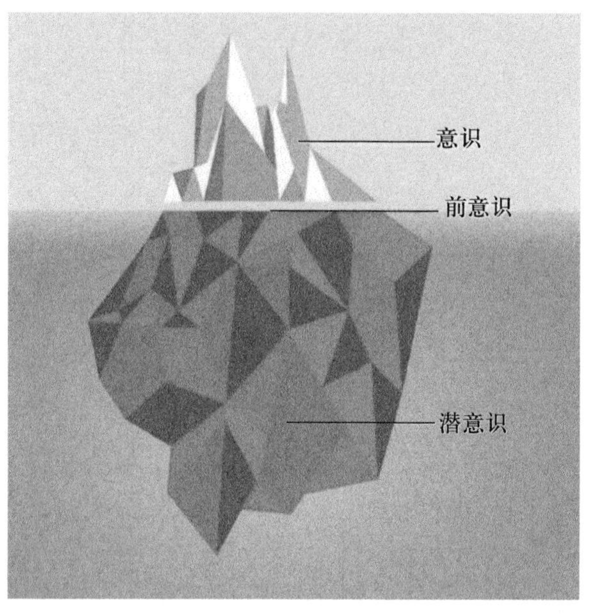

图 2–8 冰山理念模型

二、杜邦事故冰山理论

杜邦将事故比喻成一座冰山，冰山露出水面的部分是事故的直接支出，也就是我们所说的直接损失，它包括医疗、工资、行政部门的管理费用，而冰山的大部分是在水下，是事故的潜在损失，是事故的附加支出，也就是我们所说的间接损失，如设备和货物的损失、产品和产品质量的损失、怠工或加班的损失、公众形象和社会关系的损失等。因为事故所造成的高额员工补偿费用，事故带来的企业停工、停产，使业绩和企业的声誉下降都是支出。而冰山下面的部分，是上面的 8～11 倍，也就是说，潜在的经济损失远远大于人们所能见到的直接支出，见图 2–9。

图 2–9 杜邦事故冰山理论

另一方面，冰山理论认为日常工作中人的不安全行为和物的不安全状态就像冰山的水下部分，不容易被发现。它的三层含义：

（1）人们往往只关注事故或事件的表面，未探究导致事故的根源。

（2）要从根源上解决问题，不要只关心事故本身，做一些表面工作。

（3）事故经济损失大部分是由人的不安全行为和物的不安全状态造成的暗损失，而不是某起事故本身造成的明损失。

我们平常在计算事故的经济损失时，只注重直接经济损失，那只是一小部分，往往忽视了那些还未马上发生的或不好衡量的潜在的间接经济损失，而那却是一大部分，对企业的长远发展和声誉影响更为深远。企业应根据冰山理论，通过定期的安全检查、隐患排查、风险评估等手段，及时发现并消除安全隐患，确保企业的安全生产。

三、冰山理论在安全工作中应用

从杜邦安全冰山理论得知，要预防事故的发生，必须从根源上解决问题，即消除人的不安全行为和物的不安全状态。在实际应用中，企业可以采取以下措施来落实杜邦安全冰山理论：

——加强安全培训：定期对员工进行安全培训，提高员工的安全意识和操作技能，使其能够识别并消除工作中的不安全因素。

——完善安全管理制度：建立健全的安全管理制度，明确各级人员的安全职责和操作规程，确保安全工作的有序开展。

——强化安全监督：加强对安全工作的监督检查，及时发现并纠正违章行为，确保各项安全措施得到有效执行。

——推动安全文化建设：积极营造安全文化氛围，通过宣传、教育、奖励等手段，激发员工参与安全管理的积极性和主动性。

综上所述，杜邦安全冰山理论为企业提供了一个全面看待事故损失、加强日常管理和持续改进安全管理的视角。通过落实这一理论，企业可以更有效地预防事故的发生，保障员工生命财产安全，促进企业的可持续发展。

四、冰山理论的启示

冰山理论是一种系统思维工具，是探索和理解问题根源的一种重要方法。

不是简单地根据事件或其他表象做出反应，而是深入到表象之下，揭开导致问题存在的原因，确定核心问题并找到更好的解决方案。

冰山理论告诉我们：耳听或为虚、眼见未必实。在我们看得见的事实下面，还藏着更大的看不见的底层逻辑，它决定着事情的发展和走向。冰山理论核心是透过现象挖掘问题的根源，我们只有透过现象看本质，培养深度思考能力，才能看清这个世界的底层逻辑。

第三章　交通安全与防御性驾驶

交通安全工作影响因素既有车辆设备因素，更有驾驶员驾驶素质与安全技能的因素，同时还受到外界环境条件的影响，如何提高驾驶员驾驶素质与安全技能是一个迫切需要解决的问题。只有技术性的培训是远远不够的，还应培养在驾驶过程中应有的防御性意识，掌握防御性驾驶知识。道路上的事故都是可以避免的，由于操作失误所发生的事故占事故发生的70%。采取防御性驾驶可以最大限度地避免在驾驶当中发生由于操作失误所引发的事故。

第一节　交通安全管理要求

道路交通安全应遵循“管业务、管安全，谁引入、谁负责，谁使用、谁负责，谁的车、谁负责”的原则，依据车辆运行安全风险，有效利用车辆管理系统等技术手段，对车辆运行实施分级管控与监督管理。

一、车辆安全管理

企业自有车辆和租赁车辆应按照《中华人民共和国道路交通安全法》进行登记，符合《机动车运行安全技术条件》（GB 7258）等国家和行业标准要求，特种车辆及专项作业车辆的选用，还应符合国家相应技术标准的规定。企业应实施车辆分类专业化管理，制订车辆运行、动态监控、维护保养、安全管理等相关制度及要求。

（一）分类管理

企业车辆应按照运行风险的大小进行分类管理，一般可分为一类车辆、二类车辆和三类车辆。

——一类车辆：包括危险货物运输车辆，10 座及以上载客汽车，专用作业车辆（如钻机车、修井车、压裂车等），应安装具有智能视频监控报警技术的监控装置。

——二类车辆：包括普通货运车辆，专用作业车辆（如污水处理车、工程机械车、长输管道巡线车、消防车、救护车、工程救险车等），特种车辆（如吊车、装载机、推土机等）。

——三类车辆：除一类车辆、二类车辆以外的其他车辆。

企业所属车辆应安装符合国家相关标准的车辆监控终端，车辆动态监控数据应接入车辆管理系统。企业所属车辆应接受各级人民政府有关部门监管。

（二）日常管理

企业应根据车辆的车型、定员与载荷、运行风险、功能转换及用户变更等情况，依据国家相关法律、法规和标准，开展车辆与所承担生产经营任务的适宜性评估工作，保证车辆与所承担的生产经营任务的安全要求相适应。

企业应对外部租赁的车辆进行准入审查。审查内容包括准运资质、强制检验、违章记录等情况，并对车辆运行安全技术条件进行检验，准入审查和检验合格方可租用。车辆租赁应签订安全合同，并按照“谁租赁、谁负责，谁使用、谁管理”的原则落实使用方的管理责任。

企业应依照车辆维护保养制度。定期开展车辆维护保养和安全技术状况检查。车辆必须按国家车辆管理机关规定的期限接受检验，未按规定检验、检验不合格及隐患整改未合格的车辆不得上路行驶。

企业应建立健全车辆技术档案。车辆技术档案应包括车辆基本情况、主要技术参数、运行记录、维修保养记录、车辆变更等信息。企业应在车辆管理系统中完整、准确地录入车辆、驾驶员、车载终端等相关信息，信息发生变化后应对系统数据进行更新。

达到国家《机动车强制报废标准规定》（商务部、发改委、公安部、环境保护部令〔2012〕12 号）的车辆必须及时报废。报废车辆应按规定交售有资质的机动车回收拆解企业处置，并及时将报废机动车登记证书、号牌、行驶证交公安机关交通管理部门注销。

二、驾驶员安全管理

企业应建立驾驶员动态管理和内部准驾等管理制度，明确驾驶员的选用条件、技术等级与晋级标准，定期开展驾驶员综合素质测评或安全驾驶技能评定；明确内部准驾证的申领条件、考评标准、发放程序、审验和注销等要求，并按照车辆类别实行内部准驾证分类管理。

（一）内部准驾证

驾驶员申领内部准驾证，除应持有有效驾驶证外，还应通过身体状况审查及基础理论和实际技能考核。一类车辆和二类车辆的驾驶员应取得相应的从业资格证等资质。驾驶员变更准驾车型应重新申领相应类别车型的内部准驾证。

内部准驾证的复审周期为一个自然年、换证周期为五年。复审、换证时应对驾驶员遵纪守法情况、驾驶能力、安全驾驶业绩等内容进行考评。驾驶员在复审周期内，未发生道路交通责任事故、无违法违规行为且日常教育培训考核合格的，内部准驾证可免复审。

未通过内部准驾证复审考核、变更准驾车型或其他原因需要停止准驾资格的，及时将内部准驾证收回并注销。新入职驾驶员或初次申领内部准驾证应安排其不少于一个月的跟车实习，实习期满考核不合格的，应注销其内部准驾证。

（二）培训与档案

企业应建立驾驶员教育培训制度，依据道路安全环境、运输任务和驾驶能力等因素，有针对性地组织开展驾驶员安全意识与能力教育培训及考核。

培训内容至少应包括：道路交通安全的法律法规、企业规章、操作规程、车辆技术条件、安全驾驶技能、道路环境风险防范措施及道路交通事故应急处置。企业应结合车辆管理系统中违章报警信息，对违规违章驾驶员进行专项安全教育培训。

企业应利用车辆管理系统中驾驶里程、违章报警等信息，构建道路交通安全管理数据库，并结合驾驶员身体健康状况，对驾驶员进行安全驾驶能力评估，实施驾驶员分类动态管理。

企业应建立健全驾驶员档案。驾驶员档案应包括但不限于驾驶员的基本信息、资质、工作经历、教育培训、奖惩考核、事故记录、证件审验、驾驶员职业健康体检记录及安全行车记录等。

（三）驾驶员处罚

企业应对违反道路交通安全法律、法规和制度规定的驾驶员没收其内部准驾证，进行安全教育和能力评估，培训评估不合格的注销内部准驾证。企业应对驾驶员进行监督考核，并严惩以下违法违章驾驶行为：

——未取得或未携带驾驶证、行驶证、内部准驾证、审批调派手续，以及所驾车辆与证件标明车型不符的行为。

——超过限速标志、标线标明和企业规定的速度驾驶车辆行为。

——酒后驾驶车辆行为；疲劳驾驶行为。

——行车中强超强会、争抢车道、违法占道等行为。

——驾驶员不系安全带、驾车使用电话等行为。

——破坏卫星定位装置及恶意人为干扰、屏蔽定位信号，篡改监控终端数据的行为。

——其他严重违反道路交通安全法律、法规和企业相关规定的行为。

应建立事故驾驶员经济损失追偿和责任考核标准，对事故驾驶员实行事故经济损失追偿和责任追究。

三、运行安全管理

企业应根据道路环境、车辆类别、承担任务等，开展交通安全危害因素辨识和风险识别评估，制订并落实风险防控措施，实行安全风险分级防控，不定期开展风险防控措施落实情况的监督检查。企业应按照国家法律法规的规定购买道路交通安全相关保险。

（一）车辆调派

企业应建立车辆调派审批制度，明确各类车辆调派审批的程序、职责和要求，派车前审批人应向驾驶员“三交待”，明确交代执行任务、行车路线、主要风险与削减措施。对长途车派车审批，还应明确车辆检查及行车状态反馈等管理要求。

一类车辆、二类车辆和执行长途任务的三类车辆驾驶员应执行“三检制度”，即出车前、行车途中和收车后的检查，对车辆标牌、关键部件、安全设施和装载物品等进行检查，确保车辆安全行驶。车辆监控终端故障或未上线的车辆不得执行任务。

企业应合理安排车辆任务，加强对疲劳驾驶行为的管理。过度疲劳影响安全驾驶的，不得驾驶车辆。连续驾驶机动车超过 4h 的，应当停车休息，停车休息时间不得少于 20min。

驾驶危险货物运输车辆，在 24h 内累计驾驶时间不得超过 8h，日间连续驾驶机动车不得超过 4h，夜间连续驾驶机动车不得超过 2h，每周累计驾驶时间不得超过 40h。

（二）运行风险

企业应科学评估并确定专用公路和内部道路的危险区域或路段，依法设置道路交通标志、标线，合理划分不同类型车辆的禁行区、限行区、限速区、禁停区和限停区。明确外部车辆进厂（场）区、停车场、内部专用道路行驶、作业的安全管理要求。

企业应加强对超速驾驶、疲劳驾驶、路口通行，以及与行人、摩托车（电动车）碰撞等道路交通安全关键风险管控，加强对夜间、冬季、恶劣天气、地质灾害发生等高风险时段和季节的行车管控，以及重要敏感时段的道路交通安全管控。车辆进入有防火防爆要求的区域或道路，必须履行审批手续并符合防火防爆要求。

企业应对无任务车辆实行交车辆钥匙、交行驶证、交内部准驾证及定点封存车辆的“三交一封”制度。严禁车辆超区域运行，超速行驶、超时间段行驶、违章停放等违法违章行为发生。禁止载人车辆超载运行，禁止货运车辆、特种车辆、危化品运输车辆载客，禁止携带易燃易爆等危险物品乘车，禁止公车私用、私车公用。

大件特种设备运输时，应当根据其外形尺寸和车货重量在起运前勘察作业现场和运行路线，了解沿途道路线形和桥涵通过能力，制订运输组织方案，按有关部门核定的路线行车。白天行车时悬挂标志旗，夜间行车和停车休息时装设标志灯。

危险货物运输车辆等专用车辆应配备与运输的危险物品性质相适应的安全

防护、环境保护、应急处置等机械设备及工具设施，按要求悬挂或者喷涂警示标志。危险货物运输车辆等专用车辆的押运员及装卸管理人员还应取得相应的从业资格证等资质，并持证上岗。

涉及剧毒化学品销售或采购的企业应以剧毒化学品出库或入库为风险转移节点，特殊情况确需道路运输的，应选择有资质的承运方承运并依法明确双方安全生产责任，按照国家法律、行政法规的规定运输。

企业应利用车辆管理系统，按照车辆类别对车辆运行过程进行监控与管理。监控内容包括但不限于超速行驶、疲劳驾驶、超时间段行车等违法违章行为。车辆动态监控数据应至少保存 1 年，违章驾驶信息及处理情况应至少保存 3 年。车辆安装视频监控装置的，还应保存视频资料，保存期限不得小于 30d。

企业应定期对车辆管理系统监控的违章报警信息进行分类统计，结合车辆类型、任务特点、运行频次、行驶里程、行车风险、事故车险报案理赔记录等因素，综合分析原因、规律和趋势，对违法违规次数较多的驾驶员重点关注，采取针对性的管控措施。建立驾驶员安全行车里程累积统计管理标准和安全行车目标里程激励机制，表彰奖励安全行车里程达标的驾驶员。

（三）事故管理

企业车辆发生道路交通事故，应按照有关事故报告的时限和程序如实上报。发生道路交通事故后，企业应及时启动应急救援预案，配合地方政府相关部门组织的事故调查，开展内部事故调查处理工作。封存并如实提供事故车辆动态监控数据及视频录像。

企业应建立道路交通事故档案，内容包括：事故快报、事故现场示意图、事故图片、动态监控关键数据及事发录像、道路交通事故认定书、事故调查报告、事故车险报案理赔记录、责任追究资料、事故教训总结及整改措施等。

第二节 防御性驾驶的概述

防御性驾驶技术是保障行车安全的有效手段和方法，始于 20 世纪 50 年代，应用流行于英美等国家。它不是教人开车的技术，而是通过系统的分析、归纳总结出的一套安全驾驶操作规程，让驾驶员在驾车时能准确地“预见”由其他驾驶员、行人、不良气候或路况引发的危险，使自己处于一个安全有利的位置，并能及时采取合理、有效的措施，防止事故的发生。

防御性驾驶的核心是“预防措施”，通俗地说就是将不可能发生的当作可能发生，提前预防。防御性驾驶要实现两个目标，一是自己在驾驶时不犯错误，确保自己的车辆不引起主动交通事故。二是在别人犯错误时，不会将自己牵涉其中，确保不出现被动交通事故。当驾驶员掌握了如何有效、及时地观察、预测和行动，并逐渐形成良好的驾驶习惯和安全理念时，就可以防止在复杂多变的驾驶环境中发生交通事故。

一、防御性驾驶四要素

将驾驶技能和驾驶习惯进行系统的总结和归纳，形成一套简单明了的安全驾驶体系，帮助驾驶员更清楚地了解人类的“生理缺陷”，更全面地观察驾驶环境，更准确地预测不确定的危险因素，更及时地采取预防措施，避免交通事故。

（一）放眼远方，洞察先机

要将观望距离延伸到 15s 以上，观察清楚远方运动和静止的物体。开车时如果看不到 15s 以后车将到达的地方，应适当调整车速。这样做能预见下一步会发生的事，以及警惕可能发生的危险，使驾驶员有足够的时间去反应、去处理，驾驶也会更轻松、更安全。

（二）时刻扫描，纵揽全局

要随时观察车辆前后左右 360°范围内的情况，养成经常观看后视镜的习惯，特别是超车、经过路口、进入弯道或行驶复杂道路，应养成每隔 5～8s 看一次后视镜的习惯，确保得到清晰的信息。夜间、昏暗等环境行车时，要注意正确使用灯光，要留意观察灯光照射以外的地方。这样做可使驾驶员能保持得到足够的信息、预见其他物体的动作、有时间让自己作反应。

（三）保持空间，留有余地

要学会不停地合理地东看西看，也就是用中心线实现扫描观察以获得较宽视野。要快速去看能看到的东西，切忌有超过 2s 的凝视。行车中要保持安全合理的车距，留意与前后左右车辆的间距，不要盲目进入车队。在停车或停车过程中应与周围车辆等物体保持适当的安全距离。这样做可增加驾驶员的能见度，使驾驶员有时间去反映和思考，并且有时间和距离让驾驶员离开危险。

（四）传递信息，预先处理

在路上行驶时，驾驶员必须通过灯光、喇叭、手势等提示行人、自行车、电动车和其他车辆，进入街道、城镇等人流密集区域甚至可用目光交流提示，切忌想当然地认为别人一定看到了你，要等到对方有采取措施的表现之后，才能安全通过，千万不要抢时间。目光交流是重点，驾驶员要能预见别人将要发生的动作，并且预先准备去处理。

二、防御性驾驶四过程

防御性驾驶是在开车时给自己留下较大的处置意外情况的空间，使自己不发生事故、也不让事故找上你，其主要包含辨别、分析、决策、行动四个过程。

（一）辨别与分析

驾驶员必须及时发现行车路线上的任何情况，对驾驶员后期的分析判断、决策及行动都起着不同程度的指导作用。驾驶员要做到“眼观六路、耳听八方”。

——观察要足够远。驾驶员需要观察足够远的道路上的交通状况，确保前方有紧急情况时能够及时制动或避让。具体距离依据实际车速而定，例如，在高速公路上至少要观察400m远的地方（时速90km时）。需要注意的是，要求眼睛看得足够远并不是让眼睛一直注视远方，而是要由近及远进行全面观察。

——观察两侧及车后。驾驶过程中要不时通过后视镜查看两侧及后方的交通情况，在行驶环境复杂、恶劣的情况下，更要增加观察后视镜的频率。

——预测盲区内情况。驾驶员在行车过程中应格外注意盲区内交通情况。通常可以通过观察其他车辆行驶情况来预测盲区内的情况，注意他们是否驶入视觉盲区，见图3-1。

——通过“听”获取信息。驾驶员可以通过“听”喇叭声获得警示信息，通过“听”声音大小估计车辆靠近的距离，通过“听”车辆发出的声响判断车辆是否出现了故障等。

驾驶员通过辨别过程所获得行驶道路发生的状况信息是瞬间的、变化的，不能直接根据这些信息进行决策和行动，还要经过一个分析判断的过程。

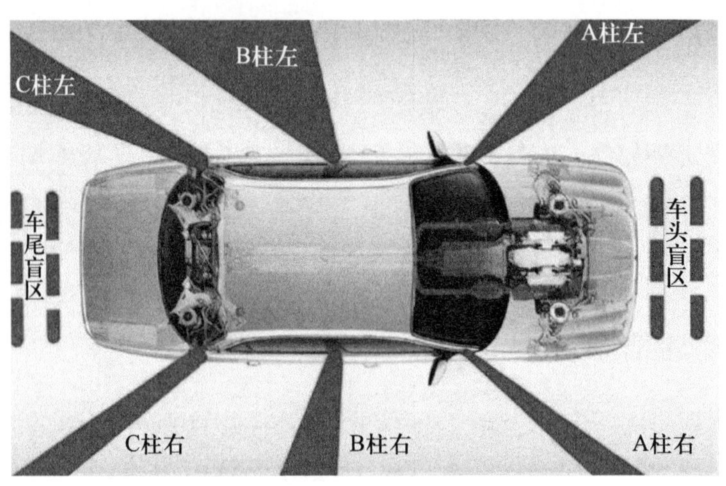

图 3-1　开车时盲区示意图

（二）决策与行动

驾驶员的决策过程决定着驾驶操作的正确与否。即使驾驶员观察分析判断都十分准确，也不能代表驾驶员就能做出正确的决策。以下三个决策对各个驾驶行为的操作具有普遍的指导意义。

——速度决策。超速或盲目高速驾驶不仅会降低车辆性能，使驾驶员反应速度变慢、视野变窄，出现紧急情况时还会使车辆无法快速安全停车或避让。但是车速太慢，则势必会阻碍后车通行，造成交通拥堵或追尾事故。超车时如果速度太慢，长时间占用对向车道或左侧车道，很容易引发交通事故。因此，驾驶员必须对行车速度有一个正确的决策，根据实际情况掌握好驾驶速度，该快的时候做到果断、利落，该慢的时候要做到平稳。

——间距决策。安全车距包括横向和纵向安全车距。保持安全的横向车距，可以避免刮擦事件的发生；保持合适的纵向安全车距，可以避免追尾事故的发生。与他车过度“亲密”，在出现紧急情况时，只会让自己措手不及。与他车过于“保持距离”，又会引发后面车辆或侧面车辆的不断超越和穿插，导致为让车而频频减速甚至停车，增加新的不安全因素。驾驶员应根据实际情况作出合理决策。

——避让决策。在日常行车过程中，我们经常遇到来势汹汹、咄咄逼人的车辆，如果不避让这些车辆，而是抢行、强行、强超，事故风险就会大大增加。但是，一味避让与让行又会使自己失去路权，还可能因为避让撞上其他的行人或车辆。因此，驾驶员应掌握好避让的原则，正确判断所驾车辆的速度与前方车辆或行人的速度、距离、动向是否构成直接相撞的可能，然后根据道路条件选择准确的操作和避让方法。

驾驶操作的准确与否主要取决于驾驶技术的娴熟程度，此外还受驾驶员生理、心理等因素影响。因此，驾驶员应不断提高自身驾驶技术，并通过学习训练提高身体和心理素质，避免驾驶过程中出现紧张、悲观、分神等消极心理情绪，影响驾驶操作。

三、感观错觉的防御

由于受身体、年龄、心理、环境等因素的影响，驾驶员在行车过程中往往会产生各种错觉。这些错觉与错看、漏看不同，它是人类知觉的一种特性，驾驶员应掌握这一特性，行车中注意预防。

（一）距离错觉

对于路上各种类型的车辆，驾驶员有时会对来车的车长、会车距离及跟车距离产生错觉。路上参照物少时感觉距离远；雨雪天气中感觉距离远；前面是小车时感觉距离远；反之，则感觉距离近。

（二）速度错觉

主要表现在速度惯性错觉，因为驾驶员是根据观察到的景物的移动相对参照物来估计车速的，景物移动的多少和丰富程度会导致对车速的不同判断。在市区道路上对车速易估高，在原野道路上易估低；在加速时易将车速估高，减速时易估低。长时间以某一速度行驶后会对该速度适应；对其余速度感觉不适，从而产生速度错觉。

（三）弯度错觉

驾驶员在公路上行驶的快慢，经常随公路的弯度而改变，一般对于未超过半圆的圆弧，感觉到曲率半径总是比实际的小，圆的长度越短越感到曲率半径小；在弯曲的道路上，即使同一曲率半径，也会感到山区比平地容易转弯，所以高速急转弯是很危险的。

（四）坡度错觉

在既长又陡的坡道上下坡，当坡度变得越来越小的时候，实际上汽车还在下坡，却有变成上坡之感，这时若误以为是上坡而去加油门，那么很有可能大祸临头。

（五）颜色错觉

在市区等交通复杂路段，周围景物五颜六色，相互交错，容易分散驾驶员的注意力，特别是夜间，容易将路口红绿灯当成霓虹灯，或把停驶车辆的尾灯当成行驶车辆的尾灯。另外，夏季戴墨色太阳镜时易将浅色物体“滤”掉，也会产生错觉。

（六）光线错觉

太阳光、反射物体的亮光、车头迎光、夜间远光灯强光等会使驾驶员的视觉一时难以适应，形成光线错觉。如平头车的明亮车窗、阳光下人行道树木交替变幻的阴影、原野的积雪等，易使人产生眩晕；进出隧道时眼睛一时不能适应，都会产生光线错觉。

（七）时间错觉

驾驶员心情愉快时，感觉时间过得很快；心情烦躁时，感觉时间过得很慢。另外，在任务紧急、急于赶路时，也会产生时间长的念头，以至于盲目开快车。

第三节　防御性驾驶的要求

出车前驾驶人员应保证睡眠充足，精力充沛，保持轻松、愉快、平和的心情，宽心出行。驾车时，慎用容易引起人员困乏的药物。起步前应环视汽车周围、上下情况，确保行驶车道畅通、无障碍、无风险。在车辆行驶过程中，驾驶员会面对车辆、行人、道路等多方面的不稳定因素，这就要求驾驶员能够沉着冷静地根据具体情况进行危险预测，掌握行车中的防御性驾驶多方面的内容，适时应对、安全行驶。

一、出车前的检查

驾驶员在出车前，不应急于发动车辆，检查车辆保证车况良好，避免和减少因准备不充分而引起的交通事故的发生。

（一）准备充分

——在驾驶之前应将必需品准备充分，确保驾驶车辆时证件齐全有效。

——提前规划好行车路线，合理安排行车中的用餐、途中休息和车辆检查等时间。

——驾驶员在上车后应调节车辆方向盘、座椅及头枕、后视镜、安全带等，使车辆的相关使用部分适合自己的身材。

——乘车人员进入车内后，关好车门，按规定系好安全带。

——驾驶人不得穿高跟鞋、拖鞋驾驶车辆。

驾驶人员在出车前要认真做好出车前的车辆检查，发现故障，及时处理，千万不能开“带病车”出行。

（二）发动机舱检查

重点检查刹车油杯油量、蓄电池电量、机油。水箱补充水壶水量，挡风玻璃雨刮喷水壶水量。

——机油：用机油尺检查曲轴箱的机油平面，该平面保持在油尺规定的上下刻度之间。

——刹车油杯（刹车液量）：检查油液面是否在油杯的上限与下限刻度之间。车辆行驶一年或 4×10^4km 就要定期更换刹车油。

——蓄电池电量：免维护蓄电池根据色孔颜色来判断。

——水箱补充水壶：检查水壶的水面是否在上限与下限刻度之间。冷却水应在凉时检查，冷却水的液面高度要求不低于水箱排气孔 10mm。

——挡风玻璃雨刮喷水壶：可以通过水壶侧面水位刻度标记来检查。

——检查风扇皮带、方向机助力泵皮带及发电机皮带有无损伤，手按皮带检查松紧程度是否合适。

（三）轮胎的检查

——轮胎冷却状态检查轮胎气压，根据轮胎的受压变形状况来判断。

——如果不知道正确的胎压是多少，从车辆上应该可以找到相关信息，也可根据轮胎的生产厂家对轮胎规定的胎压来检查，最好能根据车辆实际载人载物的情况来调整胎压。

——检查轮胎的侧面及接地部分一圈是否有明显的损伤。检查轮胎表面是否有钉子、石头等异物塞嵌。

——为保证轮胎使用的安全性，在小型车的轮胎胎冠和侧面均设有胎面磨耗标记。当磨损量超过正常限度时，它就会显露出来。这个标记是横贯胎面上宽 12mm 左右的凸起。发现磨损至这个标记时，应及时更换轮胎。

（四）照明装置检查

——检查开关大灯时的照明情况。目测灯光的亮度和照射方向，用手触摸安装情况。

——检查灯罩是否有变色、破损、裂纹等。

——检查风挡玻璃雨刮片，当发现雨刮片磨损或老化损坏时应及时更换雨刮片。

——检查整车各种油水液体的泄漏情况。

观察汽车停放位置地面有无油水泄漏，如果发现车下有燃油、润滑油、水或其他液体时，观察车下泄漏液体的位置和颜色，可以判断出车辆泄漏情况。

（五）坐在驾驶室内检查

——坐在驾驶座上对车内进行检查：手触摸到的开关都要使用一次看是否存在问题。最大限度地使用驻车制动器制动，检查其制动行程是否过长或者过短。检查发动机能否顺利启动，以及在启动和怠速状态下是否有异常声响。

——检查转向系：在车辆停止时，方向盘的游动角度间隙应小于 15°；上下拉压方向盘应无松动的感觉；方向机摇臂及横直拉杆的各部连接应锁定可靠，转动方向盘时应灵活无阻滞现象。

——检查离合器和脚制动器的技术状况是否正常，气、液压制动应一脚有效；制动管路应无漏油、漏气现象。

二、行车中的安全

车辆在行驶过程中，要保持安全、合理的行车间距，注意路口、转弯、会车和超车时安全驾驶行为。

（一）保持安全车距

防御性安全驾驶技术推荐保持4～5s行车间距，正常语速连续说4个汉字的时间为1s，为易于记住且便于操作，推荐数阿拉伯数字，如一千零一、一千零二、一千零三、一千零四等。

在行车过程中，选择路面或路边一固定物作参照物，当前车驶过该参照物时，驾驶员默数4～5s，若数完后本方车辆未到达参照物，说明跟车距离安全、合适。反之，则应立即减速。遇到雨天路滑等恶劣天气时，跟车距离应适当加大，见图3–2。

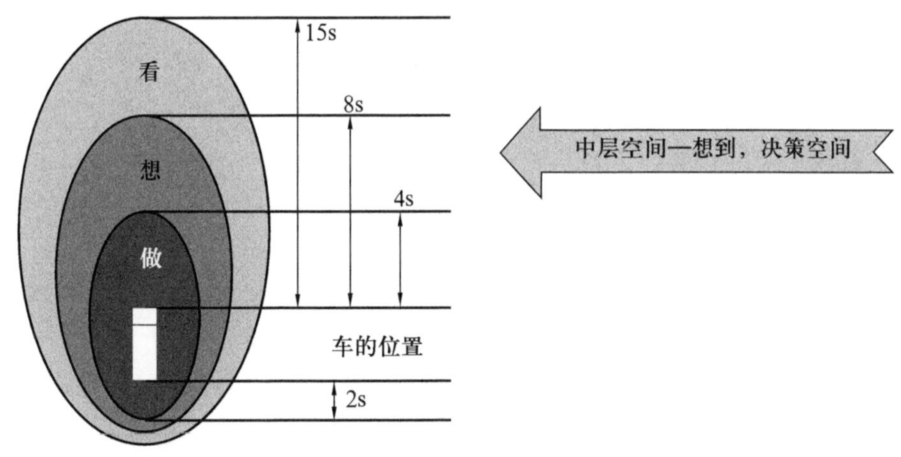

图3–2　看、想、做三层空间驾驶法

（二）路口、转弯与弯道

——在有交通信号灯光、标识的路口要适当降低车速，注意观察，即使是绿色通行信号时也要确认安全，防止其他人和车的违规行为。

——无灯光、标识的路口减速，注意观察，让本车右侧来车优先通行。直行车不要占用转弯车道。

——经过路口需要提前打转弯灯，并且减速通过。向右转小弯，向左转大弯。

——注意内轮差，内轮差是车辆转弯时内前轮转弯半径与内后轮转弯半径之差；请注意不同车辆的内轮差不一样，大型车内轮差较大；切勿弯道超车，预防相向车辆超越中心线。

（三）会车

——会车时要减速，观察清楚来车速度、占用路面宽度及道路上其他交通情况。

——应提前预测会车点，选择合适的会车点，避免突然让道动作。

——优先让行路上行人、非机动车，必要时应停车待来车通过。

——遇到有障碍，遵守距离较近、车速较快、前方无障碍物一方先行的原则。

——留意来车后方情况，预防非机动车或家禽突然窜出。

——夜间行车提前切换远近光提示对面来车，接近后改用近光灯。

不宜会车的地点及时机：自身—来车—其他车辆、非机动车、行人或障碍物形成“三点一线”。窄桥、窄路、隧道、急弯等复杂危险地点。

（四）超车

通过后视镜确认后方道路及车流情况。使用喇叭、灯光示意，前方车辆有让行动作后方可超车。应快速完成超车，切忌和被超车辆并行时间过长。超车后观察被超车辆大灯完整出现在后视镜中时，方可切回原车道。

——不宜超车的路况：设有警告标志、路口、路口转弯视线有障碍、弯道、视野有障碍的路段。

——不宜超车的时机：前车正在超车时、气候条件恶劣（雾天、雨天）、前方车突然减速时。

——被超车时要根据道路、交通状况决定是否让行。条件允许让行时要根据道路情况控制好车速，要及时营造新的安全空间防止对方突然并道。

——应避免争道抢行的发生，车辆抢行潜藏着很大的安全隐患，无论是车与车之间的抢行，还是车与非机动车、行人之间的抢行，一不小心就会引发事故。

——非机动车或一些行人无视交通信号灯、标志的存在，随意横穿道路或闯入机动车行驶道路，驾车人在降低警惕性时与抢行的非机动车或行人极易引发事故。

——机动车之间争道抢行时，驾驶人往往对他人的故意抢行非常反感，此时如驾驶人员避让不到位或不相让，“开斗气车”极易导致交通事故。

事实证明，轻微磕碰交通事故近七成源于机动车变道抢行、右转抢行和路口遇交通拥堵抢行，而抢行也常常是重大交通事故的诱因。

三、安全注意事项

（一）注意行人和非机动车

行人参与交通的特点是可以在极短的时间和极短的距离内改变自己的行为，不同的人在不同的环境下运动特点是不一样的。

行车时必须礼让行人，在通过行人密集或可能突然出现行人的路段要根据实际情况降低车速，而且要通过喇叭、灯光示意，切忌自以为行人肯定能够看到车辆。

行人往往缺乏交通经验，麻痹大意、只顾沉迷于手中的物品忘却安全，或受天气条件影响不去注意避让其他物体或成群结伴而行等。特别应注意老人行动迟缓、儿童活泼的运动特点。

留意自行（电瓶）车、摩托车从车辆不能通过的狭窄巷道突然窜出，预留自行（电瓶）车、摩托启动时的左右摇摆及突然转向。

（二）不要超速行车

超速行驶会使驾驶人的反应时间延长和空间认知能力降低。超速会使驾车人从观察判断、采取措施到车辆停车所需要的距离较长，加大了行驶的危险性。超速行驶会使驾车人动视力降低，视野变窄，对交通环境的分辨率降低。超速行驶会增加超车的频次，驾驶人精神处于紧张状态，心理和生理能量消耗增加，敏感度下降，造成驾驶疲劳，反应迟钝，容易引发交通事故。

车速越快，发生交通事故的概率及导致死亡的概率越高。当车速达到80km/h时，如果每小时加速15km，那么事故死亡概率会翻一倍。车速越高时需要避让距离越长，表3-1为一般小型车辆刹车距离。

表 3-1　一般小型车辆刹车距离

时速，km/h	反应距离，m	制动距离，m	刹车总距离，m
30	9	9	18
50	15	25	40
60	18	36	54
100	30	100	130

车速越快驾驶员视角越窄，如图 3-3 所示。

图 3-3　车速与驾驶员视角关系图

车速越快，司机的视力下降越明显，当车速达到 72km/h 时，原视力为 1.2 的驾驶员，其视力会降到 0.7，这也是造成交通事故的一个重要原因。因此，驾驶人应自觉加强交通法律法规的学习，提高安全意识，将遵纪守法变成自觉行为，行车时关注道路的限速标志，尤其是雨天、下雪天、大雾天或路面有障碍物时要减速驾驶、谨慎驾驶。“抢一秒险象环生，让一步海阔天空”。

驾驶人应养成良好的驾驶习惯，尽量避免突然加速和频繁换挡。在条件许可的情况下，尽量选择经济时速，保持匀速行驶；行车前应规划好行车路线，合理安排作息时间，让自己有充分的时间，轻松地完成任务，避免因时间紧、任务重、归家心切等外在原因影响安全行驶。性格外向的驾驶人员、取证后的新手在驾驶中，更应努力控制争强好胜的情绪，不开英雄车、赌气车、不逞能、不炫技，避免超速行驶。

（三）停车预防措施

道路上临时停车，应选择道路平坦、坚实、视线开阔、不影响交通的安全地点，按顺行方向靠路右边停放，驾驶人不得离车。不要开启左侧车门或在车辆左侧上下乘客、装卸货物。不得妨碍其他车辆、行人的安全通行。夜间或遇雨、雪、雾天临时停车时，必须开示宽灯、尾灯。

避免坡道上停车。必须暂时停放时，利用驻车制动器，上坡坡道挂入1挡，下坡坡道挂入倒挡，必要时使用坚固物体（石头、砖、木头等）塞住轮胎。高速路上，车辆因故障临时停放紧急停车道上时，驾驶员应将乘车人转到路外侧安全的地方，在车后150m处设置故障警告标志，夜间要开启示宽灯和后位灯，立即报警，让相关单位来处理。

不要在禁止停车的地方停车。包括：在设有禁停标志、标线的路段，在机动车道与非机动车道、人行道之间设有隔离设施的路段，以及人行横道、施工地段，不得停车；交叉路口、铁路道口、急弯路、宽度不足4m的窄路、桥梁、陡坡、隧道及距离上述地点50m以内的路段，不得停车。公共汽车站、急救站、加油站、消防栓或者消防队（站）门口，以及距离上述地点30m以内的路段，除使用上述设施的以外，不得停车。

（四）其他注意事项

——通过环岛。驾车驶入环岛前应根据交通情况适当控制速度。观察已在环岛内行驶车辆的动态，适时汇入车流。两条或两条以上车道的环岛，内侧为快车道，外侧为慢车道。有内侧车辆驶离环岛应先变更车道到外侧车道，严禁直接从内侧车道驶出。

——通过隧道。进入隧道前应注意观察交通标识的提示内容和隧道的交通情况，按照交通标识要求减速，并提前开启灯光。在隧道内遵守大小车分道行驶的规定，尽量不要在隧道内超车。

——远离大型车。大型车包括大货车、大客车，大型车具有内轮差大、视角盲点多、行驶时气流大等特点，见图3-4。特别是大货车常常有超载超速闯红灯，后照灯光太强，下坡路段使用刹车喷淋水导致路面湿滑等情况，因

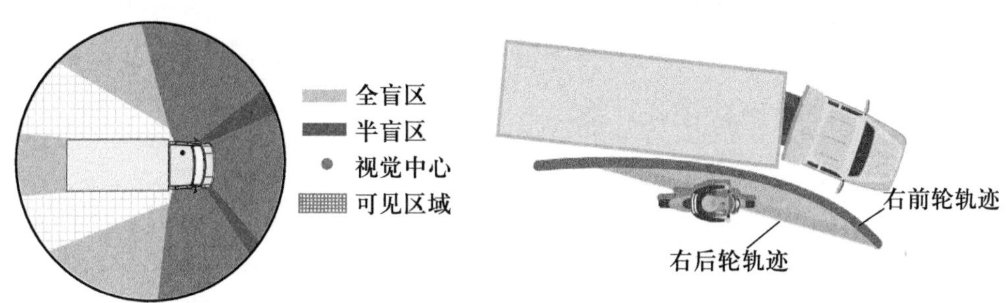

图3-4 大型车驾驶员盲区和内轮差示意图

此在行车时要尽量远离大型车辆。应注意避免在大型车前后方行驶，可能的情况下选择变更车道。超越大型车时要选择合理时机及路段，快速、干脆完成超车。经过路边停靠的大型车，要留意其前后方是否有行人、车辆等突然窜出。

——预防被追尾。行驶时要随时通过后视镜观察，了解后方实时情况，随时保持与后车之间合理的避险时间、空间。除此之外，还应特别留意以下情况：高速公路遇到前方堵车时；经过收费站时；城市道路的运渣车、水泥车等。

——遵守交通信号。驾驶人过高估计自己的驾驶技术，不遵守交通信号规则，抢红灯、强行超车等，严重威胁别人和自己的生命财产安全。驾驶人违反交通信号抢行时，往往注意力集中在交通信号上，忽略对周边交通情况的全面观察，容易造成交通事故。连续转弯标志、山体落石标志、路面湿滑标志等警告标志通常会提前设置在路侧，如驾驶人对这些交通标志视而不见，或不遵守这些交通标志，不能提前采取措施，突遇险情极易发生交通事故。

——重视紧急刹车状况下的车辆特性。紧急刹车是一种极端的状况，驾驶员应掌握应对的基本知识。当紧急刹车时轮胎锁死，轮胎将失去横向抓地力而发生危险，所以驾驶员应熟悉所驾车辆的刹车性能，配置 ABS 的车辆则在前后轮不会锁死情况下，维持一定的横向力，方向盘仍保持有部分转向力以躲避，且车辆尾部亦有横向支撑力而不至于甩尾失控，只有这样才能在紧急状况发生时，从容应对。

四、不良驾驶行为

交通安全取决于人、车、路、环境、管理等各个环节连续的协调工作，交通事故的发生是这一系统中各个环节耦合失调的综合反应，且大部分是由于人的不良驾驶习惯导致的。因此，驾驶员必须掌握和理解不良驾驶习惯带来的危害，以便采取应对措施纠正和杜绝。

（一）单手开车存在隐患

习惯单手开车（单手操作方向盘）的驾驶员比较多，这种驾驶习惯无法应付一些紧急情况。在弯弯曲曲的山路上，由于助力方向机须发动机提供助力，对于转弯车辆不慎突然熄火的情况，辅助动力则瞬间失效造成方向盘回扯，从而造成碰撞事故。一般道路行驶车辆若单手开车，可能为闪避前方障碍物而肇事（突入人、车、动物、坑洞），单手操纵方向盘可能可以完成闪避动作，却不能准确回正车辆。

（二）不经意危险小动作

部分驾驶员习惯将小东西如零钱、票据、太阳镜、笔等放于仪表板内凹处，行驶中为了拿这些东西而将手穿过方向盘，此时若有突发紧急情况造成干涉或延迟，就会发生危险。车厢内应避免放置因加速、刹车、转弯造成移动产生异常声音的物品，否则容易在车辆加速、刹车、转弯时因东西滑动异位而造成驾驶员分心。

（三）拨打或接听手机

据统计，开车打手机导致驾驶员精力下降约 40%，事故发生几率增加约 18%。消除麻痹大意的思想和侥幸的心理，集中注意力驾车，将手机置于关闭状态，不用手机或用耳机接听电话。如果手机未关接到电话，应将车辆停靠在安全的、允许停放的区域再拨打接听电话。同理，边开车边吃东西、抽烟、捡掉落的东西、整理仪容、拿远距的物品等的危害是一样的，也应禁止。

（四）转弯掉头时抢行

在无安全隔离栏的道路上，常见在道路中有车调头而前后移动，在未完成转弯调头时，遇见其他路人、非机动车及汽车急忙抢先从其前后方通过，事实上此种抢先通过的行为是相当危险的。通常正在道路中调头的车辆驾驶员可能已经手忙脚乱，无暇顾前顾后了，此种抢先通过的行为，无异于将自身安全盲目地操纵在别人手中，可谓相当不明智。

（五）驾驶员酒后驾驶

驾驶员饮酒后驾车，由于酒精的麻醉作用，手、脚的触觉较平时降低，往往无法正常控制油门、刹车及方向盘。酒精可使视觉发生障碍，使视力暂时受损，视像不稳，辨色能力下降，因此不能及时发现和正确领会交通信号、标志和标线。同时饮酒后视野大大减小，视像模糊，眼睛只盯着前方目标，对处于视野边缘的危险隐患难以发现，易发生事故。

饮酒后，对光、声刺激反应时间延长，本能反射动作的时间也相应延长，感觉器官和运动器官如眼、手、脚之间的配合功能发生障碍，因此无法正确判断距离、速度。在酒精的刺激下，人有时会过高地估计自己，对周围人的劝告常不予理睬，往往干出一些力不从心的事。饮酒后易困倦，表现为行驶不规律，空间视觉差等疲劳驾驶的现象。

酒后驾驶是一种非常危险的行为，驾驶人应对其危害有充分认识。亲朋好友聚会，商业应酬攻关，难免以酒助兴。此时的驾车人员，要说明情况，控制自己，婉言谢绝饮酒，以茶或饮料代酒。实在推托不过喝了酒，坚决不摸方向盘。“饮酒不开车，开车莫饮酒”。

饮酒后到醒酒的时间与所饮酒的度数和所喝酒的量有密切的关系，如5%vol的啤酒一瓶一般需要3h以上醒酒；52%vol的白酒200g（4两）需10h以上的时间酒精才能在身体中得到分解。晚上大量饮酒或醉酒人员，第二天大脑可能还昏昏沉沉，将严重影响安全驾驶，因而醒酒时间还将延长一段时间直至头脑清醒时才能驾车。

（六）驾驶员疲劳驾驶

驾驶人疲劳时视力下降，注意力分散。疲劳驾驶时，驾驶人视角敏锐度降低，容易产生错觉，信息采集受到一定限制，且注意范围变小，注意力转移迟缓。驾驶人疲劳时判断能力下降、反应迟钝，操控能力下降，操作失误增加。驾驶人反应时间明显延长，反应灵敏性和判断能力随之下降。驾驶人处于轻微疲劳时，会出现换挡不及时、不准确；驾驶人处于中度疲劳时，操作动作呆滞，有时甚至会忘记操作；驾驶人处于重度疲劳时，往往会下意识操作或出现短时间睡眠现象，严重时会失去对车辆的控制能力。

驾车人应养成有规律的作息时间，保障每日睡眠时间充裕。养成科学的饮食习惯，切忌饥一顿饱一顿或暴饮暴食，影响身体健康。保持健康的身心、心理条件，认真处理好家庭、工作单位、社会人际关系，保持积极乐观的工作情绪，愉快平和的心态。不要有消极、猜疑、悲观、忧郁等情绪，减少身心疲惫。

驾驶人保持适宜的驾车环境，不要人为地采用播放音乐、开窗户吹风、喝浓茶等方法对抗疲劳，这些方法不能从根本上消除疲劳，时间拖得越长，越容易发生危险。驾驶人员应严格控制连续驾驶时间，如果感到疲劳，如头脑昏涨、眼睛干涩，注意力分散、哈欠连天，应立即到安全地点停车休息。

（七）不系安全带

安全带的防护作用：一是对抗撞车时起到的减速度，使驾、乘人员不致与方向盘、仪表板、挡风玻璃等物品发生撞击。二是防止驾、乘人员被抛出车外。调查数据显示在一次可能导致死亡的车祸中，安全带的使用可使车内人员生还的概率提高 60%，发生正面撞车时，系了安全带可使死亡率减少 57%；侧面撞车时可减少死亡率 44%；翻车时可减少死亡率 80%。

安全带要尽量系在髋部和胸前，只能一个人使用，严禁双人共用。使用安全带时不要让其压在坚硬易碎的物体上，如口袋里的手机、眼镜、钢笔等。在座椅上无人时，要将安全带送回卷收器中，将扣舌置于收藏位置，以免在紧急制动时扣舌撞击在其他物体上。不要让座椅背过于倾斜，否则会影响使用效果。安全带的扣带一定要扣好，防止受外力时脱落而不能起到保护作用。

（八）超员 / 超载

超员 / 超载容易导致车辆半轴、悬架、减震装置受损，对车辆使用寿命危害极大。超载会因轮胎负荷过大、变形过大、温度升高而爆胎，严重危及行车安全。超员 / 超载会严重影响车辆的转向性能、制动效能，易因转向失控、制动失效或制动距离延长而导致车辆事故。超员 / 超载的车辆在转弯时会受较大离心作用的影响，造成重心偏离，从而引起车辆侧翻事故。车辆装载超过车厢宽度时，会影响驾驶人对后侧情况的判断，同时也影响其他车辆及行人的视线，在车辆转弯、倒车时更加危险。

车辆超员 / 超载会造成动力性能下降。爬坡时容易因动力不足而导致发动机熄火，引发转向失控、制动失灵等危险。超载车辆下坡，尤其在道路条件差的地区时，车辆整体重心前移，极易发生翻车事故，而且载重量越大，纵翻的可能性就越大，对安全构成了巨大威胁。由于车辆违法超载，往往给驾车人造成心理压力，操作时容易出现失误，从而导致事故的发生。因此，驾

驶人应该杜绝超员 / 超载情况的发生，按照车辆规定的载荷驾驶，保证行驶安全。

第四节　特殊情况下安全驾驶

驾驶员在行驶时会遇到一些特殊气象条件，如雨雪天、雾霾天等，还会途经一些特殊路段，如山区路段、高原路段等，在这些情况下发生交通事故的风险会很大，因此，掌握特殊环境下的防御性驾驶技巧，对保障行车安全非常重要。

一、特殊天气行驶

（一）雨天道路行驶

——及时打开雨刷器和空调，消除前后挡风玻璃内外雨水和雾气，暗环境还应使用灯光。

——双手平衡握住方向盘，保持直线和低速行驶，防止路面积水产生水浮现象造成“水滑”。

——前轮侧滑时应稳住油门，纠正方向驶出，后轮侧滑时，应将方向盘朝侧滑方向转动，待后轮摆正后再驶回路中。

——尽量避免涉水行车，不得已需要通过有积水或者立交桥下、深槽隧道等有大水漫溢的路面时，要停车查看，如水深超过排气管高度则不得通行，如水深只淹没少半个轮胎，可低挡匀速通过。

——严禁盲目超车，严密观察行人动态。

（二）雾霾天道路行驶

——雾天能见度低于 30m 不得行车。

——打开示宽灯、雾灯等。

——适当降低车速，可选择保持合理的安全距离跟随前车行进。

——随时清理挡风玻璃、车窗等雾气，保持观察清晰。

——合理选择行车路线，尽可能选择在道路中心地段行驶。

——勤按喇叭表明自己的位置。

——杜绝猛踏或快松油门、猛打方向、急刹车等。

——行车中浓雾突然来临，立即在路边停车，并开起紧急闪光灯，人员撤离至安全地带。

二、特殊道路驾驶

（一）山区道路驾驶

——上坡时应保持发动机充分的动力，下坡应减挡行驶，严禁空挡滑行，下陡坡切忌超车。

——悬崖路段会车，要给靠悬崖方车辆留出足够的安全通道。

——慎防路肩坍塌，必要时下车查看。

——加大车间纵向距离。

——右转小弯、左转大弯。

——下山让上山、空车让重车。

——会车尽量选视线良好、路面宽的地带。

——转弯时要减速、鸣号、靠右行，随时准备停车。

（二）高原道路驾驶

——高原缺氧，温差较大，注意身体状况。

——出车前了解天气、道路情况，做好必要准备，特别注意发动机的保温与防冻。

——随时关注制动系统，防止气阻，感到踏板软弱时，必须停车检查。

——高原行驶的车辆，因大气压力的变化要按说明书适当调整胎压。

——从理论上来说，相对海平面 1 个大气压，海拔每上升 1000m，气压就下降 10%，所以，简单的计算方法是，海拔上升 1000m 应在原胎压的基础上调低 0.1kPa。

（三）冰雪道路驾驶

——控制车速，跟车距离增大到平时的 3 倍以上，处理情况要提前。

——不能急打方向、急踩刹车，只能轻踩刹车，缓打缓回方向。

——下坡时一定利用发动机转速来控制车速，尽量用低速挡，切忌急踩或急松油门（冰雪道路最好用手动排挡车）。

——起步停车要缓起缓停，驻车时用石头掩住轮胎。

——超车会车时，最好在视线良好状态下完成，场地要求宽敞、平坦、冰雪少的路面。

——检查车况、忌刹车单边，轮胎气压要均匀。

——雪不跟、雾不超，冰路制动就是险，下雪埋路莫走边。

（四）泥泞道路驾驶

——选择较平整、路基较坚实、泥泞较浅的路面行驶，通常循车辙行驶，没有车辙的靠路中行驶，保持左右车轮高低一致。

——车轮发生空转时，应立即试行倒退，退出滑动地段后，另选路线起步，若倒退仍然滑动，应立即停车，挖出泥浆或加以铺垫，以便车辆迅速驶出。

——严格控制车速，不可突然增速或减速，切忌急剧转动转向盘。

——转弯时应提前减速，缓缓转动转向盘。

——坡道行车要用低速，上坡保持均匀车速，避免中途换挡，下坡应用上同一坡道时的同级或低一级挡位。

——车辆在泥泞路面行驶，无论是平路、下坡、直线和弯道，都应充分利用发动机的牵引阻力作用控制车速。

——可疑路段必须停车勘察，判明情况后再行车。

（五）高速公路行车

——正确控制车速，严禁随意改变车道。多车行驶时，应顺应车流，注意保持前后纵向车的安全距离。

——从匝道进入主线车道，合流时应不妨碍主线车道行驶的车辆，下高速公路进入匝道时必须减速。

——超车时，注意观察侧、后方车辆情况，用缓和的斜线完成超车。超越大型车辆时，加大横向距离。

——如遇雾、雨、冰雪、冰雹、沙尘及夜间等低能见度天气时，车辆应相应降低速度，加大前后纵向车辆的安全距离。

——不要随意占用应急停车道。

第五节　故障与事故现场处置

为尽量避免车辆故障，应定期维护保养，保证车辆技术性能处于良好状态。定期参加车辆检测、按照车辆使用说明定期对关键部件进行保养维护，及时发现车辆存在的问题并得到处理，提高车辆的技术性能。坚持“三检制”，每日出车前、收车后的例行安全检查。检查燃油、润滑油、冷却液有无渗漏，转向盘、制动踏板自由行程是否正常，灯光是否齐全完好，轮胎气压是否正常。行车中注意监测发动机是否正常，关注仪表盘，及时发现异常情况。

一、常见故障的处置

车辆行驶时，驾驶员会遇到车辆故障的紧急情况，而紧急情况下防御性驾驶原则是：保持清醒的头脑、沉着的心态、镇定的情绪，在短暂的瞬间，作出正确的判断，采取适当的措施，控制好速度和方向，避免事故的发生。

（一）车辆爆胎

前胎发生爆破。双手用力控制好方向盘，放松油门，使车辆按原方向继续行驶一段距离，利用连续点刹和道路滚动阻力使车自行停下。

后胎发生爆破。车身除出现上下颤动外，一般倾斜度不是很大，方向盘也不会出现大摆动。在车速不太高的情况下，只要轻轻踩下制动踏板，车即可慢慢停下，此时千万不要紧急制动，以防止发生意外。

待车速自然慢下后，观察后视镜，在确定后方无来车或后方车距足够的前提下，开启转向灯，轻转方向盘靠右侧缓慢行驶，贴路边停车。

（二）制动失效

车辆在行驶中突然发生制动失效，要根据路况和车速控制好方向，脱开高速挡，同时迅速轰一脚空油，从高速挡换入低速挡，迅速进入最低速挡（3–2–1 减挡）。这样一来，发动机会有很大的牵引阻力使车速迅速降低。另外，在换低速挡的同时，应结合使用手刹，但要注意手刹不能拉紧不放，也不能拉得太慢。

利用车的保险杠、车厢等刚性部位与路边的天然障碍物（岩石、大树或土坡）摩擦、碰撞，达到强行停车脱险的目的，尽可能地减少事故损失。

上坡时出现制动失效，应适时减入中低挡，保持足够的动力驶上坡顶停车。如需半坡停车，应保持前进低挡位，拉紧手制动，随车人员及时用石块、垫木等物卡住车轮。如有后滑现象，车尾应朝向山坡或安全一面，并打开大灯和紧急信号灯，引起前后车辆的注意。

下坡制动失效，不能利用车辆本身的机构控制车速时，驾驶员应果断地利用天然障碍物，如路旁的岩石、大树等，给汽车造成阻力。如果一时找不到合适的地形、物体可以利用，紧急情况下可将车身的一侧向山边靠拢，以摩擦来增加阻力，逐渐降低车速。

车辆在下长坡、陡坡时不管有无情况都应踩一下制动，既可以检验制动性能，也可以在发现制动失效时赢得控制车速的时间，也就是通常所称的预见性制动。

（三）油门卡死

油门卡死时猛踩刹车无济于事，要立刻排入空挡（不分手动或自动），此时发动机因无变速箱负载会瞬间超速运转，但电脑为了保护发动机也会立刻介入而断油（熄火）。如果此时加速踏板踩踏后仍失效卡死，会听到发动机转速提高又立刻断油（熄火），重复不断，就类似气喘病人一样，短时间内发动机并不会受损，千万不要被瞬间的发动机声吓坏了，此刻安全是第一位的。

注意前后车辆，要打开警示灯滑行至路边，然后关闭钥匙电源（熄火）。切记，如果是在蜿蜒的山路上，万万不可先关闭钥匙电源（熄火），必须等车辆安全停妥后才可熄火，因为发动机熄火后会丧失真空，将会产生制动失效，方向助力油泵也将无法提供油压，方向盘会随车速降低而变得沉重导致转向困难及锁死，如是新式的电子式方向机，也会因熄火断电出现类似情况。如果是在笔直的道路上，可在排入空挡后立刻熄火滑行。另外，如遇变速箱排挡钢索卡死导致变速换挡失效，或因其他不明变速箱因素导致暴冲，可毫不犹豫的直接关闭钥匙电源（熄火）。

（四）转向故障

转向沉重应检查轮胎磨损是否均匀、检查平衡块装配是否正确、轮胎装配是否正确、轮胎气压是否符合标准、方向助力泵储油罐是否缺油、方向助力泵驱动皮带是否打滑。

方向盘转运过大，操作不稳定、前轮摆头、跑偏，检查转向泵球头、主销和衬套、车轮轴承等处磨损情况，如磨损严重或间隙超限，应调整修理。如无过大磨损或间隙时，则应检查：转向器蜗轮蜗杆磨损情况，或间隙是否符合规定，如间隙过大应调整；转向装置连接部分的磨损情况，或是否调整得过松；转向器安装部位是否松动；转向垂臂有无松动。检查车轮轮辋有否变形；车轮有无横向偏摆或径向摆动；减震器有无松动或磨损；转向横、直拉杆球节，或转向器装配有无松动；弹簧钢板的U形螺栓、中心夹紧螺栓是否有松动或损坏；后倾角是否正确；轮胎气压是否正确。

（五）灯光失效

夜间行车若车大灯突然熄灭，应立刻打开示宽灯或驾驶室顶灯，将车驶向路边。若所有灯光均不亮，应记住车灯熄灭前观察到的路面情况，稳稳地掌握住方向盘保持行驶方向，切勿乱打方向。要让车辆按原正常行驶路线前进，同时应迅速减小油门靠边熄火停车，停车后一般情况下应首先检查保险片看能否排除故障，并就地取材，利用手电筒、烛光、红色或白色衣物设置警告标识，以防来往车辆碰撞。

二、全车无电（电量不足）

（一）推车启动

推车启动是手动挡车最有效的应急启动方法，但这是一种不得已的手段，因为这样对发动机和离合器有一定的损伤。推车启动前首先要观察车辆停放位置的路况是否适合推车启动，可以借助下坡提高车速，如果车前方是上坡路，可掉转车头向下坡方向推车。尽量不要在车辆和行人多的路段推车启动，以免车辆启动后驾驶者应变不当出现意外。

车辆推动之前应打开点火开关，达到相当车速后，将变速器挂入挡位，然后迅速松开离合器踏板并加油。引擎一旦启动，应迅速踩下离合器踏板，同时控制油门，不让发动机熄火，然后慢慢停车。

（二）搭接启动

如果遇到情况时还有同行的车，车上有跨接电缆时，可以采用电瓶搭接的方法启动车辆。具体操作是先将两辆车头对头靠近，使跨接电缆足够连接两块蓄电池的正负极。要注意确保两辆车没有接触，如果提供电源的蓄电池在车辆上的安装位置不方便直接进行跨接，则必须使用工具将蓄电池拆下。使用电缆将两块蓄电池正极与正极、负极与负极分别连起来。而且要保证电缆的牢固可靠连接，布置好电缆的走向，防止启动时电缆与胶带或风扇刮蹭。

关闭车上所有附属用电设备，启动提供电源的蓄电池车辆，使其发动机运转几分钟以保证电量充足。然后按正常方式起动无电车辆，起动后应轻踩加速踏板，使发动机以 2000r/min 的转速运转几分钟。然后关闭提供蓄电池电源车辆的点火开关，小心拆除电缆，注意避免正负极电缆接头相碰。

三、汽车自燃处理

汽车自燃的处置需要迅速而有效地进行，包括发现自燃迹象、停车并关闭电源、尝试灭火、疏散人群并设置警示标志、报警并寻求专业救援，以及事后处理和预防措施等方面。在面对汽车自燃这种紧急情况时，应保持冷静并采取正确的应对措施。

（一）正确做法

汽车着火前肯定会有一些前兆，比如说仪表灯不亮，水温过高，车身有异味，冒出烟雾等，遇到这些情况要马上找安全的地方停车检查。如果真是发生自燃，驾驶员一定不要慌张，正确的做法是：

——迅速靠边停车：在发现自燃迹象后，应迅速将车辆停靠在安全地带，尽量远离易燃物品和人群密集区域。

——立即断电熄火：停车后，立即关闭发动机，切断车辆的电源，以防止火势蔓延。应迅速离开燃烧的汽车车厢。

——使用灭火器扑救：不要贸然打开前舱盖，应先开条小缝，等氧气进入一会儿后，再慢慢全部打开，避免爆炸。驾乘人员用随车灭火器对准油箱和燃烧部分进行降温灭火。

——用覆盖法灭火：如果没有灭火器或灭火器无法有效控制火势，可以尝试使用衣物、毛毯等物品覆盖火源，以隔绝氧气，达到灭火的目的。但请注意，这种方法可能无法完全扑灭大火，且存在危险，应谨慎使用。

——拨打报警电话：如果火势无法控制或已经蔓延至车身外部，应立即拨打火警电话 119 报警，并告知车辆的具体位置、火势大小及是否有人员被困等情况。

——联系保险公司：如果投了自燃保险，及时通知承保公司，并提供保单号、车牌号、事故地点等信息。保护现场，拍摄现场照片记录车辆自燃的详情，为事后索赔取证留下证据。

（二）注意事项

——车辆起火初期是最佳的灭火时机。驾乘人员应冷静果断地判明失火部位及起火大小，并采取相应的灭火措施。

——用灭火器灭火时，不是将灭火药剂喷在正在燃烧的火焰上，而是要瞄准火源。

——灭火时，应站在上风口处，顺风灭火。在灭火时要保护没有遮盖的皮肤并闭上嘴，保证不灼伤上呼吸道。

（三）事故原因

汽车自燃的原因可能包括：

——油路问题：油路出现问题，造成漏油、漏液等。

——线路老化：车辆内部的电线和电路老化可能导致短路，引发自燃。

——高温影响：长时间在高温环境下停放或行驶，可能导致车辆部件过热，引发自燃。

（四）预防措施

预防汽车自燃的方法包括：

——定期保养：经常检查车辆的油路和电路，及时更换老化的部件。

——避免长时间行驶：避免车辆长时间高速行驶，给车辆适当的休息时间。

——停车选择：停车时尽量选择阴凉处，避免长时间暴晒。

相关链接：车辆落水如何自救？

汽车落水后的逃生需要保持冷静、迅速行动，并充分利用车内工具和周围环境进行自救。车辆落水后完全没入水中需要3～5min，车内的空气足够供氧1～3min，普通人肺里的空气可以让人维持60s，只要人们不慌乱，沉着冷静，从打开车门或车窗到浮出水面，一般20s就能够完成。

一、轿车落水逃生

小轿车落水时，一定不要试图在慌乱中，通过徒手砸玻璃逃生，那只能是浪费掉最佳的逃生时机和方式。汽车落水时有如下两次最关键的逃生机会，一定要注意把握住：

——第一个最佳逃生时机，是发现车辆将要落水时的瞬间，应第一时间迅速解除中控锁，以打开车门或开启车窗。如果汽车落水后车门还能打开，那么应该立即打开车门逃生。此时车身大部分在水面之上，车门比较容易打开。如果车门无法打开，可以尝试打开车窗逃生。在电力失效之前，有天窗的车辆可以尽快打开天窗逃生。

——第二个最佳逃生时机，如果车门或车窗没有在第一时间打开，在车辆沉入水中的过程中，车辆会因遇水而断电，电动车窗已经无法打开。而由于车辆在下沉过程中，水大量往车内涌，车门受的水压很大，难以打开。这时不要去试图砸碎车窗玻璃（很难在短时间做到），而是要沉着冷静观察，在车辆快灌满水时，屏住一口气打开车门逃生，因为车辆快被灌满水时，内外水压差趋于零，车门才比较容易被推开。

二、大巴落水逃生

公交车或大巴车等大型公共车辆落水时，第一时间可以用安全锤砸玻璃逃生，垂直砸向侧面车窗的四角，这些地方比较薄弱，容易破碎。在紧急情况下，也可以利用车内其他坚硬物品，如灭火器、高跟鞋等敲击车窗，从最近的车门或车窗逃出车辆。

三、应该注意事项

在逃生过程中，不要贪恋车内财物，生命安全才是最重要的。在尝试自救的同时，要及时报警求助，告诉警方自己的位置和情况。建议平时熟悉自己车辆的结构和逃生拉手的位置，以便在紧急情况下能够迅速找到逃生途径。

成功逃出车外后，要保持面部朝上，尽量使头部露出水面。如果不会游泳，在逃生前尽量寻找一些漂浮物品抱住，如空水瓶、装满空气的塑料袋等。用双手向下方打水，保持身体向上，后仰保持呼吸，等待救援。

第四章　设备设施与租赁业务

为有效管控租赁过程中的生产安全风险，依据《中华人民共和国安全生产法》《中华人民共和国合同法》等法律法规和有关规定，企业应加强租赁业务安全监督管理工作。租赁业务是指出租方将租赁物交付承租方使用、收益，承租方支付租金并于使用完毕后返还原租赁物的行为。租赁物应当是有形的财产，包括场所、设备等。

第一节　设备设施完整性

设施完整性（Mechanical Integrity，MI）是指设备正常运行情况下应有的状态，采取技术改进措施和规范设备管理相结合的方式保证整个装置中关键设备运行状态的完好性。完整性是反映设备效能的综合特征，是安全性、可靠性、维修性等设备特征的综合。设施完整性是贯穿整个设备自安装后的使用、维修、检验、变更一直到报废全生命过程的管理。

一、设备台账与档案

设备在现场安装应由有资质的单位进行，并保证有监理单位和甲方现场监督人员，以避免安装施工过程中对设备造成的损害和由于不当施工形成的安全隐患。应对现场安装过程采用检查表的形式进行验收检查。

（一）设备编号及台账

企业所属所有设备都应编号，以便设备的规范化管理和统计。成套设备所配备的电动机等附属设备，如无特殊原因不再单独编号。实现用编号可以追溯到具体位置，可以查出所有该设备相关记录台账。

设备的具体编号应依据 PID 图所标注的设备工位号来确定，无工位号或独立运行的设备应由使用单位标注其名称。一般编号应按照“工位号 + 设备名称”规则编写，并在设备的显著部位进行标识。设备管理人员应依据账物相符的原则，建立本单位的设备台账，将设备 ABC 分类注明（A 类为关键设备），设备台账必须齐全、准确、规范、及时更新。

（二）设备技术档案

企业应依据相应管理制度建立健全每台设备技术档案，主要内容包括：使用说明书、维修手册、零件手册、图纸、其他出厂验收随机技术资料等。设备技术档案是设备的组成部分，当设备发生调拨等变动时，应跟随设备同时变动。设备零件手册及结构图是设备技术档案的重要组成部分。应参照以下原则进行管理：

——设备采购部门应在设备采购技术协议中明确提出由设备生产厂家提供。验收时未按要求提供零件手册及结构图的设备，不得通过验收。

——设备使用单位应及时收集、完善设备零件手册及结构图，与设备档案本、说明书等基础资料一起归档保管。

——为确保设备完好，保证及时维修、维护，设备零件手册及结构图，应由设备工程师根据厂家提供的信息进行更新。

（三）备品配件管理

企业应建立健全备品配件管理制度，或在其他管理制度中明确对备品配件定额管理的相关要求，以便能在需要使用时及时提供。主要包括以下三个组成部分：

——定额管理：使用单位应建立设备配件动态表，根据备品配件实际消耗情况，组织编制本单位备品配件的消耗定额和储备定额，并每年进行修改及完善。定额管理要按照既能保证设备的正常生产检修、维修使用，满足设备安、稳、长、满、优运行的实际需要，又不造成积压的原则制订合理库存量。

——计划管理：使用单位要按照全年设备检修计划、配件消耗情况和储备定额，制订出年、季、月配件需求计划，经设备管理部门审查通过后进行采购。考虑到审批及采购周期的影响，进口配件提前一年，国内配件提前三个月做计划。

——采购与库存：采购部门应为经过审核的合格供应商，采购过程应严格按照企业规定程序进行。设备配件要有严格的验收入库、保管、保养、发放出库的规章制度。保管工作要做到材质明、图号准、不损坏、不变形，账、卡、物三相符。

二、设备操作与维保

（一）人员培训考核

企业设备管理部门应督促基层单位依据培训需求矩阵做好设备操作人员的培训工作。应结合生产实际及岗位员工对设备操作技能的需求，制订岗位员工的不同类型的年度培训计划，分层次地开展培训工作，保证设备操作、维修人员的岗位技能，提高他们的业务水平和综合能力。

——岗前培训：设备操作、维修人员接受新岗位前的相关知识和技能的培训，如设备操作、维修规程、结构原理等应知应会技能的培训。

——复习培训：对于关键设备的操作、维修及重要安全规程等，应按一定的频率做复习培训，以确保员工岗位技能的稳定及提升。频率由各基层单位结合实际需求自行确定。

——培训考核：所有设备操作、维修人员在培训后，均应通过笔试或口试或实际操作等方式的考核，以确定培训的有效性或资格的认定。

（二）设备操作管理

企业应当结合标准化站队建设，建立健全设备操作规程和岗位责任制，形成标准化操作规范，规范员工操作行为和过程。设备操作人员要做到“四懂”“三会”，即：懂性能、懂原理、懂结构、懂用途；会操作、会保养、会排除故障。设备操作人员职责，应包括但不限于以下：

——严格遵守设备操作、使用和维护规程。做到启动前认真准备，启动中反复检查，运行中搞好调整，停车后妥善处理。认真执行操作指标，不准超温、超压、超速、超负荷运行。

——必须坚守岗位，严格执行巡回检查制度。定时按巡回检查路线对所管设备进行仔细检查，按“十字”作业法（清洁、润滑、防腐、调整、紧固），消除脏、锈、缺、乱、漏等缺陷，填写运行记录。

——对转动设备润滑、振动、轴承温度、异常声音等加强检查，对压力容器和工业管道要经常检查保温、保冷、腐蚀、泄漏情况，发现异常应妥善处理并立即报告，并做好记录。

——发现设备有不正常情况，应立即检查原因，及时反映。在紧急情况下，应按有关规程采取处理措施并上报。弄不清原因、故障不排除，不得盲目开车。

设备操作人员应同维护人员及时沟通，共同做好设备管理工作。设备操作人员有权制止非本岗位人员操作本岗位的设备；对需要检修或有故障的设备，有权拒绝操作；对违反操作保养规程等不合理使用设备的指令意见，可拒绝执行。

（三）设备维护保养

设备使用单位应依据设备操作手册和工艺操作要求，编制设备维修保养规程，并通过工作循环分析等方式定期进行更新，及时对维修保养人员进行沟通与培训。维修保养规程需配备到各相关岗位。设备维护人员要明确分工、密切协作，共同做好设备维护工作。

维修保养人员定时按巡回检查路线对所管设备进行检查，并主动向操作运行人员了解设备运行情况，及时发现和处理设备缺陷及隐患，对查出的设备问题要及时上报，并做好记录。采用先进的仪器（如测振器、测厚仪、转速表、测温仪等）对主要设备进行点检。

三、装置设备检维修

装置检修是指整套装置或单列装置年度性的停产检修，主要包括容器、管道、阀门、炉类等特种设备及其附件，机泵、压缩机等动设备，仪表电气自动化系统的检验检测、清理维护、更换，电力系统、公用系统、通信系统的维护、改造、扩建。设备检维修按等级可分为设备大修、项目修理及等级保养三个等级。

（一）装置设备检修

检修前要按照规定的程序停产，开具相应作业票并签发检修派工单。实施检修作业之前应对设备进行置换和吹扫，经检验符合要求后方准进行检验作业。

检修现场应当进行目视化、定置化、规范化管理，检修之前全体人员召开准备会，对所有施工人员进行项目交底，并就检修流程和过程存在的问题充分沟通协商；检修结束后要召开检修总结会，讨论分析本次检修过程中的经验教训。

检修时还应对关键工序进行确认，对检修过程检修项目实施变更管理。检修结束后，应组织专业人员对检修结果进行验收，在装置启动前还应进行启动前安全检查，检查符合启动条件之后开车投产，在设备投产后将检修总结及检修资料收集及建档。

（二）装置设备大修

设备大修是指设备达到设备维护手册所规定的大修时间，或设备存在严重缺陷可适当提前大修，设备大修是以恢复设备性能为主。企业设备主管部门全面负责设备大修的技术管理、监督、考核、培训及业务指导，设备大修费用实行“总额控制、专款专用、专项管理”。按要求根据设备技术状况及实际生产情况，编制下一年度的设备大修计划。

执行设备大修计划时，大修设备必须由修理厂家编制设备大修方案，参加大修项目招标或议标的厂家，必须取得企业机修资质认证。设备大修过程中，应派技术人员和安全监督人员，监督关键环节质量和安全，跟踪修理进度，记录零配件更换情况。

大修设备验收包括性能验收和资料验收。性能验收是指对修复后设备恢复原有性能的验收，包括设备检修质量达到规定标准、消除设备缺陷、提高效率，安全保护装置和自动装置动作可靠，主要仪表、信号及标志正确，设备现场整洁，保温层完整。资料验收是指修理完成后对大修设备过程中所有产生资料的验收，包括设备大修技术协议、修理合格证、设备大修报告、设备大修验收单。

（三）设备项目修理

设备项目修理是指设备遇到突发故障造成损坏所进行的恢复性维修、设备出现故障趋势时所进行的预防性维修或因不满足工艺要求等所进行的改造性维修。设备项目修理应由承包方按照委托方要求编制修理方案。修理单位应对配件、材料及机具提出详细要求。承包方应按检修规程实施检修，修理过程中应填写相关记录。修理完成后，组织修理设备的投运，对大型设备应编制投产试运方案，修理完成后应对设备修理进行分析和总结。

（四）设备等级保养

设备等级保养是指按照设备操作维护手册要求所进行的设备维护保养。设备使用单位每月应依据设备维护保养手册编制下月设备保养计划。设备使用单位应保证设备正常维护所需配件、材料及机具齐全、完好、有效，并按照设备修保规程对设备实施等级保养，对保养过程中发现的问题应及时进行反馈。设备等级保养完成后应在设备档案中填写设备保养记录。

为保证设备维修工作的可追溯性，设备在安装、使用、维护、修理过程中应按照相关规定进行记录、存档，并妥善保存于设备技术档案中，包括设备检修施工方案、备品备件消耗和储备统计表、设备用油统计表、设备维修保养费用统计表、设备事故报告、设备的维修装配记录、设备操作卡、修保卡、设备维修其他相关资料。

四、异常分析与报废

设备异常是指设备工作不正常，或由于故障原因不能工作。设备的可靠性是指设备功能在时间上的稳定性，也就是设备或系统在规定时间内、规定条件下，无故障地完成规定功能的能力。可靠度是系统、机器、产品或零部件，在规定条件下和预期使用期限内完成其功能的概率。

（一）异常分析方法

状态监测。利用设备上的仪器、仪表、传感器和配套仪器来检测设备有关部位的温度、压力、电压、电流、振动频率、厚度腐蚀、机组噪声、消耗功率、效率及设备输出参数动态等，以判断设备的技术状态和故障部位。

故障诊断。定时定点收集设备操作，测试，检查的数据，通过对设备以往的故障现象、故障原因、故障处理等来对比分析。

监测分析。对关键设备要按“定设备、定测点、定周期、定标准、定参数”的原则进行监测，根据监测结果的分析提出维修建议单（书）指导检修，并将检修情况及时反馈存档。

定期分析。对关键设备应建立标准运行参数库、状态监测、机组故障与维修、重要零部件参数档案等。对设备状态监测的数据及故障原因做定期分析。找出问题出现的趋势，摸清规律，进行预防或整改，以提高设备的可靠度。

可靠性评估。在大型、连续运转的装置上推行和完善状态监测和故障诊断技术，定期开展设备技术性能和安全可靠性评估，及时发现并排除设备故障。详细记录运行参数，并通过检测仪器对设备的振动、噪声、温度等进行跟踪检测，及时发现设备运行中的异常现象，确保设备安全平稳运行。

（二）设备报废管理

设备有如下情况时，可由使用部门申请报废：

——已经多次修理，技术性能不能满足工艺要求或不能保证安全运行的设备；

——若经过修理，虽然能恢复性能，但一次性修理费用超过原值 60%，没有更新经济价值；

——设备老化，技术性能落后，效率低，经济效益差；

——耗能超过原机标准 20%，进行改造又不经济；

——由于技术进步、安全需要、环境保护等原因已不可使用；

——因自然灾害等不可抗力，受到破坏。

对已达到规定使用年限并提足折旧，需要并能够继续使用的设备，除按正常设备进行管理外，要加强安全方面的检测，待该设备退出使用状态时，再办理正常报废手续。

第二节　特种设备安全管理

特种设备是指对人身和财产安全有较大危险性的锅炉、压力容器（含气瓶）、压力管道、电梯、起重机械、大型游乐设施、场（厂）内专用机动车辆。企业应明确特种设备管理部门，配备专职安全管理人员负责特种设备的日常管理。安全监督机构负责特种设备安全监督工作，未设置安全监督机构的单位由安全管理部门承担特种设备安全监督工作。

一、安全管理要求

企业应建立健全特种设备安全管理制度，制订操作规程，建立完善安全技术档案，对特种设备安全管理、检测和作业人员进行教育培训，对特种设备进行经常性维护保养和定期自行检查，整改特种设备存在的隐患和问题，制订事故应急专项预案，并定期进行培训与演练。

（一）基本要求

——主要负责人应当对本单位的特种设备安全负责，组织建立健全相关规章制度、操作规程和事故应急预案，开展监督检查，消除事故隐患，及时、如实报告特种设备事故，提供必要的资源和条件，提高特种设备安全性能和管理水平。

——按照国家有关规定配备特种设备安全管理人员、检测人员和作业人员，并对其进行必要的安全教育和技能培训，按照国家有关规定取得相应资格，方可从事相关工作。

——特种设备作业人员在作业中应当严格执行特种设备的安全技术规范、操作规程和有关规章制度，发现事故隐患或者其他不安全因素，应当立即采取措施并报告。特种设备作业人员有权拒绝使用未经定期检验或者检验不合格的特种设备。

——物资采购管理部门采购特种设备时，选型、技术参数、安全性能、能效指标等应当符合国家或者地方有关强制性规定及设计要求。不得采购不符合安全性能要求、国家明令淘汰的特种设备。

——特种设备出租单位应当与承租单位签订租赁合同，同时签订安全生产合同或者在租赁合同中明确安全生产要求。特种设备出租单位在出租期间应当承担特种设备使用管理和维护保养义务。

（二）机构和人员

使用各类特种设备（不含气瓶）总量 50 台以上（含 50 台）的企业应根据本单位特种设备的类别、品种、用途、数量等情况设置特种设备安全管理机构，逐台落实安全责任人。

符合下列条件之一的，应当配备专职安全管理人员，并取得特种设备安全管理人员资格证书：

——使用额定工作压力大于或者等于 2.5MPa 锅炉的；

——使用 5 台以上（含 5 台）第Ⅲ类固定式压力容器的；

——从事移动式压力容器充装的；

——使用移动式压力容器的；

——使用 10km 以上（含 10km）工业管道的；

——使用各类特种设备（不含气瓶）总量 20 台以上（含 20 台）的。

其他使用单位可配备兼职安全管理人员，也可以委托具有特种设备安全管理人员资格的人员负责使用管理，责任主体是使用单位。

（三）人员培训

根据本单位特种设备的数量、特性等配备相应持证的特种设备作业人员，应经考核发证机构考核合格，取得《特种设备作业人员证》方可上岗，从事相应的作业。作业人员应作业时随身携带证件，并自觉接受企业和地方政府特种设备安全监察部门的监督检查。

在使用特种设备时，应当保证每班至少有一名持证的作业人员在岗。对于首次取得资格证书的作业人员，应当在其正式上岗前安排不少于 3 个月且在有资质人员监护下的实习操作，并每年组织其参加不少于 24h 的年度安全教育培训或者继续教育。

二、使用管理要求

（一）安全操作规程

企业应当建立健全特种设备操作规程，明确特种设备安全操作要求，至少包括以下内容：

——特种设备操作工艺参数（最高工作压力、最高或者最低工作温度、最大起重量、介质等）；

——特种设备操作方法（开车、停车操作程序和注意事项等）；

——特种设备运行中应当重点检查的项目和部位，运行中可能出现的异常情况和纠正预防措施，以及紧急情况的应急处置措施和报告程序等；

——特种设备停用及日常维护保养方法。

（二）安全技术档案

企业应当分级建立特种设备管理台账，特种设备使用单位应当建立健全安全技术档案，包括以下内容：

——使用登记证和《特种设备使用登记表》；

——特种设备设计、制造技术资料和文件，包括设计文件、产品质量合格证明（含合格证及其数据表、质量证明书）、安装及使用维护保养说明、监督检验证书、型式试验证书等；

——特种设备安装、改造和修理的方案、图样、材料质量证明书和施工质量证明文件、安装改造维修监督检验报告、验收报告等技术资料；

——特种设备定期自行检查记录和定期检验报告；

——特种设备日常使用状况记录；

——特种设备及其附属仪器仪表维护保养记录；

——特种设备安全附件和安全保护装置校验、检修、更换记录和有关报告；

——特种设备运行故障和事故记录及事故处理报告。

（三）特种设备检验

应当在特种设备投入使用前或者投入使用后 30d 内，按规定办理使用登记取得使用登记证书，登记标志应当置于该特种设备的显著位置。

特种设备管理部门应当制订特种设备年度检验计划，在检验合格有效期届满前 1 个月向特种设备检验机构提出定期检验要求，并向检验机构及其检验人员提供特种设备相关资料和必要的检验条件。

——锅炉使用单位应当按照安全技术规范的要求，进行锅炉水（介）质处理，并进行定期检验。锅炉清洗过程应当接受监督检验。

——电梯使用单位应当委托电梯制造单位或者依法取得许可的安装、改造、修理单位承担本单位电梯的维护保养工作，至少每半个月进行一次清洁、润滑、调整和检查。应当将电梯的安全使用说明、安全注意事项和警示标志置于易于为乘客注意的显著位置。

——移动式（流动式）特种设备，若无法返回使用登记地进行定期检验的，可以在异地进行，检验后，使用单位应当在收到检验报告起 30d 内将检验报告（复印件）报送使用登记机关。

——定期检验完成后，使用单位应当组织进行特种设备管路连接、密封、附件（含零部件、安全保护装置、仪器仪表等）和内件安装、试运行工作，并对其安全性负责。检验结论为合格时，使用单位应当按照检验结论确定的参数使用特种设备。

（四）过程监督检查

特种设备管理部门应当每半年至少组织一次特种设备管理情况检查，特种设备使用单位应当每月至少对在用特种设备进行一次自查。特种设备安全管理人员应当对特种设备使用状况进行经常性检查，发现问题及时处理。

企业安全监督机构和安全监督人员应当对特种设备使用单位进行监督检查，包括以下主要内容：

——特种设备管理，主要包括特种设备管理部门及人员设置、特种设备管理规章制度建立与执行、安全生产责任制落实和特种设备作业人员安全培训，以及风险管理等情况；

——安全生产条件，主要包括安全防护设施和安全附件齐全完好情况、设备维修保养情况，以及作业环境满足安全生产要求等情况；

——安全生产活动，主要包括现场生产组织、作业许可与变更手续办理，以及特种设备作业人员持证上岗等情况；

——安全应急准备，主要包括应急组织建立、特种设备专项应急预案的制修订、应急物资储备、应急培训和应急演练开展等情况。

三、维护保养处置

使用单位根据设备特点和使用状况对特种设备进行经常性维护保养，维护保养应当符合有关安全技术规范和产品使用维护保养说明的要求。对发现的异常情况及时处理，并且作出记录，保证在用特种设备始终处于正常使用状态。

（一）维护和保养

使用单位结合生产实际与有关规范要求，编制形成特种设备年度维护保养计划，并有序开展。特种设备出现故障或者发生异常情况，特种设备使用单位应当对其进行全面检查，消除事故隐患后，方可继续使用。

使用单位应当确保特种设备使用环境符合有关规定，特种设备的使用应当具有规定的安全距离、安全防护措施。安全警示标识齐全，现场特种设备与管理台账应当一致，并及时将特种设备使用登记、检验检测、停用报废等信息录入信息系统。

使用单位应当制订事故应急专项预案，并定期进行培训及演练。压力容器、压力管道发生爆炸或者泄漏，在抢险救援时应当区分介质特性，严格按照相关预案规定程序处理，防止次生事故。

（二）停用与报废

特种设备长期停用或者重新启用、移装、过户、改变使用条件、报废，使用单位应当以书面形式向本企业特种设备管理部门和地方政府特种设备安全监督管理部门办理相关手续。

特种设备停用后，应当在显著位置设置停用标识。长期停用的特种设备应当在卸载后，切断动力，隔断物料，定期进行维护保养。

特种设备存在严重事故隐患，无改造、修理价值，或者达到安全技术规范规定的其他报废条件的，企业特种设备管理部门应当及时按规定予以报废并注销。

对达到设计使用年限可以继续使用的，应当按照安全技术规范的要求通过检验或者安全评估，并办理使用登记证书变更，方可继续使用。允许继续使用的，应当采取加强检验、检测和维护保养等措施，确保使用安全。

企业特种设备管理部门应当对报废的特种设备采取必要措施，消除其使用功能。报废的特种设备严禁转让、使用。

第三节　租赁业务安全监督

出租方是指出租租赁物的法人或者其他组织，承租方是指承租租赁物的自然人、法人或者其他组织。租赁物不包括出让、划拨、转让或者临时征用等方式取得的土地使用权。日常安全管理坚持“谁受益、谁负责，谁租赁、谁管理”的原则。

一、监督管理职责

（一）出租业务

涉及出租业务企业承担租赁业务的安全生产主体责任，主要履行以下职责：

（1）贯彻落实国家有关租赁业务安全监督管理的法律法规、标准规范和有关规定，制订并落实本单位出租业务安全管理规章制度；

（2）保证本单位出租场所、设备等租赁物符合安全生产条件；

（3）与承租方签订专门的安全生产（HSE）合同，或者在租赁合同中明确安全生产条款；

（4）对出租场所的安全生产工作统一协调、管理，定期进行安全检查，及时督促承租方整改存在的安全问题；

（5）如实向承租方告知场所、设备等租赁物可能存在的主要安全风险；

（6）督促承租方按规定编制生产安全事故应急救援预案，定期开展演练，并做好备案工作；

（7）及时、如实报告租赁物生产安全事故。

（二）承租业务

涉及承租业务的所属企业是本单位承租业务安全生产的责任主体，主要履行以下职责：

（1）贯彻落实国家有关租赁业务安全监督管理的法律法规、标准规范和有关规定，制订并落实本单位承租业务安全管理规章制度；

（2）对拟承租场所、设备等租赁物的安全生产条件符合性进行评估；

（3）与出租方签订专门的安全生产（HSE）合同，或者在租赁合同中明确安全生产条款，并按约定执行；

（4）配合出租方对租赁物的安全管理，接受出租方的安全检查，及时整改存在的安全问题；

（5）定期进行安全检查，及时通知出租方治理场所、设备等租赁物存在的生产安全事故隐患；

（6）按规定编制生产安全事故应急救援预案，定期开展演练，并做好备案工作；

（7）及时、如实报告租赁物生产安全事故。

二、监督管理要求

企业从事出租业务时，应当为承租方提供符合安全生产条件的场所、设备，根据承租方拟从事的业务评估其是否具备安全生产条件或者相应资质，不得将场所、设备出租给不具备安全生产条件或者相应资质的单位或者个人。

（一）场所／设备租赁

企业承租场所、设备时，应当结合拟从事的业务对场所、设备的安全生产状况进行评估或者专项安全评价，不得承租不符合安全生产条件的场所、设备从事生产经营活动。原则上不得承租自然人出租的场所或者设备。

企业不得将场所、设备出租给系统外单位用于易燃易爆物品、危险化学品、放射性物品等危险物品的生产、储存、使用、经营、运输和废弃处置。

企业租赁特种设备时，不得出租或者承租未取得许可生产的、未办理使用登记的、没有完整安全技术档案的特种设备或者国家明令淘汰和已经报废的特种设备，以及未按照安全技术规范的要求进行维护保养和未经检验或者检验不合格的特种设备。

企业在出租期间应当承担特种设备使用管理和维护保养义务，承租方在承租期间应当按照有关规定使用特种设备，法律另有规定或者当事人另有约定的除外。

（二）HSE 合同签订

企业出租（承租）场所的，应当与承租（出租）方签订专门的安全生产（HSE）合同，或者在租赁合同中明确安全生产条款，约定各自的安全生产管理职责。场所中的消防车通道、涉及公共消防安全的疏散设施和其他建筑消防设施应当明确管理单位，由出租方或者委托管理的单位统一管理。将同一场所出租给多个承租方的，应当分别与各承租方签订专门的安全生产（HSE）合同，约定各自的安全生产管理职责。

企业出租（承租）设备的，应当与承租（出租）方在租赁合同中明确安全生产条款，约定各自的安全生产管理职责。合同管理部门应当根据租赁业务的特点，组织制订安全生产（HSE）合同或者明确安全生产条款。

安全生产（HSE）合同应当与租赁合同同时谈判、同时报审、同时签订、同时履行。租赁合同没有相应的安全生产（HSE）合同或者安全生产条款内容的，一律不准签订。

企业应当向承租方提供出租场所相关供水、排水、供电、供气、供热或者消防等附属设施及相邻场所的情况，向承租方提供出租设备相关技术资料和文件，并告知租赁物可能存在的主要安全风险。

两个以上承租方在同一出租场所内进行生产经营活动，可能危及对方生产安全的，所属企业或者其下属单位应当督促承租方相互签订安全生产管理协议，明确各自的安全生产管理职责、专职安全生产管理人员和应当采取的安全措施。

（三）安全管理要求

企业应当根据合同约定在入场前对承租方负责人、安全管理人员进行安全培训，督促承租方按规定开展全员安全培训，并如实记录培训情况。应当对出租场所安全生产工作进行统一协调、管理，定期进行安全检查，发现安全问题的，及时督促承租方进行整改。

企业对出租的场所、设备存在生产安全事故隐患的，应当及时组织治理，并保障租赁物符合安全生产条件所需的资金投入。事故隐患治理如需承租方配合，应当及时书面告知承租方。承租方应当在满足出租方安全生产要求的条件下从事生产经营活动。

企业应当对出租的场所、设备履行维修义务，但双方另有约定的除外。国家法律法规或者政策强制要求更新设备、设施的，应当及时更新。按合同约定督促承租方做好租赁物的日常维护保养，并要求承租方发现租赁物存在不符合安全生产条件的生产安全事故隐患时，立即采取措施，同时按照合同约定通知出租方及时治理。

在租赁期限内承租方对租赁物进行改善、增设他物或者转变使用功能的，应当编制专项方案，并向出租方提出书面申请。对申请进行安全评估后方可作出决定。同意申请后，应当在施工期间对专项方案中安全技术措施落实情况进行检查。未经同意擅自对租赁物进行改善、增设他物或者转变使用功能的，应当要求承租方恢复原状或者赔偿损失。

企业应当督促承租方在对场所进行改善、增设他物或者装饰装修前，按规定报地方人民政府有关部门审核、备案；竣工后，按规定验收合格后方可投入使用。禁止对设备进行转租、转借，原则上不得对场所进行整体转租、转借。

同意承租方在承租期间对场所进行转租、转借的，应当与承租方约定对第三方安全生产条件或者相应资质的审查责任及安全检查义务，不得改变所从事业务范围和使用功能。

发现承租方违反有关规定的，应当及时通知其采取措施予以改正；发现存在事故隐患无法保证安全的，或者发现危及人员生命安全的紧急情况时，或者发生生产安全事故的，应当按合同约定要求其停工、停业进行整顿，经验收符合安全生产条件后，方可重新开工。

企业应当督促承租方制订与租赁业务相关的事故应急救援预案，按照规定报地方人民政府有关部门备案，并定期开展演练。事故应急救援预案编制和演练过程中确需配合的，所属企业或者其下属单位应当给予配合。

租赁期间发生的生产安全事故，由出租方和承租方按规定分别逐级上报，并配合做好事故调查处理。

企业应当分级建立租赁台账，对租赁物、出租方（承租方）、租赁合同、租赁期限、安全培训、监督检查、隐患整改等情况进行登记。

相关链接：特种设备重大事故隐患判定准则

《特种设备重大事故隐患判定准则》（GB 45067—2024）是我国特种设备领域首个用于重大事故隐患判定的强制性国家标准，于 2024 年 12 月 1 日起正式实施。对提升特种设备安全监管至关重要。

特种设备重大事故隐患是指在特种设备使用过程中，存在的危害程度较大、可能导致群死群伤或造成重大经济损失的潜在不安全情形。

注：特种设备重大事故隐患对应特种设备安全法中的严重事故隐患。

——特种设备有下列情形之一仍继续使用的，应判定为重大事故隐患。

a）特种设备未取得许可生产。因安全问题国家明令淘汰、已经报废或者达到报废条件。

b）特种设备发生过事故未对其进行全面检查、消除事故隐患。

c）未按规定进行监督检验或者监督检验不合格。

d）有 GB 45067—2024 中的 4.2～4.10 中规定的超过规定参数、使用范围的情形。

——锅炉有下列情形之一仍继续使用的，应判定为重大事故隐患。

a）定期检验的检验结论为“不符合要求”。

b）热工仪表失效或控制电（气）源中断，导致无法监视、调整主要运行参数。

c）安全阀（爆破片装置）缺失或失效。

d）系统报警装置缺失或失效。

e）联领保护装置缺失或失效。

f）熄火保护装置缺失或失效。

g）电站锅炉主要汽水管道泄漏或锅炉范围内管道破裂。

——压力容器有下列情形之一仍继续使用的，应判定为重大事故隐患。

a）定期检验的检验结论为“不符合要求”。

b）固定式压力容器改做移动式压力容器使用。

c）固定式压力容器、移动式压力容器的安全阀、爆破片装置、紧急切断装置缺失或失效。

d）快开门式压力容器的快开安全保护联锁装置缺失或失效。

e）氧舱的接地装置缺失或失效。

f）氧舱安全保护联锁装置（联锁功能）失效。

——压力管道有下列情形之一仍继续使用的，应判定为重大事故隐患。

a）定期检验的检验结论为“不符合要求”或“不允许使用”。

b）安全阀、爆破片装置、紧急切断装置缺失或失效。

——移动式压力容器或者气瓶充装有下列情形之一的，应判定为重大事故隐患。

a）未经许可，擅自从事移动式压力容器充装或者气瓶充装活动。

b）移动式压力容器、气瓶错装介质。

c）充装设备设施上的紧急切断装置缺失或失效，仍继续使用的。

——电梯有下列情形之一仍继续使用的，应判定为重大事故隐患。

a）定期检验的检验结论为“不合格”。

b）乘客与载货电梯门锁安全回路被短接。

c）限速器－安全钳联动试验失效。

d）自动扶梯、自动人行道紧急停止开关缺失或失效。

e）自动扶梯、自动人行道扶手带外缘与任何障碍物之间距离小于 400mm

时，未按要求装设防护挡板。

——起重机械有下列情形之一仍继续使用的，应判定为重大事故隐患。

a）未经首次检验。

b）定期检验（含首次检验）的检验结论为“不合格”。

c）急停开关缺失或失效。

d）起重量限制器，起重力矩限制器、防坠安全器缺失或失效。

e）室外工作的轨道式起重机械抗风防滑装置缺失或失效。

——客运索道有下列情形之一仍继续使用的，应判定为重大事故隐患。

a）定期检验的检验结论为“不合格”或“复检不合格”。

b）控制室、站台、机房紧急停车开关缺失或失效。

c）吊厢、吊篮、客车门不能锁闭且未停用。

d）辅机、备用电源不能启动运行。电气系统安全回路发生故障后采用短接方法继续运营。

——大型游乐设施有下列情形之一仍继续使用的，应判定为重大事故隐患。

a）定期检验的检验结论为“不合格”。

b）安全带、安全压杠和安全挡杆等乘客束缚装置缺失或失效。

c）座舱舱门锁紧装置缺失或失效。

d）制动装置、限位装置、防碰撞及缓冲装置、止逆行装置、限速装置缺失或失效。

e）主要受力部件、重要焊缝及重要螺栓出现裂纹、严重变形。

——场（厂）内专用机动车辆有下列情形之一仍继续使用的，应判定为重大事故隐患。

a）定期检验的检验结论为“不合格”。

b）电动车辆电源紧急切断装置缺失或失效。

c）制动（包括行车、驻车）装置缺失或失效。

d）观光列车的牵引连接装置及其二次保护装置缺失或失效。非公路用旅游观光车辆超过最大行驶坡度使用。

第五章　电气安全与防雷避电

在工业生产和日常生活中，电气设备广泛应用于各个领域，电气安全关系到企业的安全生产、员工的身心健康和社会稳定。电气安全和防雷避电是以安全为目标，做好电气安全和防雷避电工作，有助于减少事故发生，提高企业的经济效益和社会效益。电气事故是指触电、雷击、静电危害、电磁场伤害、电气火灾爆炸，以及其他危及人身安全的线路故障和设备故障等。防雷避电是保障人身安全和设备安全的重要措施。通过采取合理的防雷避电措施和注意事项，我们可以最大程度地降低电能对人类社会的危害。

第一节　电气安全基础知识

电在造福于人类的同时，也会给人类带来灾难。统计资料表明在工伤事故中，其中仅触电死亡人数就占工伤死亡人数 5% 左右，世界上每年电气事故伤亡人数不下几十万人。我国约每用电 1.5×10^8kW · h 就触电死亡 1 人，而美、日等国约每用电 2×10^9～4×10^9kW · h 才触电死亡 1 人。而电气火灾约占全部火灾的 20%，成为最大的火灾隐患，造成巨大的人员伤亡和经济损失。人的整个神经系统是以能量非常小的电信号和电化学反应为基础的，系统功能很容易被破坏。若有频率为 50Hz 的工频交流电通入人体之后，除产生伤害外，还会使心脏跳动与交流电频率相重合，心室急剧颤动，导致窒息和电休克。

一、触电与雷电事故

触电事故是电流的能量直接或间接作用于人体造成的伤害，按照能量施加方式的不同，触电事故可分为电击和电伤两类。雷电能造成严重的后果，能损坏设备设施，造成人身伤亡和财产损失。在爆炸危险场所，雷电可能使易燃易爆物质爆炸或燃烧，是不可忽视的引爆源。

（一）电击事故

电击是电流通过人体内部，人体吸收局外能量受到的伤害。主要伤害部位是心脏、中枢神经系统和肺部。电击是全身伤害，但一般不在人身表面留下大面积明显的伤痕，可以使肌肉抽搐、神经麻痹，内部组织损伤，严重时将引起昏迷、窒息，甚至心脏停止跳动而死亡。通常说的触电就是电击，触电死亡大部分是由电击造成的。电击伤害的主要形式有：

——直接接触电击：触及正常状态下带电的带电体。

——间接接触电击：触及正常状态下不带电、而在故障下意外带电的带电体。

——单线电击：人站在地面上，与单线接触，这种接触可以是直接或间接。

——两线电击：人与地面隔离，身体各触一线，这种接触可以是直接或间接，可以是两相，也可以是单相。

——跨步电压电击：电气设备发生接地故障时，在接地电流入地点周围电位分布区行走的人，被两脚之间的电压电击。

（二）电伤事故

电伤是指电流的热效应、化学效应或机械效应对人体造成的伤害。电能转化成热能造成的电弧烧伤、灼伤，电能转化成化学能或机械能造成的电印记、皮肤金属化及机械损伤、电光眼等。电伤多数是局部性伤害，在人身表面留有明显的伤痕。

——电烧伤，一般有接触灼伤和电弧灼伤两种，接触灼伤多发生在高压触电事故时通过人体皮肤的进出口处，灼伤处呈黄色或褐黑色，又会伤及皮下组织、肌腱、肌肉、神经和血管，甚至使骨骼显碳化状态。

——电烙印，它发生在人体与带电体有良好接触，但人体不被电击的情况下，在皮肤表面留下和接触带电体形状相似的肿块瘢痕，一般不发炎或化脓。瘢痕处皮肤失去原有弹性、色泽，表皮坏死，失去知觉。

——皮肤金属化，由于高温电弧使周围金属熔化、蒸发并飞溅渗透到皮肤表层所形成。皮肤金属化后，表面粗糙、坚硬。根据熔化的金属不同，呈现特殊颜色，金属化后的皮肤经过一段时间能自行脱离，不会有不良后果。

——机械性损伤，是电流作用于人体时，由于中枢神经反射和肌肉强烈收缩等作用导致的机体组织断裂、骨折等伤害。

——电光眼，是发生弧光放电时，由红外线、可见光、紫外线对眼睛的伤害。

（三）雷电危害

雷电是自然现象。太阳加热地球，地面湿气受热上升，或空气中不同冷、热气团相遇，凝结成水滴或冰晶，形成雷电积云，在运动时使电荷发生分离，当电荷积聚到足够数量时，就在带有不同电荷的云间，或由于静电感应而产生不同电荷的云地间发生放电现象。

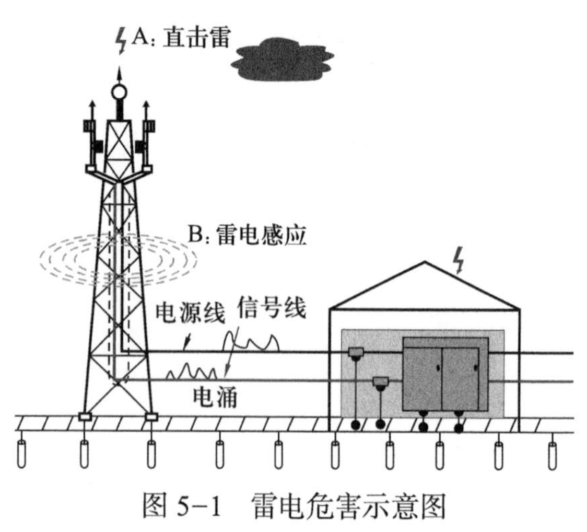

图 5-1 雷电危害示意图

在放电过程中，放电通道产生高温使大气急剧膨胀，发生巨大的响声和强烈的闪光，被称为雷电现象。从其破坏因素看，主要有电性质、热性质和机械性质的破坏作用，其破坏作用往往是综合的（图 5-1）。

——电性质的破坏作用：雷电的数十至数百万伏的冲击电压可能毁坏发电机、变压器、断路器、绝缘子等的绝缘，造成大规模停电；绝缘损坏可引起短路、烧断电线，导致火灾爆炸。雷电对人体的放电，以及雷电流流入地下，引起的接触电压或跨步电压，均会造成人身触电伤亡事故。

——热性质的破坏作用：巨大的雷电流通过导体，在极短的时间内转换出大量的热能，造成的易燃品燃烧或金属熔化等引发的火灾爆炸事故。

——机械性质的破坏作用：巨大的雷电流通过被击物时，在被击物缝隙中的气体急剧膨胀，致使被击物破坏或爆炸。

注：在雷雨天，不要走进高压电杆、铁塔、避雷针的接地导线周围 20m 内。当遇到高压线断落时，周围 10m 之内，禁止人员进入；若已经在 10m 范围之内，应单足或并足跳出危险区。

二、防雷与接地装置

防雷与接地装置是保障电气设备和人员安全、防止雷击损害的重要设施，在安装和维护防雷与接地装置时，需要严格遵循相关的国家标准和规范，依据《石油化工静电接地设计规范》（SH/T 3097—2017）3.6.1 静电接地干线和接地体应与其他用途的接地装置综合考虑，统一布置。可利用保护接地干线、防雷电感应接地干线作为静电接地干线使用，否则应专门设置静电接地干线和接地体。

（一）防雷装置

防雷装置主要由接闪器（针、线、网、带）、引下线和接地装置组成，其故障类型是防雷接地系统性能下降和布设不完善，见图 5-2。严禁在独立接闪杆、架空接闪线、架空接闪网的支柱上，悬挂电话线、广播线、电视接收天线及低压架空线等。

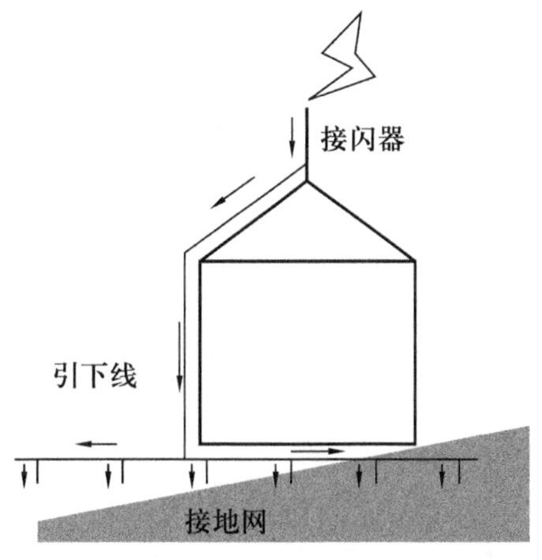

图 5-2　防雷装置示意图

1. 接闪器的类型

避雷针、避雷线、避雷器、避雷网和避雷带等都可作为接闪器，宜采用圆钢或扁钢，优先采用圆钢。

——避雷针：主要用来保护露天变配电设备、建筑物和构筑物。

——避雷线：主要用来保护电力线路。

——避雷网和避雷带：主要用来保护建筑物。

——避雷器：主要用来保护电力设备和电力线路。

2. 接闪器的要求

——独立避雷针与被保护物的水平距离不应小于 3m，独立避雷针的接地装置与接地网的地中距离不应小于 3m，避雷器与地面垂直距离不宜小于 4.5m，并应有独立的接地电阻，其冲击接地电阻不得小于 10Ω。

——可燃气体放空管路应安装阻火器或装设避雷针，当安装避雷针时保护范围应高于管口 2m，避雷针距管口的水平距离不应小于 3m。

——油气管道、事故放空金属立管或火炬可不设接闪器，但应做雷电防护接地。就地放空的管线无防止回火的措施时，应设接闪器保护。

——水平装设的接闪带（如屋面接闪带）固定支架安装应牢固，固定支架的高度不宜小于150mm，固定支架的间距应均匀。接闪带为扁钢时的间距以0.5m为宜，接闪带为圆钢时的间距以1m为宜，拐弯处半径不宜大于0.3m。

——接闪带的安装应牢固、平正顺直，无急弯。接闪带应设在外墙外表面（屋檐）边垂线上或垂直面外，当设置的接闪带不能保护外墙角（屋檐）时，可在接闪带上向外焊出斜向接闪杆，接闪杆长度应达到能保护外墙角（屋檐）的要求。

3. 引下线要求

——一般采用圆钢、扁钢或镀锌钢制成，圆钢直径不小于8mm，扁钢截面不小于48mm^2，厚度不小于4mm。

——敷设时引下线应平直，经最短途径接地，尽可能避免弯曲，转弯处采取圆弧过渡，引下线宜在距离地面0.3～1.0m装设断接卡。

——专设引下线宜沿建筑物外墙外表面明敷或暗敷，明敷接地引下线及室内干线的支撑件间距应均匀，水平直线部分0.5～1.5m；垂直直线部分1.5～3m；弯曲部分半径0.3～0.5m。

——当沿建筑物墙壁水平敷设时，距地面高度250～300mm，与建筑物墙壁间的间隙10～15mm。

——独立烟囱上的引下线采用圆钢时，其直径不应小于12mm；采用扁钢时，其截面积不应小于160mm^2，厚度不应小于4mm。

——装有避雷针的金属筒体，当其厚度不小于4mm时，可利用设备本体作为接闪器和引下线。筒体底部应至少有2处与接地体对称连接：壁厚小于4mm时，处于其他接闪器的保护范围之外时，应单独设置接闪杆或接闪线保护。

——防雷接地的人工接地装置的接地干线埋设，经人行通道处埋地深度不应小于1m，且应采取均压措施或在其上方铺设卵石或沥青地面。

接地装置是雷电防护装置的重要组成部分，起到向大地泄放雷电流，限制防雷装置对地电压的作用。除独立避雷针外，防雷接地装置有时可与其他接地装置共用。

（二）接地装置

接地装置是指接地体与接地线的统称，分为自然接地和人工接地两类。自然接地是指利用与大地紧密接触的建筑物的金属构件、金属管道（输送易燃易爆物质的金属管道除外）、电缆金属外皮、混凝土基础钢筋兼做接地体的接地方式；人工接地是指人为埋入地下，专门用于接地并与大地接触的接地体的接地方式，见图 5-3。

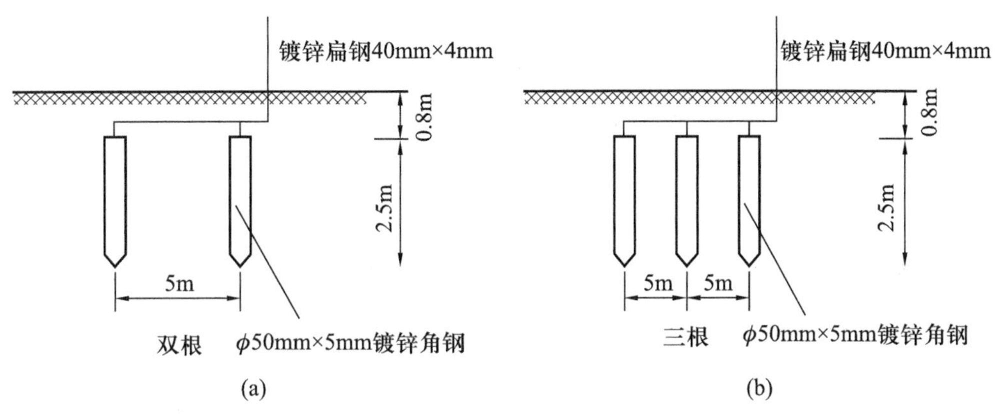

图 5-3 现场接地装置示意图

雷电保护接地、防静电接地、电气、仪表、通信系统保护接地及工作（系统）接地宜共用接地装置，接地电阻应符合其中最小值的要求。防雷防静电设计应具有一致性，如设备接地形式、等电位连接材料材质及连接方式应统一。

——人工接地体在土壤中的埋设深度不应小于 0.5m，并宜敷设在当地冻土层以下，其距墙或基础不宜小于 1m。接地体宜远离由于烧窑、烟道等高温影响使土壤电阻率升高的地方。

——在敷设于土壤中的接地体连接到混凝土基础内起基础接地体作用的钢筋或钢材的情况下，土壤中的接地体宜采用铜质或镀铜或不锈钢导体，不得使用螺纹钢。

——垂直接地体宜采用长度不小于 2.5m 的热镀锌钢材、铜材、铜包钢等接地体，其间距及人工水平接地体的间距均宜为 5m，当受地方限制时可适当减小。圆钢最小直径为 14mm，钢管最小直径为 20mm、最小壁厚为 2mm，角钢最小壁厚为 3mm。

——人工水平接地体宜采用热浸镀锌的扁钢或圆钢。水平接地体圆钢直径不应小于 14mm；扁钢钢截面不应小于 90mm^2、其厚度不应小于 3mm。防雷接地线应与水平接地体的截面相同。

——采用水平敷设的接地体，遇倾斜地形宜沿等高线敷设，两接地体间的平行距离不应小于 5m，接地体铺设应平直，不同标高的接地干线之间至少应有两处连接。

——接地装置埋在土壤中的部分，其连接宜采用放热焊接；当采用通常的焊接方法时，应在焊接处做防腐处理。

——防静电接地装置可与防感应雷和电气设备的接地装置共同设置，其接地电阻值应符合防感应雷和电气设备接地的规定。

——接地装置的设置应考虑土壤受干燥、冻结等季节因素的影响，并应使接地电阻在各季节均能保证达到所要求的值。

——当利用自然接地体接地时，应保证其有完好的电气通路。接地线应直接接至配电箱保护导体（PE）汇流排；接地线的截面应与水平接地体的截面相同。

——严禁利用输送可燃液体、可燃气体或爆炸性气体的金属管道作为电气设备的接地保护导体（PE）。

《建筑物防雷设计规范》（GB 50057—2010）防雷电感应的接地装置应与电气和电子系统的接地装置共用，其工频接地电阻不宜大于 10Ω。

（三）搭接与安装

当接地装置采用搭接焊连接时，其搭接方式和长度应符合下列要求：

——扁钢与扁钢搭接为其宽度的 2 倍，不应少于三面施焊；

——圆钢与圆钢搭接为其直径的 6 倍，应双面施焊；

——圆钢与扁钢搭接为圆钢直径的 6 倍，应双面施焊；

——扁钢与钢管，扁钢与角钢焊接，应紧贴 3/4 钢管表面或角钢外侧两面，上下两侧施焊；

——除埋设在混凝土中的焊接接头以外，热镀钢材有焊接处，在焊痕外最小 100mm 范围内应采取可靠的防腐处理。

采用埋于土壤中的接地体时应设断接卡，断接卡应设在引下线至接地体之间，其上端应与连接板或钢柱焊接。

——断接卡可水平或垂直设置，距地坪高度以拆装方便而定，一般为

0.3～1.0m，不得被砾石、沙土覆盖或遮挡。

——断接卡应采用镀锌扁钢制作，规格不小于 40mm × 4mm，断接卡与上下两端采用满焊搭接，搭接长度应为扁钢宽度的 2 倍。

——断接卡上下卡接触长度应不小于 2 倍扁铁宽度、不大于 3 倍扁铁宽度为宜，并采用两个 M12 × 30mm（均布）的螺栓加防松螺母或防松垫片连接，连接金属面应除锈、除油污。断接卡常见的形状见图 5-4。

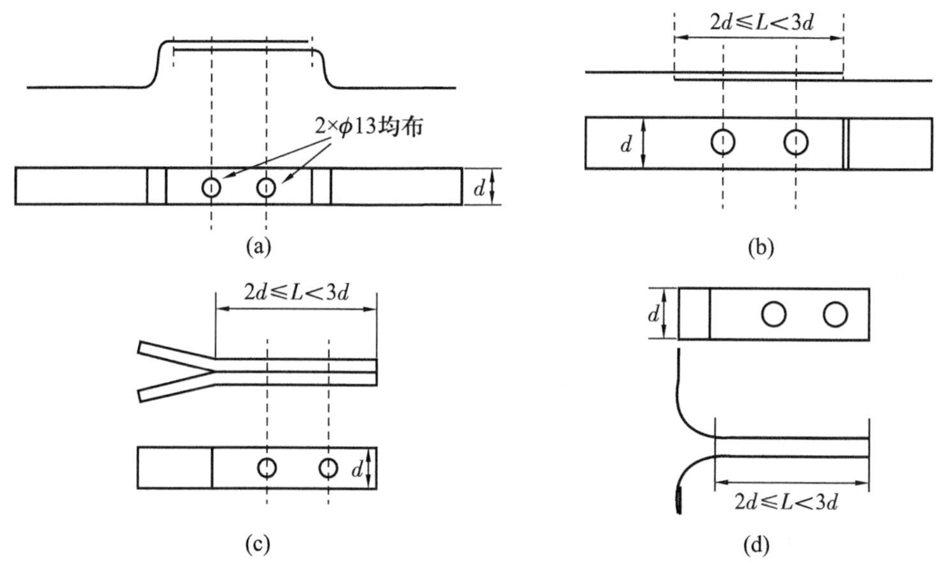

图 5-4　不同形状断接卡制作示意图

——断接卡水平安装的，螺母在断接卡上方；垂直安装的，螺母在断接卡外侧［远离设备、建（构）筑物侧］；紧固后，螺纹必须满扣，螺纹以露出 2～3 扣为宜。

——断接卡不得作为接线端子使用，不得在螺栓处加装接地线铜鼻子；确需连接的，应在断接卡上端另行打孔或安装接地端子排连接。

——在易受机械损伤之处，地面上 1.7m 至地面下 0.3m 的一段接地线，应采用暗敷或采用镀锌角钢、改性塑料管或橡胶管等加以保护。

当利用混凝土内钢筋、钢柱作为自然引下线，并同时采用基础接地体时，可不设断接卡，但利用钢筋作引下线时，应在室内外的适当地点设若干连接板。

（四）接地线连接

接地线是指从引下线断接卡或换线处至接地体的连接导体，或从接地端子、等电位连接带至接地体的连接导体。应在设备、管道的一定位置上，设置专用的接地连接端子，作为静电接地的连接点。

1. 连接方式

接地端子与接地支线连接，应采用下列方式：

——螺栓连接。静设备、钢架构、建筑物一般采用扁钢焊接并设断接卡；动设备、电气仪表设备接地及管线跨接、等电位连接等一般采用黄绿色多股软铜复绞线，并用螺栓紧固压接端子与接地体连接，不应采用接地线与被接地体相缠绕的方法。

——挠性线连接。有振动、位移的物体，应采用挠性线连接，不应采用单股线、扁钢、圆钢接地。

——专用连接夹头。移动、便携式设备及工具，应采用电瓶夹头、鳄式夹钳、专用连接夹头或磁力连接器等器具连接，连接部位应去锈除油污。

2. 管理要求

——接地体引出线的金属部分和接地装置连接（焊接）部位外侧 100mm 范围内做防腐处理。

——当采用螺栓连接时，其金属接触面应去锈、除油污，并加防松螺母或防松垫片，不得用油漆刷涂覆盖。

——用电设备接地或接零支线单独与接地或接零干线连接，接地或接零支线之间不应串联。

——在同一台变压器供电系统中，只容许采用同一种接地故障保护方式，而且要构成一个保护网。

——明敷接地线，在导体的全长度或区间段及每个连接部位附近的表面，应涂以 15～100mm 宽度相等的绿色和黄色相间的条纹标识。当使用胶带时，应使用双色胶带。中性线宜涂淡蓝色标识。

——在接地线引向建筑物的入口处和在检修用临时接地点处，均应刷白色底漆并标以黑色标识，其代号为“≡”。同一接地体不应出现两种不同的标识。

——在断路器室、配电间、母线分段处、发电机引出线等需临时接地的地方，应引入接地干线，并应设有专供连接临时接地线使用的接线板和螺栓。

——接地线在穿越墙壁、楼板和地坪处应加套钢管或其他坚固的保护套管，钢套管应与接地线作等电位联结。

——接地连接线、跨接线应设铜或铜合金材质的专用连接卡（如接线端子），必须压（焊）接牢固保持电气通路，跨接线宜选用截面积不小于6mm^{2}的多股铜绞线制作。

——接线端子尺寸应与接地线径相吻合，接线端子与设备及接地排的接触部分应平整、紧固，无锈蚀、无氧化。

——设备设施的接地必须单独与接地母线或接地网相连接，不得在一个接地线中串接两个及两个以上需要接地的设备。

——接地端子为螺栓时，一个接地端子连接接地线应不超过2个（接地端子扁铁两面各一），接地端子为螺柱时，应只接一根接地线。

3. 接地板安装

——金属接地板应焊接于设备、容器和管道的金属外壳和支座上。金属接地板的截面积应不小于50mm×5mm，小型设备最小有效长度应不小于60mm（1孔直径13mm规格），大型设备最小有效长度应不小于110mm（均布2孔直径13mm规格），如设备有保温层，该板应伸出保温层外。

——与接地板相连的接地螺栓要求镀锌处理，其规格不应小于M12×30mm，加防松螺母或防松垫片紧固连接。

——当采用钢筋混凝土基础或构架作防静电接地时，应在适当位置预埋不小于200mm×200mm×6mm的钢板，预埋钢板的锚筋应与基础或构架主钢筋焊接，接地螺栓可焊于预埋钢板上。

——接线端子与设备及接地排的接触部分应平整、紧固，无锈蚀、无氧化。

——在建筑物的地下室或地面层处，建筑物金属体、金属装置、建筑物内系统及进出建筑物的金属管线应与接地装置做等电位联结。

（五）检测与标识

1. 检测要求

检测单位应出具正式测试报告，测试报告一式三份，由使用单位、测试单位各保管一份，报上级主管部门审核备案一份。

——一般防雷装置应每年检测一次，爆炸危险环境的防雷装置应每半年检测一次。

——新建、扩建、改建的防雷装置投入使用前，应经检测验收合格。

——油气生产单位每年至少对防静电接地装置检测两次。

——电力生产单位每年至少对电力设施的保护接地装置检测一次。

——各类接地装置的接地电阻达不到要求的应及时组织整改，并重新检测保证合格。

——单个断开接地点的电阻值测试完后，应立即恢复断接卡的连接。

——油气场所内防雷冲击接地电阻不应大于 10Ω，仅作防感应雷接地的钢罐的冲击接地电阻不应大于 30Ω，进入装卸区的输送管道的冲击接地电阻不应大于 10Ω。

——静电导体与大地间的总泄漏电阻值在通常情况下应不大于 1000Ω，专设的静电接地体的接触电阻值不宜大于 100Ω，在山区等土壤电阻率较高的地区，其接地电阻值不应大于 1000Ω。

检测记录应包括时间、地点、设备名称及编号、测试点编号、测试点数据及结论、测试人和整改建议等内容。

2. 标识要求

接地检测点应统一编号管理，悬挂接地标识牌，接地标识牌上应有接地编号、接地符号、实际检测值及检测日期。

——编号原则。接地类型（BH 保护接地、FL 防雷接地、FJD 防静电接地）- 设备设施 / 区域名称（首字母大写）- 自编号。如某变送器保护接地：BH-BSQ-001。

——颜色规定。接地符号防雷接地：红色，保护接地：绿色，防静电接地：黄色。

标识牌采用铝合金等不易生锈的材料进行制作，黑底白字，文字采用钢印，当站场防雷接地与防静电接地、工作接地、保护接地共用一组接地装置时，该点应悬挂防雷标识牌，见图 5-5。

三、浪涌保护器 SPD

浪涌保护器（Surge Protection Device，简称 SPD），也称为电源防雷器，是一种用于保护电气设备免受雷击和浪涌过电压影响的装置。以下是对浪涌保护器的详细介绍。

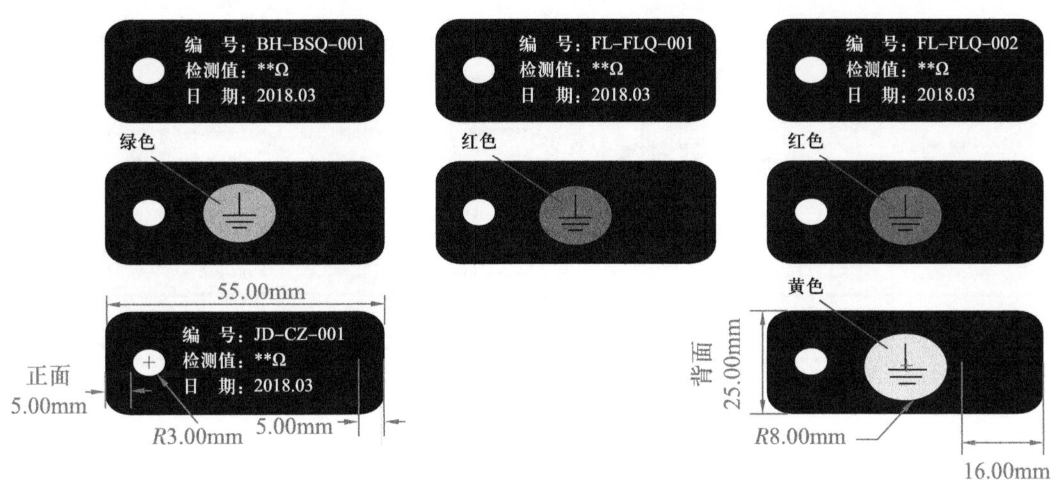

图 5-5 接地标识牌制作示意图

（一）作用与功能

浪涌保护器，适用于交流 50/60Hz，额定电压 220V/380V 的供电系统中，对间接雷电和直接雷电影响或其他瞬时过压的电涌进行保护，适用于家庭住宅、工业领域电涌保护的要求。浪涌保护器能够在电气回路或通信线路中因外界干扰突然产生尖峰电流或过电压时，在极短的时间内导通分流，从而避免浪涌对回路中其他设备的损害。浪涌即为超出正常工作电压的瞬间过电压，而浪涌保护器就是专为各种电子设备、仪器仪表、通信线路提供安全防护的电子装置。

（二）工作的原理

浪涌保护器的核心工作原理是通过对电压的监测和调节，来防止过高电压对设备的影响。其主要组件包括压敏电阻（MOV）、气体放电管（GDT）和熔断丝等。当电压超过设定值时，浪涌保护器会迅速响应，通过将多余的电压导入接地线，从而将电压降低到安全范围。这一过程通常非常迅速，可以在微秒级别内完成。

生产装置 380V、220V 供配电系统宜采用 TN-S 系统，供电系统的电缆金属外皮或金属保护管两端应接地，在各被保护的设备处，应安装与设备耐压水平相适应的浪涌（电涌）保护器（SPD）。电涌保护器与电源线的连接导线应平直，其长度不宜大于 0.5m，见图 5-6。

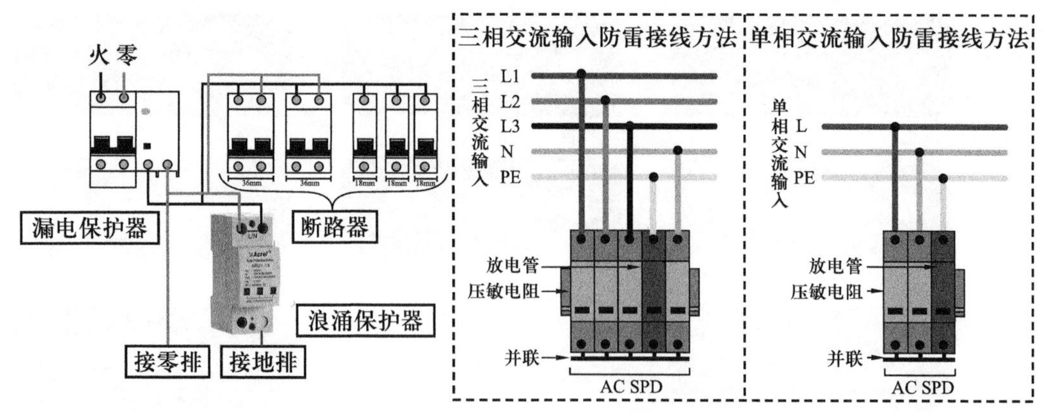

图 5-6 电涌保护器安装与连接示意图

（三）检查与维护

观察外壳：检查浪涌保护器的外壳是否有变形、烧焦、裂纹、变色等异常情况。这些现象可能表明内部元件已经受到过电压、过电流等侵袭而损坏。

检查指示灯：如果浪涌保护器配备有故障指示灯，正常工作时指示灯应常亮（通常为绿灯）。如果指示灯熄灭或变为红灯，则表明设备可能已经损坏或存在故障。

确认接线牢固：检查浪涌保护器的接线部分是否完好，接线是否牢固无松动。松动的接线可能导致浪涌保护器无法正常工作，或在有浪涌电流时不能有效地泄放电流。

检查接地线：确保接地线连接可靠，无锈蚀、断裂等现象。接地不良可能导致浪涌保护器无法将浪涌能量有效地导向地面，从而降低保护效果。

第二节　静电危害消除与防护

物质都是由分子组成，分子是由原子组成，原子由带负电荷的电子和带正电荷的质子组成。当两个不同的物体相互接触时就会使得一个物体失去一部分电荷，如电子转移到另一物体使其带正电，而另一个物体得到一些多余电子而带负电。若在分离的过程中电荷难以中和，电荷就会积聚使物体带上静电。

一、静电的形式与危害

很多运动的物体在与其他物体接触与分离的过程（如摩擦）中就会带上静电。如油品经过阀门、泵、过滤器和其他截面改变之处剧烈起电，特别在过滤时起电电位很高，危害很大。

（一）静电的形式

1. 人体静电

人体静电主要由摩擦、接触分离和感应产生，包括人的肉体、衣、裤、袜等穿着物，以及操作时所携带的工具等。人在穿、坐、行、走等活动中可能产生静电，或感应出静电，或从带电荷的物体上获得部分电荷。人是各种过程的参与者，人体静电就成为一个移动的静电源，是酿成静电灾害的重要原因之一。

2. 固体静电

固体物质大面积地接触－分离或大面积摩擦，以及固体物质的粉碎等过程中，都可能产生强烈的静电。其静电产生包含了接触－静电起电和破裂起电两种机理。

3. 液体静电

液体静电产生包括冲流起电、沉降起电、喷雾起电和泼溅起电等。液体在流动、过滤、搅拌、喷雾、喷射、飞溅、冲刷、灌注或剧烈晃动等过程中，由于静电荷的产生速度大于其泄漏速度，从而积聚静电荷，可能产生十分危险的静电。

4. 气体静电

气体分子或原子受光的作用或高速电子撞击，以及高温气体分子间相互撞击，电子获得足够的能量，脱离原子核的束缚，使分子或原子成为带正电荷的离子。

（二）静电的危害

1. 燃烧或爆炸

静电的能量一般较小，但其电压很高，往往高达数万伏，尤其是在小曲率半径部位可能产生很高的电场强。静电产生的高场强引发的放电产生的火花对易燃、易爆的气体和液体是极为危险的。在可燃物的温度高、环境氧含量高、气体的压力高、相对湿度较低的环境，更易发生引燃、引爆的静电危害。

2. 静电电击

静电电击是静电对人体放电所形成的瞬间冲击性电流的作用。一般不能达到使人致命的程度，但人体可能因静电电击而发生坠落、跌倒或碰触设备危险部位等，造成二次事故；静电电击还可能引起工作人员紧张或妨碍工作。

3. 妨碍生产

在某些生产过程中，静电积聚会妨碍生产或降低产品质量。如静电电位差可能使电子设备逻辑参考点发生漂移等。

二、防止静电危害措施

防静电设施与措施，主要是限制和避免静电的产生和积累，其次是通过中和和泄漏来减少和消除静电。

（一）防止静电措施

——合理选材。应采用静电导体或静电亚导体，避免采用静电非导体的生产工艺设备，限制、避免静电的产生和积累。

——减少摩擦。降低压力和摩擦系数，降低速度。如原油输送时，应选用内壁光滑的管道，加粗管径，减少弯头，增大弯头的转弯半径等。油罐装油时，注油管出口应尽可能接近油罐底部，最初流速应限制在 1m/s 左右，待注油管出口被浸没以后，流速可增加至 4.5～6m/s。

——静电释放。为了防止人体静电的危害，工作人员应穿导电性鞋、静电释放器和挠性金属连接线予以接地。在易燃易爆作业场所泵房的门外、储罐的上罐扶梯入口处、装卸作业区内操作平台的扶梯入口处、码头上下船的出入口处应设消除人体静电装置。

——增强静电消散过程。在输送工艺过程中，在管道的末端加装一个直径较大的松弛容器，可大大降低液体在管道内流动时积累的静电。

——增加湿度。增加湿度可增强静电沿绝缘体表面的泄漏。

——装设静电中和器。又称静电消除器，装置能产生电子和离子，中和物料上的静电电荷。

——采用防静电添加剂。防静电添加剂具有良好的导电性或较强吸附性，能降低材料的体积电阻率和表面电阻率，加速静电的泄漏。

——装设缓和器。又称张弛器、松弛器等，缓和器虽然结构简单、效率高，但占用一定的空间，一般可与设备结合起来设计并保证良好接地，如在过滤器的尾部加大空间等。

——消除静电放电条件。在设计和制造工艺装置或设备时，应避免存在静电放电条件。平行管道相距 10cm 以内时，每隔 20m 应用连接线互相连接起来。管道与管道或管道与其他金属物件交叉或接近，其间距小于 10cm 时，也应互相连接起来。

（二）环境危险控制

静电引起爆炸和火灾的条件之一是有爆炸性混合物存在。为了防止静电的危害，可采取以下控制所在环境爆炸和火灾危险性的措施。

——取代易燃介质。例如，用三氯乙烯、四氯化碳、苛性钠或苛性钾代替汽油、煤油作洗涤剂有良好的防爆效果。

——降低爆炸性混合物的浓度。在爆炸和火灾危险环境，采用自然通风、强制通风装置或抽气装置及时排出爆炸性混合物。

——减少氧化剂含量。这种方法实质上是充填氮气、二氧化碳或其他不活泼的气体，使气体、蒸气或粉尘爆炸性混合物中氧气的含量减少，不超过 8% 时即不会引起燃烧。

——控制环境危险程度。控制气体中可燃物的浓度，使其保持在爆炸下限以下。如输油泵房采取通风装置或抽风装置及时排出爆炸性混合物。

（三）静电接地措施

在静电危险场所，所有属于静电导体的物体应接地。在生产加工、储运过程中，设备、管道、操作工具及人体等，有可能产生和积聚静电而造成静电危害时，应采取静电接地措施：

——生产、加工、储存易燃易爆气体和液体的设备及气柜、储罐等；

——输送易燃易爆液体和气体的管道及各种阀门；

——装卸易燃易爆液体和气体的罐（槽）车、油罐、装卸栈桥、铁轨、鹤管，以及设备、管线等；

——生产、输送可燃粉尘的设备和管线。

在进行静电接地时，除金属外，静电导体及亚导体应通过非金属带电材料或防静电材料、防静电制品接地：

——装在设备内部而通常从外部不能进行检查的导体；

——安装在绝缘物体上的金属部件；

——与绝缘物体同时使用的导体；

——被涂料或粉体绝缘的导体；

——容易腐蚀而造成接触不良的导体；

——在液面上悬浮的导体。

《防止静电事故通用导则》（GB 12158—2006）6.2.3 中规定，防静电接地线不得利用电源零线、不得与防直击雷地线共用。

（四）人体静电预防

在有爆炸和火灾危险的场所，静电放电火花会成为可燃性物质的点火源，造成爆炸和火灾事故。为防静电可能产生的火花，需按要求穿戴防静电服装，并在进入爆炸危险区域入口处设置人体静电释放装置。

1. 人员要求

——进入易燃易爆场所的人员，应穿戴防静电工作服、防静电工作鞋。

——在爆炸危险场所不应穿脱衣服、鞋靴、安全帽和梳头。

——设置有人体静电消除装置的区域，均应触摸人体静电释放器 3～5s 至蜂鸣器停止后方可进入。

2. 安装位置

消除人体静电装置不应设在爆炸性气体环境 0 区、1 区内，宜设置在爆炸性气体环境 2 区或 2 区以外的场所。人体静电消除装置应设在下列原油、液化石油气、天然气凝液等作业场所：

——泵房的门外；

——储罐的上罐扶梯入口；

——储罐顶上采样口的两侧 1.5m 之外的平台入口处；

——装卸作业区内操作平台的扶梯入口及悬梯口处；

——码头上下船的出入口处；

——装置区入口处。

3. 装置要求

人体静电消除器是采用一种无源式电路，利用人体上的静电使电路工作，最后达到消除静电的作用。

——应采用半导体材料制成，表面积不小于 100cm^2；

——外表面应光滑，无污物和颜色异变及破损、老化、变质现象；

——支撑体采用不锈钢制作，并设置接地端子，宜采用不小于 16mm^2 的软铜线与接地干支线接线端子连接，若独立设置防静电接地装置，其电阻值应小于 100Ω；

——人体静电释放装置应具有蜂鸣提示功能；

——人体静电释放装置触摸体表面出现破损、老化等现象时应及时更换。

三、保护接地、静电接地与跨接

静电接地是指将设备容器及管线通过金属导线和接地体与大地连通而形成等电位，并有最小电阻值。跨接是指将金属设备及各管线之间用金属导线相连造成等电位体。显然，接地与跨接的目的是人为地将设备与大地造成一个等电位体，不致因静电电位差产生火花而引起灾害。

（一）基本要求

《电气装置安装工程　接地装置施工及验收规范》（GB 50169—2016）3.0.4 中规定，电气装置的下列金属部分，均必须接地：

——电气设备的金属底座、框架及外壳和传动装置。

——携带式或移动式用电器具的金属底座和外壳。

——箱式变电站的金属箱体。

——互感器的二次绕组。

——配电、控制、保护用的屏（柜、箱）及操作台的金属框架和底座。

——电力电缆的金属护层、接头盒、终端头和金属保拼管及二次电缆的屏蔽层。

——电缆桥架、支架和井架。

——变电站（换流站）构、支架。

——装有架空地结或电气设备的电力线路杆塔。

——配电装置的金属遮栏。

——电热设备的金属外壳。

《石油化工静电接地设计规范》(SH/T 3097—2017)5.1.1 中规定，固定设备（塔、容器、机泵、换热器、过滤器等）的外壳，应进行静电接地。

《系统接地的型式及安全技术要求》(GB 14050—2008)5.1.1 b）中规定，电气装置中的外露可导电部分，都应通过保护导体或保护中性导体与接地极相连接，以保证故障回路的形成。凡可被人体同时触及的外露可导电部分，应连接到同一接地系统。

《石油化工静电接地设计规范》(SH/T 3097—2017)4.5.1 中规定，静电接地支线和连接线，应采用具有足够机械强度、耐腐蚀和不易断线的多股金属线或金属体（$6mm^2$ 铜芯软绞线或软铜编织线）。

——直径大于或等于 2.5m 及容积大于或等于 $50m^3$ 的设备，接地点不应小于两处，接地点应沿设备外围均匀布置，沿周长间距不应大于 30m。

——一体化集成装置和橇装化模块单元的内部设备应接地，电气设备外壳应采用截面积不小于 $16mm^2$ 的黄绿 PVC 绝缘导线与金属橇底座进行等电位联结，橇底座外侧对角焊接 2 个接地柱或接地耳片。

——油气集输生产装置中的立式和卧式金属容器（油气水分离器、水套炉、缓冲罐等）至少应设有两处接地，断接卡分别设在卧式容器两侧支座底部及立式容器支座底部两侧地脚螺栓位置。

——进出厂房（棚）的金属管道、电缆的金属外皮、所穿钢管或架空电缆金属槽，在厂房（棚）外侧应接地，接地装置应与保护接地装置及避雷带（网）接地装置合用。

（二）油品储罐

——一般金属拱顶罐通过外壁良好接地即可；浮顶罐或内浮顶罐除外壁良好接地外，尚需将浮顶与罐体、挡雨板与罐顶、活动走梯与罐顶进行跨接。

——钢制储罐防雷接地引下线不应少于两根，并应沿罐周均匀或对称布置，其间距不应大于 30m。

——为消除人体静电，在扶梯进口处应设置接地金属棒，或在已接地的金属栏杆上留出 1m 的裸露金属面。

——外浮顶储罐或内浮顶储罐不应装设接闪杆（网），但应采用两根导线将浮顶与罐体做电气连接。

——外浮顶储罐的连接导线应选用截面积不小于 $50mm^2$ 的扁平镀锡软铜复绞线或绝缘阻燃护套软铜复绞线；内浮顶储罐的连接导线应选用直径不小于 5mm 的不锈钢钢丝绳。

——原油储罐量油作业时，应在打开量油孔前将尺身与量油孔进行等电位联结；量油结束后，应先行关闭量油孔，待量油孔周围 1.5m 范围内的可燃气体浓度低于爆炸下限的 25% 时，方可断开尺身等电位联结。

——使用防静电测温绳、防静电量油尺作业时，绳、尺末端应可靠接地，上升速度不应大于 0.5m/s，下落速度不应大于 1m/s。防静电采样绳编织应均匀，无松捻，无磨损、擦伤、切割、断股和其他形式的表面损坏，表面无污物和颜色异变现象。

——雷雨天不得进行开式系统油气装卸、倒罐、量油、检尺作业；强烈的阳光照射天气不宜进行油气装卸、倒罐、量油、检尺作业。不应使用化纤布擦拭采样器。

（三）管线要求

与管线相连的阀门、流量计、过滤器、泵和储罐等设备，应要求它们的每一个连接处都有最小的接触电阻。对管线应保证它每一点的对地电阻都不超过 10Ω，否则需进行跨接或接地。

——当平行管路相距 10cm 以内时，每隔 20m 应加连接。当管路与其他管路交叉间距小于 10cm 时，应相连接地。

——有静电接地要求的管道，当每对法兰或螺纹接头间电阻值大于 0.03Ω 时，应有导线跨接。

——在爆炸危险区域内的工艺管道，应采取下列防雷措施：工艺管道的金属法兰连接处应跨接。当不少于 5 根螺栓连接时，在非腐蚀环境下可不跨接。

——与地绝缘的金属部件（如法兰、胶管接头、喷嘴等），应采用铜芯软绞线跨接引出接地。

——管道在进出装置区及生产厂房处、有爆炸危险的分界处、分支处应做防静电接地。管路系统的所有金属件，包括护套的金属包覆层，应接地。

——管路两端和每隔 200～300m 处，以及分支处、拐弯处均应有接地装置。接地点宜在管墩处，其冲击接地电阻不得大于 10Ω。

——每根金属管道均应与已接地的管架做等电位联结，多根金属管道可互相连接后，再与已接地的管架做等电位联结。

——管道接地管卡应依据管道直径采用截面积不小于 160mm^2、厚度不小于 4mm 的镀锌扁钢圆弧形制作（两个半圆形），管道连接处除锈、去油污后用两个 M12 不锈钢螺栓加防松螺母或防松垫片紧固，接地线应压接铜接线端子，如图 5-7 所示：

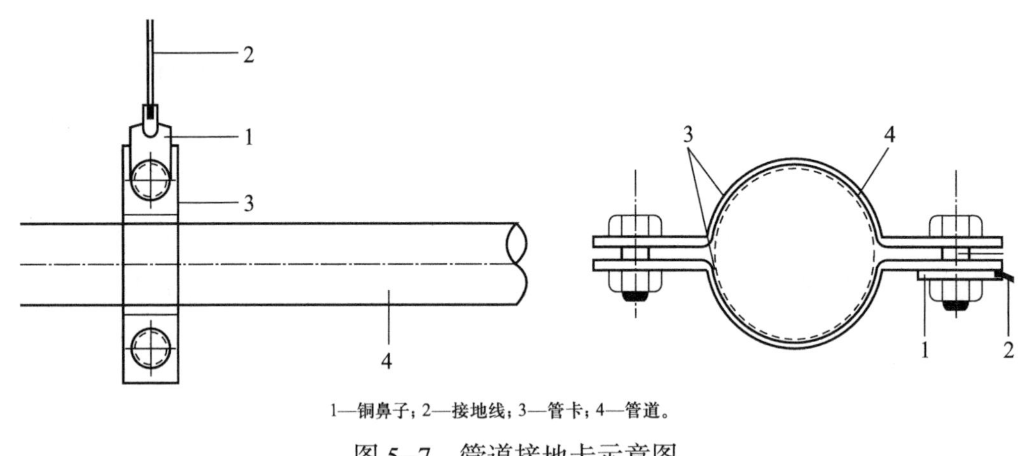

1—铜鼻子；2—接地线；3—管卡；4—管道。

图 5-7　管道接地卡示意图

——与金属储罐相连接的电气、仪表配线应采用金属管屏蔽保护，配线金属管上下两端与罐壁应做电气连接。

——有振动性能的固定设备，其振动部件应采用截面不小于 6mm^2 的铜芯软绞线接地，严禁使用单股线。有软连接的几个设备之间应采用铜芯软绞线跨接。

——仅仅作为防静电的连接导线，则使用截面大于 1.25mm^2 的铜线即可。鹤管前部的活动套管之间应使用有足够机械强度的挠性线，一般使用不小于 6mm^2 的铜绞线。

（四）仪表控制系统

——控制室、机柜间应设置等电位联结及接地保护，电气及电子设备的金属外壳、金属线槽、电缆金属外层、保护管均应进行等电位联结。

——控制室、机柜间的金属门窗、构件、进出管道、支架及建筑物内的钢筋应进行等电位联结，连接线采用铜导线时截面积应不小于16mm^2，采用镀锌扁钢连接时，截面面积应不小于4mm×25mm。

——与金属储罐连接的电气仪表配线应采用金属管保护，配管两端应与罐壁做电气连接。

——电子信息系统的工作接地在接入共用接地系统时，与外部防雷装置的接地点沿水平接地体的长度应大于5m。

——仪表配电系统的电涌保护器，安装位置在配电断路器的负荷侧，仪表配电系统的各级SPD电压保护水平应低于其保护范围内被保护设备的冲击耐受水平，并留有裕度。对重要设备的SPD冲击耐受水平宜为0.8倍设备额定电压。

（五）电缆桥架

沿电缆桥架敷设铜绞线、镀锌扁钢及利用沿桥架构成电气通路的金属构件，如安装托架用的金属构件作为接地干线时，电缆桥架接地时应符合下列规定：

——电缆桥架全长不大于30m时，不应少于2处与接地干线相连。

——全长大于30m时，应每隔20～30m增加与接地干线的连接点。

——电缆桥架的起始端和终点端应与接地网可靠连接。

——电缆桥架连接部位宜采用两端压接镀锡铜鼻子的铜绞线跨接。跨接线最小允许截面积不小于4mm^2。

——镀锌电缆桥架间连接板的两端不跨接接地线时，连接板每端应有不少于2个有防松螺母或防松垫圈的螺栓固定。

第三节　触电电击防护对策

防止触电电击防护分为直接接触电击防护和间接接触电击防护。防护直接接触电击基本原则，是使危险的带电体不会被有意或无意地触及，主要包括绝缘、屏护、安全距离、限制放电能量等，这也是最基本的防护措施。

一、安全防护措施

电气设备的带电部分必须采用良好的绝缘材料进行隔离，如电线电缆要使用绝缘性能良好的外皮，电动机、变压器等设备要保证其绝缘绕组的完整性和绝缘性能。定期对电气设备的绝缘性能进行检测，使用绝缘电阻测试仪等工具，确保绝缘电阻值符合规定标准。

（一）基本防护措施

1. 绝缘

为防止人体触用绝缘物将带电体封闭起来。瓷、玻璃、云母、橡胶、木材、胶木、塑料、布、纸和矿物油等都是常用的绝缘材料。应当注意：很多绝缘材料受潮后会丧失绝缘性能或在强电场作用下会遭到破坏，丧失绝缘性能。

2. 屏护

采用遮栏、护罩、护盖、箱匣等把带电体同外界隔绝开来。电气开关的可动部分一般不能使用绝缘，而需要屏护。高压设备不论是否有绝缘，均应采取屏护。

3. 间距

带电体与地面、其他设备、带电体之间保持必要的安全距离。间距除用于防止触及或过分接近带电体外，还能起到防止火灾、防止混线、方便操作的作用。在低压工作中，最小检修距离不应小于 0.1m。

（二）绝缘安全用具

绝缘杆、验电器、绝缘手套、绝缘靴等必须定期进行检测集中管理，存放在通风干燥处的专用绝缘工器具存放箱或柜内，贴有试验合格标签方可使用。使用完成后应进行清洁、整理，定置摆放整齐，见图 5-8。

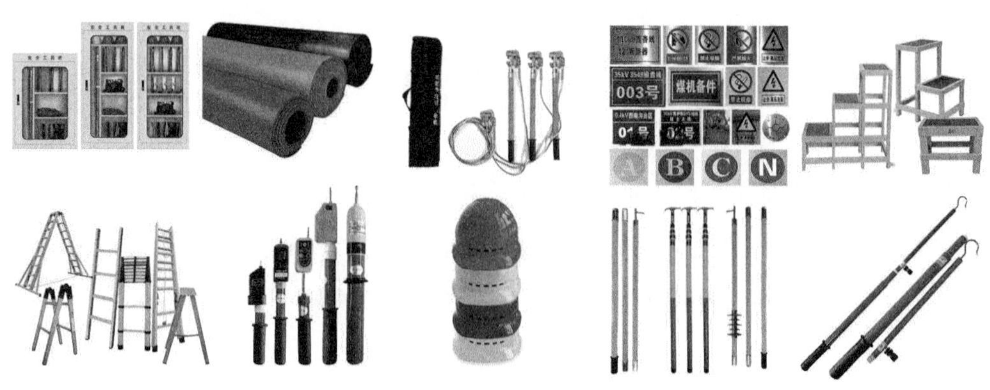

图 5-8　绝缘安全用具和一般安全用具

1. 绝缘棒

又称令克棒、绝缘杆、操作杆等。绝缘棒由工作头、绝缘杆和握柄三部分构成。绝缘棒用来操作高压跌落式熔断器、单极隔离开关、柱上断路器、装拆临时接地线等。

2. 验电器

验电器是一种用来检查高压线路和电气设备是否带电的工具，是变电所常用的最基本的安全用具，一般以辉光作为指示信号，新式高压验电器也有靠音响或语言作为指示的。

3. 绝缘夹钳

绝缘夹钳是在带电情况下，用来安装和拆卸高压熔断器或执行其他类似工作的工具。

4. 接地线

携带型短路接地线是用于防止设备、线路突然来电，消除感应电压，放尽剩余电荷的临时接地装置。个人保护接地线（俗称“小地线”）是用于防止感应电压危害的个人用接地装置。为了防止停电设备所产生的感应电压或检修设备的突然来电对人体的危害，需要使用携带型短路接地线将停电设备的三相电源短路接地，同时将设备上的残余电荷对地放掉。接地线使用的导线为多股铜线，截面积不应小于 $25mm^2$。

5. 绝缘手套和绝缘靴（鞋）

绝缘手套和绝缘靴是由特殊的橡胶制成。绝缘靴的作用是使人体与地面绝缘，只能作为防止“跨步电压”触电的辅助安全用具，无论在什么工作电压下，都不能作为基本绝缘安全用具，也就是穿绝缘靴后，不能用手触及带电体。

6. 绝缘垫

绝缘垫作为辅助绝缘安全用具，一般铺在配电室的地面上，以便在带电操作断路器或隔离开关时增强操作人员的对地绝缘，防止接触电压和跨步电压对人体的伤害。使用时应保持清洁，经常检查有无破洞、裂纹或损坏现象。

除上述绝缘安全用具外，作业时还要用到一般防护用具，如安全帽、安全带、梯子、安全绳、防电弧服、速差自控器、防护眼镜、安全标志等。

（三）等电位联结

等电位联结通俗讲是把建筑物内、附近的所有金属物，如混凝土内的钢筋、自来水管、煤气管及其他金属管道、机器基础金属物及其他大型的埋地金属物、电缆金属屏蔽层、电力系统的零线、建筑物的接地线统一用电气连接的方法连接起来，使整座建筑物成为一个良好的等电位体，见图 5–9。等电位联结可以起到建筑内部防雷、防电击、防静电、防电磁干扰等作用。

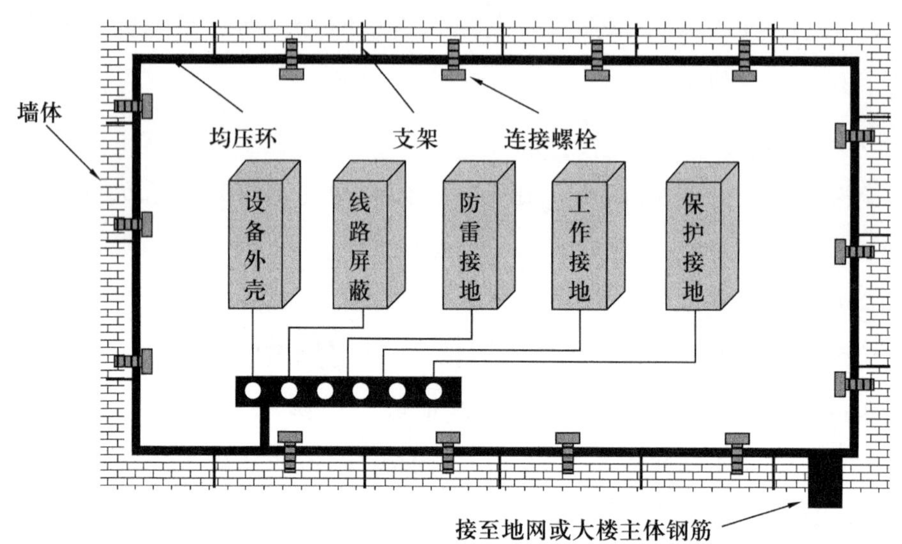

图 5–9　建筑物等电位联结示意图

1. 总等电位联结（MEB）

在建筑物的进线处，将 PE 干线、设备 PE 干线、进水管、总煤气管、采暖和空调竖管、建（构）筑物金属构件和其他金属管道、装置外露可导电部分等相连接形成等电位。它的作用在于降低建筑物内间接接触电压和不同金属部件间的电位差，消除自建筑物外经电气线路和各种金属管道引入的危险故障电压的危害。

2. 局部等电位联结（LEB）

在一个局部范围内，将同时能够触及的所有外露可导电部分连接形成等电位。通过局部等电位联结端子板将 PE 干线、公用设施的金属管道、建筑物金属结构等部分互相连通。可提高电气系统的抗干扰能力，特别是在潮湿环境或易受雷击影响的区域，如浴室、游泳池、医院手术室等。

3. 辅助等电位联结（SEB）

在建筑物做了总等电位联结之后，在伸臂范围内的某些外露可导电部分与装置外可导电部分之间，再用导线附加连接，以使其间的电位相等或更接近。

针对建筑环境中存在的潜在电位差问题，通过辅助等电位联结可以进一步消除危险电位差。

（四）绝缘保护措施

绝缘指使用不导电的物质将带电体隔离或包裹起来，以对触电起保护作用的一种安全措施，见图 5-10。良好的绝缘对于保证电气设备与线路的安全运行，防止人身触电事故的发生是最基本、最可靠的手段。绝缘通常可分为气体绝缘、液体绝缘和固体绝缘三类。在实际应用中，固体绝缘仍是使用最为广泛，且最为可靠的一种绝缘物质。

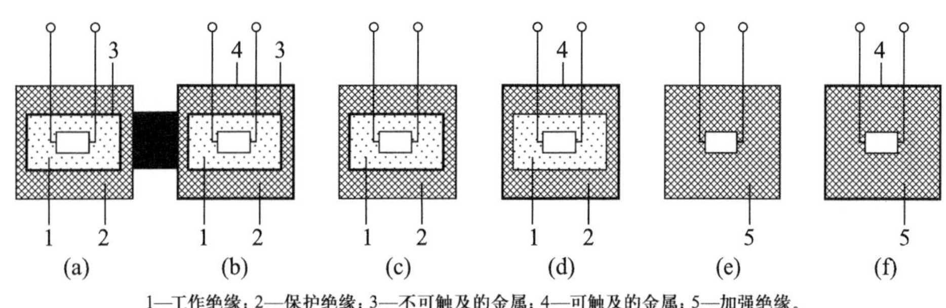

1—工作绝缘；2—保护绝缘；3—不可触及的金属；4—可触及的金属；5—加强绝缘。

图 5-10　双重绝缘和加强绝缘典型结构

1. 双重绝缘

双重绝缘是Ⅱ类电器和工具所采用的防止触电的基本防护措施，是指同时具有基本绝缘和附加绝缘的绝缘结构。

——基本绝缘。又称工作绝缘或功能绝缘，位于带电体与不可触及金属件之间，是保证电气设备正常工作和防止触电的基本绝缘。

——附加绝缘。又称保护绝缘，位于不可触及金属件与可触及金属件之间，是在工作绝缘因机械破损或击穿等而失效的情况下，可防止触电的独立绝缘。

双重绝缘的特点是不需要接地保护（也不允许接地保护），因此不受使用地点有无接地设施的限制，也不像Ⅰ类工具那样，在没有其他安全防护措施时，使用者必须戴绝缘手套，穿绝缘鞋或站在绝缘垫上才可以使用操作。使用的电源方便，不像Ⅲ类电器和工具，必须用安全特低电压供电，才能保证防止触电危险，而是可直接采用交流 220V 电源。

2. 加强绝缘

加强绝缘是基本绝缘经改进，在绝缘强度和机械性能上具备了与双重绝缘同等防触电能力的单一绝缘。在构成上可以包含一层或多层绝缘材料。

在直流电压为 500V 的条件下进行测试，工作绝缘的绝缘电阻不得低于 2MΩ，保护绝缘的绝缘电阻不得低于 5MΩ，加强绝缘的绝缘电阻不得低于 7MΩ。

具有双重绝缘和加强绝缘的设备属于Ⅱ类设备，Ⅱ类设备无须再采取接地、接零等安全措施。手持电动工具应优先选用Ⅱ类设备，在明显位置上标有作为Ⅱ类设备技术信息一部分的“回”形标志。

二、安全特低电压

安全特低电压（Safety Extra-low Voltage，SELV）是指在最不利的情况下，对人不会有危险的存在于两个可同时触及的可导电部分间的最高电压。兼有直接接触电击和间接接触电击防护的安全措施，其保护原理是通过对系统中可能会作用于人体的电压进行限制，从而使触电时流过人体的电流受到抑制，将触电危险性控制在没有危险的范围内。当电气设备采用的电压超过安全电压时，必须按规定采取防止直接接触带电体的保护措施。

（一）安全电压

安全电压是用于小型电气设备或小容量电气线路的安全措施。根据欧姆定律，电压越大，电流也就越大。因此，可以把可能加在人身上的电压限制在某一范围内，使得在这种电压下，通过人体的电流不超过允许范围，这一电压就叫作安全电压。用安全隔离变压器或具有独立绕组的变流器与供电干线隔离开的电路中，安全电压的工频有效值不超过 50V，直流不超过 120V。我国规定安全特低电压额定值的等级为 42V、36V、24V、12V 和 6V，具体选用时，应根据使用环境、人员和使用方式等因素来确定。一般 42V 用于手持电动工具，36V、24V 用于一般场所的安全照明，12V 用于特别潮湿的场所和金属容器内的照明灯和手提灯，6V 用于水下照明。

（二）安全电源

根据国际电工委员会相关的导则中有关慎用“安全”一词的原则，上述安全电压的说法仅作为特低电压保护形式的表示，即：不能认为仅采用了“安全”特低电压电源就能防止电击事故的发生。

安全特低电压必须由安全电源供电。可以作为安全电源的主要有：安全隔离变压器；UPS 不间断电源及独立供电的柴油发电机；即使在故障时仍能够确保输出端子上的电压不超过特低电压值的电子装置电源等。

（三）安全隔离变压器

安全隔离变压器是通过至少相当于双重绝缘或加强绝缘的绝缘使输入绕组与输出绕组在电气上分开的变压器。这种变压器是为以安全特低电压向配电电路、电器或其他设备供电而设计的。安全隔离变压器的工作原理基于电磁感应原理。它使用磁通量来传输信号和功率，同时实现电气隔离。在一次绕组和二次绕组之间，没有直接的传导路径，但是能量仍然可以通过电容、感应或电磁波在截面之间交换。这些变压器阻止了信号中的直流分量从一个电路传输到另一个电路，同时让交流分量通过，见图 5-11。

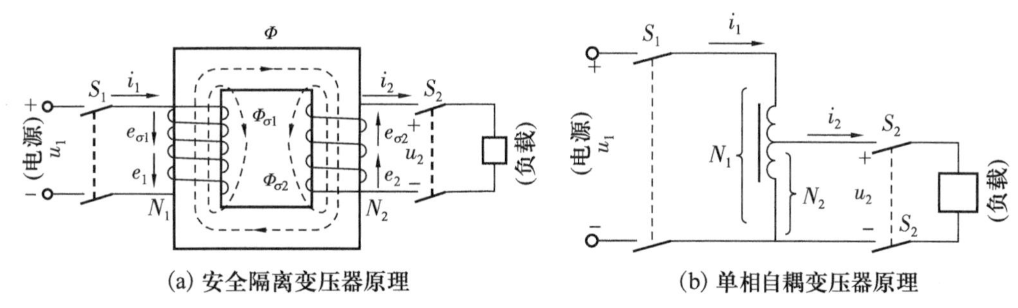

图 5-11　安全隔离电压器和单相自耦变压器原理对比

安全隔离变压器是一种具有电气隔离、安全特低电压、抑制电噪声等优点的特殊变压器。通常我们用的交流电源电压一根线和大地相连，另一根线与大地之间有 220V 的电位差，人接触会产生触电。而隔离变压器的次级不与大地相连，它的任意两线与大地之间没有电位差。人接触任意一条线都不会发生触电，这样就比较安全。其次，隔离变压器的输出端跟输入端是完全“断路”隔离的，这样就有效地对变压器的输入端（电网供给的电源电压）起到了一个良好的过滤作用，从而给用电设备提供了纯净的电源电压。

三、漏电保护器（RCD）

漏电保护是指电网的漏电流超过某一设定值时，能自动切断电源或发出报警信号的一种安全保护措施。漏电保护装置则是防止电气事故的一种安全技术措施，是一种低压安全保护电器，以防止人身触电伤亡为宗旨。为保证在故障情况下人身和设备的安全，应尽量装设漏电流动作保护器。

（一）RCD 的原理

漏电保护装置（RCD）又称剩余电流动作保护装置，是用来防止人身触电和漏电引起事故的一种接地保护装置，它可以在设备及线路漏电时通过保护装置的检测机构转换取得异常信号，经中间机构转换和传递，然后促使执行机构动作，自动切断电源，起到保护作用。其工作原理见图 5-12。

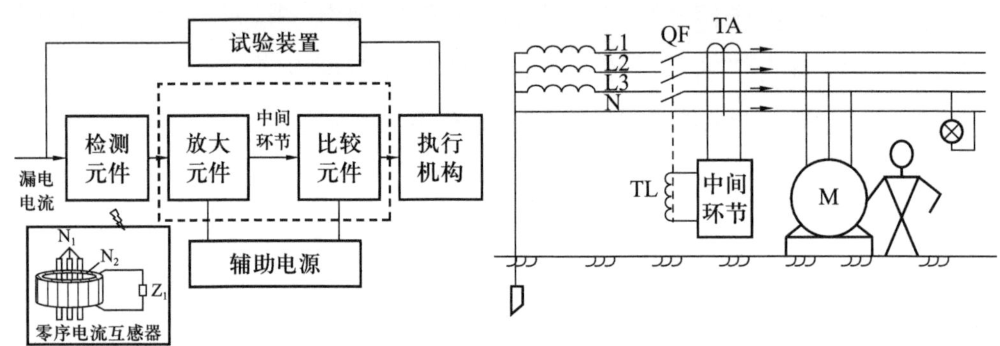

TA—电流互感器；QF—断路器；TL—变压器；M—电动机。

图 5-12　漏电保护装置的工作原理

（二）RCD 的安装

漏电保护器是指电路中发生漏电或触电时，能够自动切断电源的保护装置。包括各类漏电保护开关（断路器）、漏电保护插头（座）、带漏电保护功能的组合电器等。在低压配电系统中装设漏电保护器能防止直接接触电击事故和间接接触电击事故的发生，也是防止电气线路或电气设备接地故障引起电气火灾和电气设备损坏事故的重要技术措施，见图 5-13。

为防止人身触电事故，用于直接接触电击防护时，应选用额定动作电流为 30mA 及其以下的高灵敏度、快速型漏电保护装置。需要安装漏电保护装置的场所和设备：

——属于 I 类的移动式电气设备及手持电动工具；

——生产用的电气设备；

——建筑施工工地的电气施工机械设备；

——安装在户外、水中、潮湿、强腐蚀性等恶劣场所的电气装置；

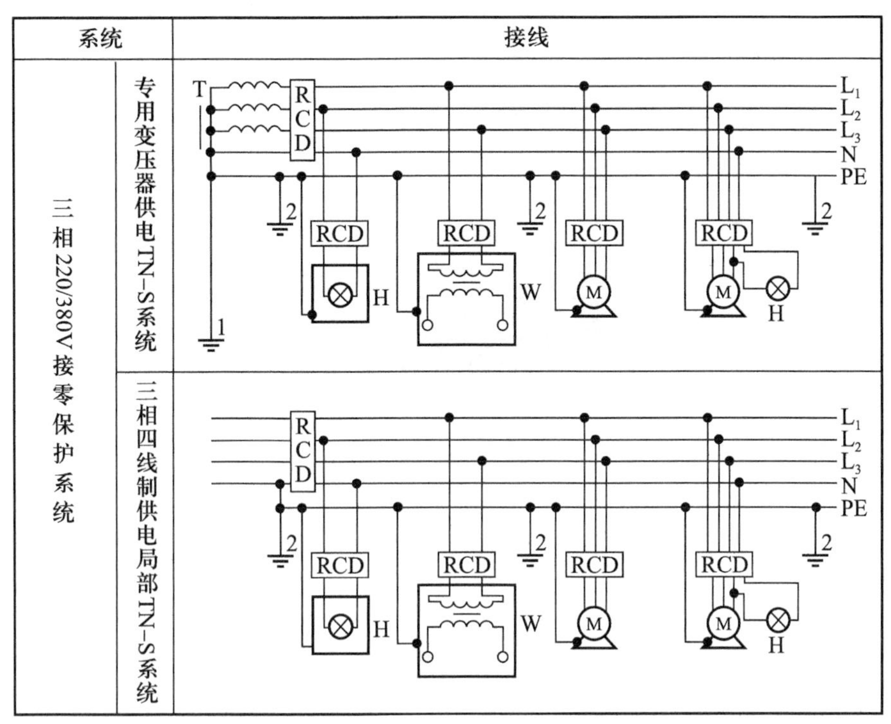

L1、L2、L3—相线；N—工作零线；PE—保护零线、保护线；1—工作接地；2—重复接地；
T—变压器；RCD—漏电保护器；H—照明器；W—电焊机；M—电动机。

图 5-13 漏电保护器的接线方法

——暂设的临时用电的电气设备；

——室内除壁挂式空调电源插座外的电源插座或插座回路；

——其他需要安装剩余电流保护装置的场所。

（三）RCD 的维护

对使用中的漏电保护器应至少每月用试验按钮检查其动作特性是否正常。用于手持式电动工具和移动式电气设备和不连续使用的漏电保护器，应在每次使用前进行试验，见图 5-14。

——因各种原因停运的剩余电流动作保护装置再次使用前，应进行通电试验，检查装置的动作情况是否正常。对已发现的有故障的漏电保护器应立即更换。

——漏电保护器动作后，应认真检查其动作原因，排除故障后再合闸送电。经检查未发现动作原因时，允许试送电一次。如果再次动作，应查明原因，消除故障，不得连续强行送电。

——漏电保护器运行中遇有异常现象，应由专业电工进行检查处理，以免扩大事故范围。漏电保护器损坏后，应由专业电工进行检查维护。

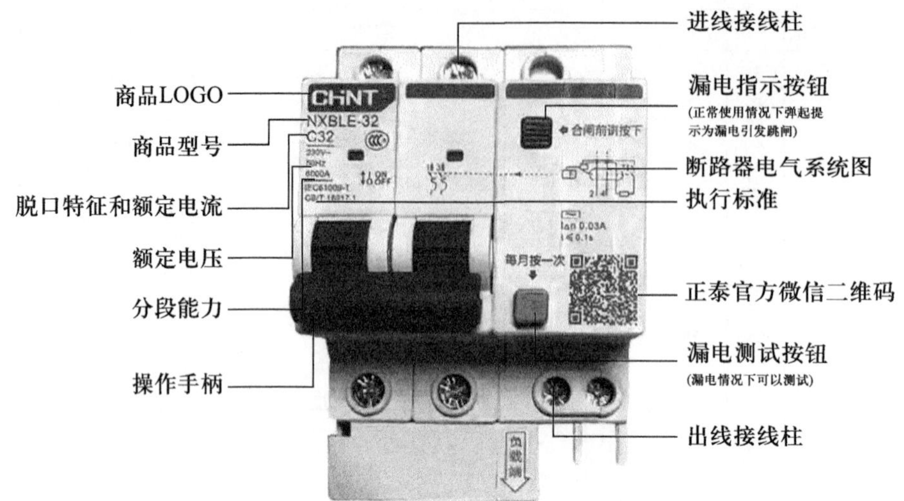

图 5-14　漏电保护器各组件及测试方法

第四节　变配电场所与设备

变配电站（室）是企业生产的动力枢纽，其运行正常与否直接影响着生产系统的运行和安全。变配电站（室）设置有各种变配电设备，如各种高低压开关、变压器、互感器、电力电容器、避雷器，敷设有各种高低压电缆、母线等电气线路。上述电气设备和线路具有电压高、电流强、控制能量大的特点，一旦失控，就容易引发火灾、人员伤亡、设备损坏和系统停电等严重事故。

一、变配电场所要求

变配电站（室）不应设置在低洼处和有可能经常积水场所的正下方或相贴邻；不应设置在有剧烈振动或高温的场所，以及人员密集的场所；不应设在有火灾、爆炸危险环境的正上方或正下方。

（一）环境与耐火

——当变配电站（室）与有火灾危险环境的建筑物毗连时，共用的隔墙应是密实的非燃烧体，管道和沟道穿过墙或楼板处应用非燃烧性材料严密封堵。

——变配电站（室）应避开易燃易爆环境，且不宜设在多尘或有腐蚀性气体的场所，当无法远离时，设在污染源盛行风向的上风侧。

——可燃油油浸电力变压器室的耐火等级应为一级。高压配电室、高压电容器室和非燃（或难燃）介质的电力变压器室的耐火等级不应低于二级。

——低压配电室和低压电容器室的耐火等级不应低于三级，屋顶承重构件应为二级。车间内变电室的可燃油油浸变压器室，应设置容量为 100% 变压器油量的贮油池。变压器室的通风窗，应采用非燃烧材料。

（二）布局与设施

——变配电（站）室的门、窗关闭应密合，设置防止雨、雪和蛇、鼠类小动物从采光窗、通风窗、门、电缆沟等进入室内的网罩等设施。应达到“四防一通”（即防火、防雨雪、防汛、防小动物及通风良好）的要求。

——变配电站（室）门应向外开；高低压配电室之间的门应向低压侧开；相邻配电室之间的门应能双向开启。门应为非燃烧体和难燃烧体制成的实体门。

——长度大于 7m 的高压配电室和长度大于 10m 的低压配电室应设两个出口，并宜布置在配电室的两端。配电装置的长度大于 6m 时，其柜（屏）后通道应设两个出口，低压配电装置两个出口间的距离超过 15m 时，应增加出口。

——当配电室为楼上、楼下两部分布置时，楼上部分的出口应至少有一个通向该层走廊或室外的安全出口。

——变配电站（室）内不应有与其无关的管道或线路通过。室内管道上不应设置法兰、螺纹接头和阀门等；水汽管道与散热器的连接应采用焊接。配电屏的上方不应敷设管道。

——配电室内变压器、低压开关柜作业面地面应铺设绝缘胶垫。

——落地式配电箱的底部应抬高，高出地面的高度室内不应低于 50mm，室外不应低于 200mm；其底座周围应采取封闭措施，并应能防止鼠、蛇类小动物进入箱内。

——防爆电气设备应有“EX”标志和标明防爆电气设备的类型、级别、组别标志的铭牌，并应在铭牌上标明防爆合格证号。

——露天或半露天变电所的变压器四周应设高度不低于 1.8m 的固定围栏或围墙，变压器外廓与围栏或围墙的净距不应小于 0.8m，变压器底部距地面不应小于 0.3m。变压器室的门或围栏上应有“止步，高压危险！”的明显标志。

——变配电站应备有绝缘杆、绝缘夹钳、绝缘手套、绝缘垫、标志牌、临时接地线、验电器、脚扣、安全带、梯子等各类安全用具，配有可用于带电灭火的灭火器材。

（三）电缆的保护

——敷设电气线路的沟道、电缆梯架、托盘或镀锌钢管，所穿过不同区域之间墙或楼板处的孔洞，采用非燃烧性材料严密封堵。

——配电盘柜及电缆管道安装完后应做好封堵，可能结冰的地区还应有防止管内积水结冰的措施。

——低压断路器的接线裸露在箱体外部，且易触及的导线端子应加绝缘保护。

——电缆导管不得有变形及裂缝，其内部应清洁、无毛刺，管口应光滑、无锐边。

——电气设备的电缆或者导管引入装置未使用的通孔，应该用适合于相关防爆型式的堵塞元件进行封堵。

——电缆通过与相邻区域共用的隔墙、楼板、地面及易受机械损伤处，均应加以保护；留下的孔洞，应堵塞严密。线路从室外进入室内时，应有防水和封堵措施。

——选用的低压电缆或绝缘导线，其额定电压必须高于线路工作电压，且不得低于 500V，绝缘导线必须敷设于镀锌钢管内。

——爆炸危险区域内使用的电缆不应有中间接头。电气线路使用的接线盒、分线盒、活接头、隔离密封件等连接件的选型，应当符合防爆电气选型的有关规定。

——当电缆或导线的终端连接时，电缆内部的导线如果为绞线，其终端应采用定型端子或接线鼻子进行连接。

——铝芯绝缘导线或电缆的连接与封端应采用压接、熔焊或钎焊，当与设备（照明灯具除外）连接时，采用铜－铝过渡接头。

（四）维检修要求

——电气设备和线路检修时严禁带电作业。应切断并隔离相关配电回路及设备的电源，并应检验、确认电源被切除，对应配电间的门、配电箱或切断电源的开关上锁，并应在锁具或其箱门、墙壁等醒目位置设置警示标识牌。

——电气设备发生故障时，应采用验电器检验，确认断电后方可检修，并在控制开关明显部位悬挂“禁止合闸、有人工作”停电标识牌。停送电必须由专人负责。线路和设备作业严禁预约停送电。

——经常接触和使用的配电箱、配电板、闸刀开关、按钮开头、插座、插销及导线等，必须保持完好，不得有破损或将带电部分裸露。

——不得用铜丝等代替熔断丝，并保持闸刀开关、磁力开关等盖面完整，以防短路时发生电弧或熔断丝熔断飞溅伤人。

——经常检查电气设备的保护接地、接零装置，保证连接牢固，不得随便乱动或私自修理工作场所内的电气设备。

二、电气灭火要求

发现电气火灾后，应立即拨打火警电话报警，并向相关人员报告。报警时要准确告知火灾发生的地点、火势大小、燃烧物质等信息。

（一）首先切断电源

——火灾发生后，由于受潮和烟熏，开关设备绝缘能力降低，因此，拉闸时最好用绝缘工具操作断路器、隔离开关等，避免带负荷拉闸产生电弧引发新的危险。

——高压应先操作断路器，而不应该先操作隔离开关切断电源，低压应先操作电磁启动器，而不应该先操作刀开关切断电源，以免引起弧光短路。

——切断电源的地点要选择适当，防止切断电源后影响灭火工作。

——剪断电线时，不同相的电线应在不同的部位剪断，以免造成短路。剪断空中的电线时，剪断位置应选择在电源方向的支持物附近，以防止电线剪后断落下来，造成接地短路和触电事故。

（二）注意触电危险

——电气设备或电气线路发生火灾，如果没有及时切断电源，扑救人员身体或所持器械可能接触带电部分而造成触电事故。

——使用导电的火灾剂，如水枪射出的直流水柱、泡沫灭火器射出的泡沫等射至带电部分，也可能造成触电事故。

——火灾发生后，电气设备可能因绝缘损坏而碰壳短路；电气线路可能因电线断落而接地短路，使正常时不带电的金属构架、地面等部位带电，也可能导致接触电压或跨步电压。

（三）带电灭火要求

——应按现场特点选择适当的灭火器。二氧化碳灭火器、干粉灭火器的灭火剂都是不导电的，可用于带电灭火。

——泡沫灭火器的灭火剂（水溶液）不宜用于带电灭火（因其有一定的导电性，而且对电气设备的绝缘有影响）。

——用水枪灭火时宜采用喷雾水枪，这种水枪流过水柱的泄漏电流小，带电灭火比较安全。用普通直流水枪灭火时，为防止通过水柱的泄漏电流通过人体，可以将水枪喷嘴接地（即将水枪接入埋入接地体，或接向地面网络接地板，或接向粗铜线网络鞋套）；也可以让灭火人员穿戴绝缘手套、绝缘靴或穿戴均压服操作。

——人体与带电体之间保持必要的安全距离。用水灭火时，水枪喷嘴至带电体的距离：电压为 10kV 及其以下者不应小于 3m。

第五节　防爆电气设备管理

防爆电气设备是指在含有爆炸性物质的环境中使用的电气设备，这些设备通过采取特定的防爆措施设计，以防止因电气设备自身产生的火花、电弧或高温等点燃源而引发爆炸事故。防爆电气设备使用单位应当建立设备台账，台账至少应包含设备型号、名称、防爆标志、防爆合格证号、位号、位置、生产厂家、出厂编号等。防爆电气设备使用单位完成在用防爆电气设备的定期检测且检测合格后，检测报告应当及时归档。

一、防爆电气设备的类型

防爆电气设备是在爆炸危险场所，如煤炭、石油及化工等含有易燃易爆气体及粉尘的场所使用的电气设备，在规定条件下不会引起周围爆炸性环境点燃的具有防爆功能的电气产品或部件。

（一）按使用功能分类

——防爆电动机类，包括防爆电动机、轴流风机、电动风帽、屋顶风机等。

——防爆电器类，包括防爆配电柜（箱）、控制柜（箱）、插座箱、电磁起动器、继电器、电加热器、电伴热带、开关、插销、控制按钮、操作柱等。

——防爆灯具类，包括防爆照明灯具、应急照明灯具、投光（泛光）灯等。

——防爆仪表类，包括防爆变送仪表、执行仪表、控制显示及测量仪表、成分分析仪器仪表、电磁阀、火灾探测器、报警器、智能机器人巡检设备等。

——防爆通信类，包括防爆电话机、扬声器、扩音设备、摄像机、手机、对讲机、手持终端等。

——防爆电气附件类，包括防爆接线盒、防爆穿线管配件、防爆挠性管等。

——其他特殊防爆带电设备，如防爆电瓶车、防爆起重升降设备。

（二）按使用环境分类

按照使用环境，防爆电气设备分成Ⅰ、Ⅱ、Ⅲ类：

Ⅰ类电气设备，适用于煤矿井下和井上甲烷和煤尘同时存在的场所。

Ⅱ类电气设备，除甲烷（瓦斯）之外的其他爆炸性气体环境。Ⅱ类电气设备按照其拟使用的爆炸性环境的种类，可分为：

——ⅡA类设备：适用于点燃能量较高的爆炸性气体环境，代表性气体是丙烷、乙烷。

——ⅡB类设备：适用于点燃能量中等的爆炸性气体环境，代表性气体是乙烯、二甲醚。

——ⅡC类设备：适用于点燃能量很低的爆炸性气体环境，代表性气体是氢气、乙炔。

Ⅲ类电气设备，用于除煤矿以外爆炸性粉尘环境。按照其拟使用的爆炸性粉尘环境特性的点燃难易程度，分为：

——ⅢA类：适用于除煤矿以外的爆炸性粉尘环境，如可燃性飞絮、人造纤维、棉花、麻絮。

——ⅢB类：专为非导电性粉尘爆炸危险环境设计的电气设备。

——ⅢC 类：适用可能产生导电性粉尘的爆炸环境，如某些金属粉尘、石墨粉尘等。

注：标志ⅢB 的设备可适用于ⅢA 设备的使用条件，标志ⅢC 类的设备可适用于ⅢA 或ⅢB 类设备的使用条件。

（三）按防爆原理分类

按防爆结构型式和防爆原理，防爆电气设备分为以下类型（括号内字母为该类型标志字母），见表 5-1。

表 5-1　防爆电气设备类型与防爆原理

序号	类型名称	防爆原理	图解	相应标准	保护级别（EPL）
1	隔爆外壳型（d 型）	将设备在正常运行时，能产生火花电弧的部件置于隔爆外壳内，承受内部的爆炸压力而不致损坏，并能保证内部的火焰气体通过间隙传播时降低能量，不足以引爆壳外的气体		GB/T 3836.2	Gb
2	增安型（e 型）	在正常运行时不会产生电弧，火花和危险高温，在结构上再进一步采取保护措施，提高设备的安全性和可靠性		GB/T 3836.3	Gb
3	本质安全型（i 型）	将电气设备的部件整个浸在保护液中，使设备不能够点燃液面上或外壳外面的爆炸性气体	R L C	GB/T 3836.4	Ga Gb Gc
4	正压外壳型（p 型）	将能点燃爆炸性气体的被固定导电部件完全埋入填充材料中，以防止点燃外部爆炸性气体环境		GB/T 3836.5	Gb Gc
5	油浸型（o 型）	设备内部的电路在规定的条件下，正常工作或规定的故障状态下产生的电火花和热效应均不能点燃爆炸性混合物		GB/T 3836.6	Gb
6	充砂型（q 型）	保证内部保护气体的压力高于周围以免爆炸性混合物进入外壳。或保证足量的保护气体通过，使内部的爆炸性混合物的浓度降至爆炸下限以下		GB/T 3836.7	Gb

续表

序号	类型名称	防爆原理	图解	相应标准	保护级别（EPL）
7	无火花型（n 型）	电气设备不能点燃周围的爆炸性气体（在正常的工作条件下和在确定的非正常工作条件下）		GB/T 3836.8	Gc
8	浇封型（m 型）	将可能产生点燃爆炸性混合物的电弧、火花或高温的部分进行浇封，使它不能点燃周围的爆炸性混合物		GB/T 3836.9	Ga Gb Gc

注：保护级别（EPL）由高到低分为 Ga、Gb、Gc 三个级别。

二、防爆电气设备要求

防爆电气设备是用于可能存在易燃易爆气体、蒸气、粉尘等危险环境的特殊电气设备，其在设计、制造、安装、使用和维护等方面都有严格要求。

（一）IP 防护等级

IP 防护等级是指各类电气产品外壳及密封件在粉尘、潮湿、淋水或潜水等各种严酷环境条件下其外壳防护的可靠性，以验证产品及元器件的工作性能是否会受到损害，同时亦对人体防止接触危险部件提供了相应保护要求。

将产品依其防尘、防止外物侵入、防水、防湿气之特性加以分级。外壳防护等级反映以下三种内容的防护：防止人体接近壳内危险部件（如壳内带电部分或运动部分）；防止固体异物进入壳内设备；防止由于水进入壳内对设备造成有害影响。

外壳防护等级由 IP（Ingress Protection）代码来标示，其组成见图 5-15。

——第一位特征数字。表示外壳防止人体接近壳内危险部件及固体异物进入壳内设备

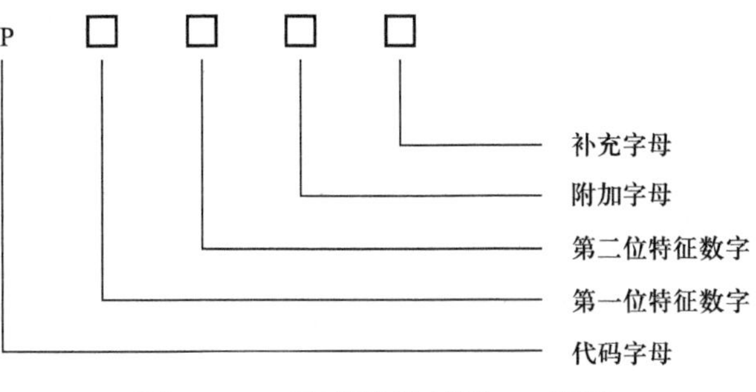

图 5-15　外壳防护等级 IP 代码

的防护等级。

——第二位特征数字。表示外壳防止由于进水而对设备造成有害影响的防护等级。不要求规定特征数字时，该处用“X”代替。

——附加字母和（或）补充字母可以省略，不需代替。

第一位特征数字所代表的防护等级分为 7 级，第二位特征数字所代表的防护等级分为 9 级。例如：IP65 为尘密、防喷水型电气设备，见表 5-2。

表 5-2　IP 防护等级数字代表含义

第一个数字	简要说明	第二个数字	简要说明
0	无防护	0	无防护
1	防止手背接近危险部件； 防止直径不小于 50mm 固体异物	1	防止垂直方向滴水
2	防止手背接近危险部件； 防止直径不小于 12.5mm 固体异物	2	防止当外壳在 15°范围内倾斜时垂直方向的滴水
3	防止工具接近危险部件； 防止直径不小于 2.5mm 固体异物	3	防淋水
4	防止直径不小于 1.0mm 的金属线接近危险部件；防止直径不小于 1.0mm 固体异物	4	防溅水
5	防止直径不小于 1.0mm 的金属线接近危险部件；防尘	5	防喷水
6	防止直径不小于 1.0mm 的金属线接近危险部件；尘密	6	防强烈喷水
		7	防短时间浸水影响
		8	防持续潜水影响
		X	不做要求时

（二）Ex 防爆标志

防爆型电气设备外壳的明显处，须设置清晰的永久性凸纹标志。设备铭牌的右上方应有明显的“Ex”标志。防爆标志表示法，见图 5-16。

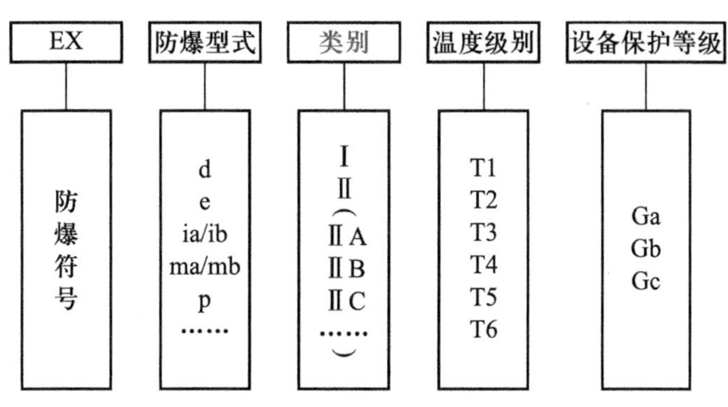

图 5-16　防爆标志表示方法

例如：ExdⅡBT3 表示Ⅱ类 B 级 T3 组的隔爆型电气设备，ExiaⅡAT5——表示Ⅱ类 A 级 T5 组的 ia 级本质安全型电气设备。如有一种以上复合防爆型式，应先标出主体防爆型式，然后标出其他防爆型式。如 ExepⅡBT4——表示主体为增安型，并有正压型部件的防爆型电气设备。电气设备选型见表 5-3。

表 5-3　气体、蒸气爆炸危险环境电气设备选型

电气设备类别	爆炸危险环境区别											
	0 区	1 区					2 区					
	本质安全型	本质安全型	隔爆型	正压型	充油型	增安型	本质安全型	隔爆型	正压型	充油型	增安型	无火花型
笼型感应电动机			○	○		△		○	○		○	○
直流电动机			△	△				○	○		○	
变压器（包括启动用）			△	△		×		○	○	○	○	
开关、短路器			○					○				
熔断器			△					○				
控制开关及按钮	○	○	○		○		○	○		○		
操作箱、柜			○	○				○	○			
配电盘			△					○				
固定式灯			○			×		○			○	

续表

电气设备类别	爆炸危险环境区别											
	0 区	1 区					2 区					
	本质安全型	本质安全型	隔爆型	正压型	充油型	增安型	本质安全型	隔爆型	正压型	充油型	增安型	无火花型
携带式电池灯			○					○				
指示灯类			○			×		○			○	
镇流器			○			△		○			○	
信号、报警装置	○	○	○	○		×	○	○	○		○	
插接装置			○					○				
电气测量表计			○	○		×		○	○		○	

注：○表示适用；△表示慎用；× 表示不适用。

（三）选型与配置

防爆电气设备选型应当符合《爆炸性环境　第 1 部分：设备　通用要求》（GB/T 3836.1）、《爆炸危险环境电力装置设计规范》（GB 50058）和《危险场所电气防爆安全规范》（AQ 3009）等标准规范要求。

（1）根据爆炸危险区域的分区等级和爆炸性混合物的类别、级别、温度组别选择相应的防爆电气设备类型，见表 5–4。

表 5–4　气体爆炸危险场所用电气设备防爆类型选型表

爆炸危险区域	电气设备防爆型式	防爆标志
0 区	本质安全型（ia 级）	Ex ia
	为 0 区设计的特殊型	Ex s
1 区	适用于 0 区的防爆型式	见上栏
	本质安全型（ib 级）	Ex ib
	隔爆型	Ex d
	增安型	Ex e
	正压外壳型	Ex px、Ex py

续表

爆炸危险区域	电气设备防爆型式	防爆标志
1 区	油浸型	Ex o
	充砂型	Ex q
	浇封型	Ex m
	为 1 区设计的特殊型	Ex s
2 区	适用于 0 区和 1 区的防爆型式	见上栏
	n 型	Ex nA、Ex nC、Ex nR、Ex nL、Ex nZ
	正压外壳型	Ex pz
	为 2 区设计的特殊型	Ex s

注 1：对于标有“s”的特殊型设备，应根据设备上标明适用的区域类型选用，并注意设备安装和使用的特殊条件。

注 2：根据我国的实际情况，允许在 1 区中使用的“e”型设备仅限于：在正常运行中不产生火花、电弧或危险温度的接线盒和接线箱，包括主体为“d”或“m”型，接线部分为“e”型的电气产品；配置有合适热保护装置的“e”型低压异步电动机（起动频繁和环境条件恶劣者除外）；单插头“e”型荧光灯。

注 3：用正压保护的防爆型式：

px 型正压——将正压外壳内的危险分类从 1 区降至非危险或从 I 类降至非危险的正压保护。

py 型正压——将正压外壳内的危险分类从 1 区降至 2 区的正压保护。

pz 型正压——将正压外壳内的危险分类从 2 区降至非危险的正压保护。

注 4：符号：

A——无火花设备；

C——有火花设备；触头采用除限制呼吸外壳，能量限制和 n- 正压之外的适当保护；

R——限制呼吸外壳；

L——限制能量设备；

Z——具有 n- 正压外壳。

（2）防爆电气设备根据气体或蒸气的引燃温度选型应当符合以下要求：

——防爆电气设备应按其最高表面温度不超过可能出现的任何气体或蒸气的引燃温度选型。

——防爆电气设备上温度组别标志意义见表 5-5。

——防爆电气设备应当按照产品使用说明书及设计文件等规定的环境温度范围内使用。

表 5-5　温度组别、引燃温度和允许的设备温度组别之间的关系表

危险场所要求的温度组别	气体或蒸气的引燃温度，℃	允许的设备温度组别
T1	450＜t	T1—T6
T2	300＜t≤450	T2—T6
T3	200＜t≤300	T3—T6
T4	135＜t≤200	T4—T6
T5	100＜t≤135	T5—T6
T6	85＜t≤100	T6

（3）防爆电气设备的选型配置应当考虑防止外部因素对防爆性能产生不利的影响，选型应当符合以下要求：

——防爆型式为“e”“m”“o”“p”和“q”等的电气设备应当为Ⅱ类设备。

——防爆型式为“d”和“i”等的电气设备应当是ⅡA、ⅡB、ⅡC类设备，并按表 5-6 进行选型。

表 5-6　气体 / 蒸气分类与设备类别间的关系表

气体 / 蒸气分类	设备类别
ⅡA	ⅡA、ⅡB 或ⅡC
ⅡB	ⅡB 或ⅡC
ⅡC	ⅡC

（四）运行与维护

防爆电气设备运行维护应当符合《爆炸性环境　第 16 部分：电气装置的检查与维护》（GB/T 3836.16）和《危险场所电气防爆安全规范》（AQ 3009）等标准规范的要求。防爆电气设备使用单位应当定期组织开展防爆电气设备检查、维护和保养等。

——运行符合制造厂规定的使用技术条件，外壳及环境清洁，没有妨碍设备安全运行的杂物和易燃物品。充入正压外壳型电气设备内部的气体，不含爆炸性物质或其他有害物质；气量、气压、气温符合规定。

——设备运行时，具有良好的通风散热条件，外壳表面温度未超过产品规定的最高温度和温升的规定；无外力损伤、无倾斜和部件摩擦现象，振动值未超过

规定。电动机轴承部位清洁并保持规定的油量，轴承表面的温度不超过规定。

——外壳无裂纹、无机械变形，各部位固定螺栓和弹簧垫圈齐全紧固。电缆进线装置密封可靠，不使用的线孔使用相关防爆型式的堵塞元件进行堵封。

——微压（压力）继电器齐全完整，动作灵敏。油浸型电气设备的油位保持在油标线位置，油温符合相关规定；各种保护、闭锁、检测、报警、接地等装置完整、灵敏和可靠。

防爆电气设备检修后应当进行检验或检测，检修后不能恢复原有等级的防爆性能时，可降低防爆等级或降为非防爆电气设备使用。不能满足防爆性能的即判定失效，应立即停止使用并办理报废手续。

三、防爆电气设备的安装

防爆电气设备和电气线路的安装应当符合《爆炸性环境　第 15 部分：电气装置的设计、选型和安装》（GB/T 3836.15）和《危险场所电气防爆安全规范》（AQ 3009）等标准规范的要求。防爆电气施工安装过程中，应当建立防爆电气资料档案，新、改、扩建爆炸危险场所工程应在竣工验收后，建设单位及时将防爆电气相关设计文件及竣工资料交付使用单位。

（一）安装要求

防爆电气设备施工安装人员应当持有相关资格证书，防爆电气设备、灯具、电气线路、保护接地、防静电接地等施工安装要求如下：

防爆电气设备类型、级别、组别、环境条件及特殊标志等，符合设计规定。铭牌、防爆标志、警告牌正确、清晰。外壳和透光部分无裂纹、无损伤。

进线口与电缆、导线引入连接后，保持电缆引入装置的完整性和弹性密封圈的密封性；并将压紧元件拧紧密封。不同类型防爆格兰头见图 5-17。

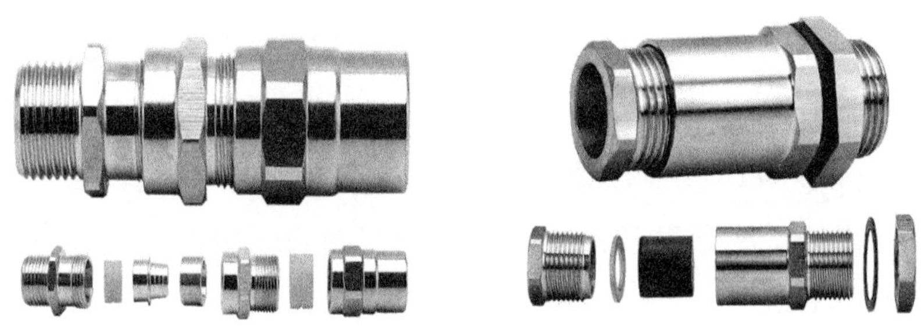

图 5-17　不同类型防爆格兰头

多余的电缆引入口采用适合于相关防爆型式的堵塞元件进行堵封。堵塞元件（弹性密封圈和金属垫片、封堵件等）齐全、密封良好。

电缆外护套外径与密封圈内径的配合适宜，并满足产品说明书的要求，立式安装防爆电机应当有防止异物垂直落入电机通风口内的隔挡措施。

（二）防爆灯具

灯具的种类、型号和功率符合设计和产品技术条件的要求，灯具外罩齐全，螺栓紧固。不用非防爆零件替代防爆配件（金属护网、灯罩、接线盒等）。

灯具的防爆标志、外壳防护等级和温度组别应与爆炸危险环境相适配，当设计无要求时，灯具种类和防爆结构的选型应符合规定。

灯具的安装位置应离开释放源，且不在各种管道的泄压口及排放口上下方安装灯具。

灯具及开关安装牢固可靠，灯具吊管及开关与接线盒螺纹啮合扣数不少于5扣，并在螺纹上涂以电力复合脂或导电防锈脂。

灯具及开关的外壳完整，无损伤或凹陷、沟槽，灯罩无裂纹，金属护网无扭曲变形，防爆标志清晰。

（三）保护接地

在爆炸危险环境的电气设备的金属外壳、金属构架、安装在已接地的金属结构上的设备、金属配线管及其配件、电缆保护管、电缆的金属护套等非带电的裸露金属部分均应接地。

——在爆炸性环境1区、20区、21区内所有的电气设备，以及爆炸性环境2区、22区内除照明灯具以外的其他电气设备，应增加专用的接地线；该专用接地线若与相线敷设在同一保护管内时，应当具有与相线相同的绝缘水平。

——在爆炸性环境2区、22区的照明灯具及爆炸性环境21区、22区内的所有电气设备，利用有可靠电气连接的金属管线系统作为接地线，不得利用输送爆炸危险物质的管道。

——在爆炸危险环境中接地干线宜在不同方向与接地体相连，连接处不得少于两处。接地干线通过与其他环境共用的隔墙或楼板时，应当采用钢管保护，并作好隔离密封。

——电气设备及灯具的专用接地线，应当单独与接地干线（网）相连，电气线路中的工作零线不得作为保护接地线用。

——爆炸危险环境内的电气设备与接地线的连接，宜采用多股软绞线，其铜线最小截面积不得小于 4mm^2，易受机械损伤的部位应装设保护管。

——铠装电缆引入电气设备时，其接地线应与设备内接地螺栓连接；钢带及金属外壳应当与设备外的接地螺栓连接，见图 5-18。

——爆炸危险环境内接地或接零用的螺栓应有防松装置；接地线紧固前，其接地端子及紧固件，均应涂电力复合脂。

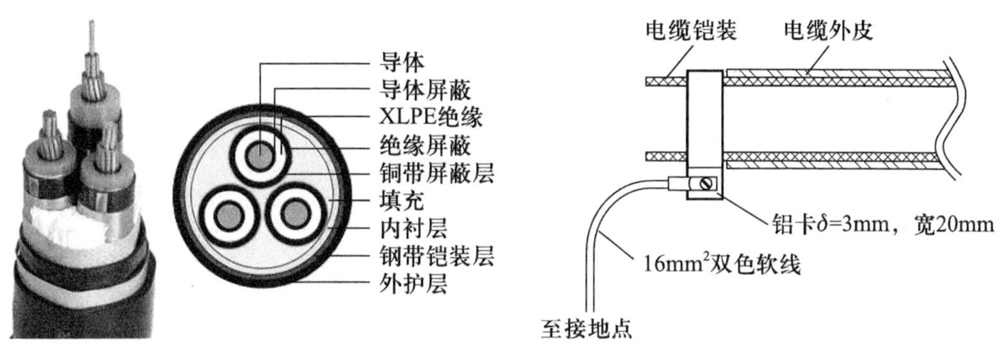

图 5-18　铠装电缆接地方式示意图

（四）静电接地

引入爆炸危险环境的金属管道、配线的镀锌钢管、电缆的铠装及金属外壳，必须在危险区域的进口处接地。生产、贮存和装卸液化石油气、可燃气体、易燃液体的设备、贮罐、管道、机组等，其防静电的安装，除应符合国家现行有关防静电接地标准外，还应当符合下列规定：

——防静电的接地装置、防感应雷和电气设备的接地装置共同设置，其接地电阻值应符合防感应雷接地和电气设备接地的规定；只作防静电的接地装置，每一处接地体的接地电阻值应当符合设计规定。

——设备、机组、贮罐、管道等的防静电接地线，应当单独与接地体或接地干线相连，除并列管道外不得互相串联接地。

——防静电接地线的安装，应当与设备、机组、储罐等固定接地端子或螺栓连接，连接螺栓不应小于 M10，并应有防松装置和涂以电力复合脂。当采用焊接端子连接时，不得降低和损伤管道强度。

——阀门、法兰盘等连接处的过渡电阻大于 0.03Ω 时，连接处应用金属线跨接。当不少于 5 根螺栓连接时，在非腐蚀环境下，可不跨接。

——当爆炸危险区域内的非金属构架上平行安装的金属管道相互之间的净距离小于 100mm 时，宜每隔 20m 用金属线跨接；金属管道相互交叉的净距离小于 100mm 时，应当采用金属线跨接。

——容量为 50m^3 及以上的贮罐，其接地点不应少于两处，且接地点的间距不应大于 30m，并应在罐体底部周围对称与接地体连接，接地体应连接成环形的闭合回路。

——非金属的管道（非导电的）、设备等，其外壁上缠绕的金属丝网、金属带等，应紧贴其表面均匀地缠绕，并应可靠地接地。

相关链接：破窗效应

破窗效应（Broken Windows Effect）是犯罪学的一个理论，此理论认为如果放任环境中的不良行为或现象存在，会诱使人们仿效，甚至变本加厉，进而导致更多的不良行为和犯罪行为。这个概念最早由美国政治学家詹姆斯·威尔逊（James Q. Wilson）和犯罪学家乔治·凯林（George L. Kelling）于 1982 年提出。

一、破窗效应的研究

美国斯坦福大学心理学家菲利普·辛巴杜（Philip Zimbardo）在 1969 年进行了一项实验，他找来两辆一模一样的汽车，把其中的一辆停在加州帕洛阿尔托的中产阶级社区，而另一辆停在相对杂乱的纽约布朗克斯区。停在布朗克斯的那辆，他把车牌摘掉，把顶棚打开，结果当天就被偷走了。而放在帕洛阿尔托的那一辆，一个星期也无人理睬。后来，辛巴杜用锤子把那辆车的玻璃敲了个大洞。结果呢，仅仅过了几个小时，它就不见了。

以这项实验为基础，政治学家威尔逊和犯罪学家凯琳提出了一个“破窗效应”理论，认为：如果有人打坏了一幢建筑物的窗户玻璃，而这扇窗户又得不到及时的维修，别人就可能受到某些示范性的纵容去打烂更多的窗户。久而久之，这些破窗户就给人造成一种无序的感觉，结果在这种公众麻木不仁的氛围中，就会滋生犯罪。因此，破窗理论强调着力打击轻微罪行有助减少更严重罪案，应该以“零容忍”的态度面对罪案。

几十年前纽约市交通警察局长布拉顿受到了“破窗理论”的启发。纽约的地铁被认为是“可以为所欲为、无法无天的场所”，针对纽约地铁犯罪率的飙升，布拉顿采取的措施是号召所有的交警认真推进有关“生活质量”的法律，他以“破窗理论”为师，虽然地铁站的重大刑案不断增加，他却全力打击逃票。结果发现，每七名逃票者中，就有一名是通缉犯；每二十名逃票者中，就有一名携带凶器。结果，从抓逃票开始，地铁站的犯罪率竟然下降，治安大幅好转。他的做法显示出，小奸小恶正是暴力犯罪的温床。因为针对这些看似微小、却有象征意义的违章行为大力整顿，却大大减少了刑事犯罪。

二、核心观点与隐喻

破窗效应的核心观点是：一个小的、被忽略的负面事件或现象，如果不及时得到纠正，可能会引发一系列连锁反应，导致更大的问题和混乱。这一效应隐喻了社会秩序和环境对人们行为的影响，强调了环境对人的心理和行为表现具有强烈的暗示性和诱导性。

破窗效应是一个深刻揭示了环境对人们行为影响的概念。它提醒人们要时刻关注并及时纠正环境中的小问题和小现象，以防止它们引发更大的问题和混乱。同时，在应用破窗效应时，也需要保持谨慎和理性，避免过度解读和过度干预。

三、安全启示和应用

我们日常生活中也经常有这样的体会：桌上的财物，敞开的大门，可能使本无贪念的人心生贪念；对于违反公司规定的行为，没有引起员工的重视，从而使类似行为再次甚至重复发生。而在一个很干净的地方，人们会很不好意思扔垃圾，但是一旦地上有垃圾出现，人们就会（产生从众心理）毫不犹豫地随地乱扔垃圾，丝毫不觉得羞愧。这就是“破窗效应”的表现。

从“破窗效应”中，我们可以得到这样一个道理：任何一种不良现象或行为的存在，都在传递着一种信息，这种信息会导致不良行为的无限扩展，同时必须高度警觉那些看起来是偶然的、个别的、轻微的“违章行为”，如果对这种隐患不闻不问、熟视无睹、反应迟钝或纠正不力，就极有可能演变成“千里之堤，溃于蚁穴”的恶果。

“勿以善小而不为，勿以恶小而为之”，对企业存在的各类“低、老、坏”现象，各级管理者要引起充分的重视，即时消除，防止有人效仿，积重难返。因此破窗理论强调着力消除不安全行为，有助减少更严重违章，应该以“零容忍”的态度面对违章行为，无论是在工作当中，还是在生产当中，安全观察与沟通恰恰已经给我们提供了面对不安全行为所采取的态度和方法。

在安全管理实践中，管理者必须高度警觉那些看起来是个别的、轻微的，但触犯了企业核心价值的“小的过错”，并坚持严格依法管理。破窗效应带给我们的思路就是从小事抓起，只有全部小事都不出乱子，才能做大事。比如最直观的“小事”就是环境卫生，要把一个地方搞干净 1 天、2 天并不难，但是要一个地方持续 1 年 365 天都很干净，那就只有顶尖的企业才能做到。改变员工的不良行为这些事情是很困难，但只要下定决心、持之以恒、配套机制、形成文化，再难的事情也就不难了。

第六章　环境保护与污染防治

环境保护坚持“保护优先、预防为主、综合治理、公众参与、损害担责”的原则，坚持资源在保护中开发、在开发中保护，推进生态文明建设，促进绿色发展、低碳发展，构建环境保护长效机制，创造能源与环境的和谐，履行社会责任，建设环境友好型企业。企业是本企业环境保护的责任主体，企业法定代表人（或负责人）是本企业环境保护第一责任人，全面负责本企业的环境保护工作；企业应当指定一名行政副职具体负责本企业环境保护工作，其他分管领导负责分管业务范围内的环境保护工作。各级环境保护管理部门对本单位环境保护工作实施统一监督管理；其他部门按照“管发展管环保、管业务管环保、管生产管环保”的原则，分工履行环境保护职责。企业应当严守生态保护红线。

第一节　建设项目环境保护

企业对建设项目环境保护坚持前期论证、科学决策、生态设计、事中事后严格监管的原则。建设项目开工建设之前，应取得环评批复。在建设项目（预）可行性研究、工程设计、工程建设、试运行投产、竣工验收等全过程贯彻落实国家和地方建设项目环境保护法律法规及相关要求。

对于新选址或涉及生态保护红线的项目，应当开展环境可行性分析，对重大环境制约因素进行论证，优化工程建设方案。企业建设产生污染的项目，应当遵守国家和地方污染物排放标准、污染物排放总量控制要求。改建、扩建和技术改造项目应当采取措施，治理与该项目有关的原有环境污染和生态破坏。

一、环境影响评价

企业应当落实建设项目环境影响评价制度，按照国家法律法规规定和相关技术规范要求开展建设项目环境影响评价。

（一）评估方式

——建设项目对环境可能造成重大影响的，应当编制环境影响报告书，对建设项目产生的污染和对环境的影响进行全面、详细的评价。

——建设项目对环境可能造成轻度影响的，应当编制环境影响报告表，对建设项目产生的污染和对环境的影响进行分析或者专项评价。

——建设项目对环境影响很小，不需要进行环境影响评价的，应当填报环境影响登记表。

（二）审批与备案

依法应当编制环境影响报告书、环境影响报告表的建设项目，企业应当在开工建设前将环境影响报告书、环境影响报告表报有审批权的政府生态环境主管部门审批；依法应当填报环境影响登记表的建设项目，企业应当将环境影响登记表报地方政府生态环境主管部门备案。

建设项目的性质、规模、地点、采用的生产工艺或者防治污染、防止生态破坏的措施发生重大变动的，企业应当重新报批环评文件，如建设项目环境影响报告书、环境影响报告表。

（三）有效期限

建设项目环境影响报告书、环境影响报告表自批准之日起满五年，建设项目方开工建设的，其环境影响报告书、环境影响报告表应当报原审批部门重新审核。建设项目环境影响评价文件未依法经审批部门审查或者审查后未予批准的，有关部门或单位不得批准其建设，企业不得开工建设。

二、“三同时”管理

建设项目需要配套建设的环境保护设施，应当与主体工程同时设计、同时施工、同时投产使用。实施资产收购、并购、租赁、合资合作等活动，企业应当组织开展环境保护尽职调查，对环境保护合法合规性和重大环境风险制约因素进行评估，评估结果作为决策的依据。

企业组织开展建设项目的初步设计（基础设计），应当按照环境保护设计规范要求编制环境保护篇章，落实环境保护措施及环境保护投资概算。

企业应当在项目施工建设中落实环境影响评价文件及其审批决定要求。将环境保护设施建设纳入施工合同，保证环境保护设施建设质量、进度和资金投入，并在项目施工建设过程中同时组织实施环境影响评价文件及其审批决定中提出的环境保护对策措施。

企业应当在项目投产前对其环境保护措施落实情况进行检查，确保环境保护设施与主体工程同时具备投用条件、环境风险防控措施得到落实。

未落实环境影响评价文件及其审批决定要求的建设项目、环境保护设施未与主体工程同时建成的，或者未按规定取得排污许可证的，有关部门或单位不得批准其投产或者使用，企业不得投入生产或者使用。

三、项目竣工验收

建设项目竣工后，企业应当按照国家法律法规规定，依照国家规定的标准和程序、相关技术规范要求，对配套建设的环境保护设施进行验收。

企业应当如实查验、监测、记载环境保护设施的建设和调试情况，编制验收报告；在环境保护设施调试期间，企业应当确保污染物排放符合国家和地方污染物标准及排污许可要求。

进行试生产的建设项目，建设单位应当自试生产之日起 3 个月内，向有审批权的环境保护行政主管部门申请该建设项目竣工环境保护验收。

对试生产 3 个月确不具备环境保护验收条件的建设项目，建设单位应当在试生产的 3 个月内，向有审批权的环境保护行政主管部门提出该建设项目环境保护延期验收申请，说明延期验收的理由及拟进行验收的时间。经批准后建设单位方可继续进行试生产。试生产的期限最长不超过一年。

建设项目配套建设的环境保护设施经验收合格，方可投入生产或者使用；未经验收或者验收不合格的，有关部门或单位不得批准该项目投产或者使用，企业不得投入生产或者使用。企业应当按照国家和地方法律法规规定开展建设项目环境影响后评价。

第二节　生产企业环境保护

企业按照减量化、再利用、资源化的原则，对生产全过程实施污染预防和生态环境保护，推行清洁生产、发展循环经济。企业应坚持预防为主、综合治理、达标排放的原则，对生产经营活动实施全过程污染防治。企业坚持生态保护与修复并举，对开发建设活动实施全生命周期生态保护。按照集中管控、分工负责、依法履约的原则，控制温室气体排放，促进低碳发展。

一、清洁生产

企业应当不断采取改进设计、使用清洁的能源和原料、采用先进的工艺技术与设备、改善管理、综合利用等措施，从源头削减污染，提高资源利用效率，减少或者避免生产、服务和产品使用过程中污染物的产生和排放。

企业应当执行国家相关清洁生产标准，采取改进措施，持续提高清洁生产水平。依法落实清洁生产审核制度，按照国家和地方有关规定规范清洁生产审核行为，制订并实施清洁生产方案。

实施强制性清洁生产审核的企业，应当及时完成清洁生产审核并按规定报地方政府主管部门；清洁生产方案的实施效果应当通过地方政府主管部门组织的评估验收。

企业应当按照国家和地方相关产业政策、环境保护要求，淘汰落后产能及严重污染环境的工艺、设备和产品。重大技术改造应当进行清洁生产论证，禁止燃用高污染燃料。鼓励依托利用区域热电供应、污染治理、环境风险防控等公用设施。

二、污染防治

企业应当采取措施防治在生产经营活动中产生的废水、废气、固体废物、放射性物质，以及噪声、振动、光辐射、电磁辐射等对环境的污染和危害。

企业排放污染物应当符合国家和地方污染物排放标准的要求。严禁通过暗管、渗井、渗坑、灌注等逃避监管的方式违法排放污染物。

企业应当按照国家和地方规定落实污染物排放总量控制制度，遵守地方政府、上级公司下达的污染物排放总量控制指标，并纳入生产经营指标进行统一调度和管理。

企业应当落实国家和地方排污许可制。按照国家和地方规定，按时申领排污许可证，按证落实各项污染防治措施和环境管理要求，确保污染物排放种类、排放浓度和排放量等符合许可要求，并如实向地方政府生态环境主管部门报告排污许可证执行情况。

对于产生污染的生产装置和设施，其操作规程中应当明确正常工况、开停车与检维修等非正常工况及事故状态的过程控制、污染物排放控制和应急处置要求。生产装置与设施开停车和检维修等作业，应当制订并实施污染防治方案。

企业应当加强污染源管控，识别污染源与污染物，实施污染源分类分级管理，建立污染源档案；规范污染物排放口建设，明确每个排放口和无组织排放源的责任人。

企业应当将环境保护设施作为生产装置管理，将污染物等同产品进行管控。企业应当加强环境保护设施的运行维护，保障其正常稳定运行，不得擅自拆除、闲置或者不正常运行环境保护设施，不得违法减少污染防治设施运行支出。

企业应当落实工业固体废物申报登记制度。不得擅自倾倒、堆放、丢弃、遗撒固体废物。产生危险废物的，应当按照国家有关规定制订危险废物管理计划。需外委处置危险废物的，应当委托有危险废物经营许可证且具备处置能力的单位处置，依法取得转移批准，按照国家有关规定填写转移联单。

禁止将污染严重的生产项目和有毒有害产品移交或者委托给没有污染防治能力的企业生产和经营。企业应当及时整治环境隐患和环境污染问题；对未及时整治或整治后仍不能满足环境保护要求的，应当采取限制生产、停产整治等措施。

三、生态保护

企业应当合理开发利用自然资源，保护生物多样性，保障生态安全。对于生态保护红线区域内已有生产设施，应当按照国家和地方要求予以退出。

企业从事生产经营活动，应当识别生态环境影响因素，制订并实施生态环境保护方案。施工作业应当选取有利于保护生态的工期，采用环境友好的施工方式、技术、材料和装备，开展绿色矿山、绿色工厂等绿色创建活动。

对开发建设过程中剥离的表土，应当单独收集和存放，符合条件的应当优先用于土地复垦、土壤改良、造地和绿化等。施工作业结束后应当及时恢复生态。不得将有毒有害物质及含量超标的工业固体废物、生活垃圾或者污染土壤用于土地复垦。

企业从事生产经营活动，应当采取有效措施，防止、减少土壤和地下水污染。应当采取措施防止有毒有害物料、污水、固体废物的渗漏、流失、扬散，不得向农用地及沙漠、滩涂、盐碱地、沼泽地等未利用地排放有毒有害物质及含量超标的废水和固体废物。

企业拆除或关停设施、设备或者建筑物、构筑物，应当按照国家相关规定制订并实施土壤和地下水污染防治工作方案，采取清除残存物料和污染物、封井、封管和应急处置等措施，并按规定报地方政府相关主管部门备案。

企业应当按照国家和地方规定，对工矿用地、污染地块实施土壤和地下水污染状况调查监测、风险评估、风险管控和修复；开展风险管控效果、修复效果评估，并按规定向地方政府相关主管部门报告和备案。

土壤污染重点监管单位生产经营用地的用途变更或者在其土地使用权收回、转让前，土地使用权企业应当按规定进行土壤污染状况调查，将调查报告送交地方政府不动产登记机构，并报地方政府生态环境主管部门备案。

四、温室气体

企业应当按照国家、地方政府的有关要求，完善温室气体排放监测体系，制订并实施温室气体排放监测计划，建立健全能源消费和温室气体排放管控台账。

企业应当按照国家、地方政府的规定，开展温室气体排放核算与报告，并报地方政府主管部门，企业应当对温室气体排放数据的真实性、准确性和完整性负责。

企业应当将温室气体排放控制指标纳入生产经营指标进行统一调度管理，建立相关部门联动机制，对生产经营全过程实施温室气体排放控制。

企业应当综合采取优化产业结构和资源能源结构、采用先进生产工艺技术和装备、淘汰落后产能、提高资源能源利用效率、加强生产经营过程排放控制，以及温室气体回收利用、封存处置等措施，控制温室气体排放。

储油储气库、加油加气站和油罐车、气罐车等，按照国家有关规定安装油气回收装置并保持正常使用。生产活动产生的可燃性气体进行回收利用，不具备回收利用条件的，进行污染防治处理。

纳入碳排放交易市场的企业，应当按照国家和地方碳排放配额管理要求按期履约，实施碳资产管理。鼓励各企业开发温室气体自愿减排项目，公开温室气体排放信息和控排行动措施。

五、固体废弃物

产生工业固体废物的单位应当建立健全工业固体废物产生、收集、贮存、运输、利用、处置全过程的污染环境防治责任制度，采取措施，防止或者减少固体废物对环境的污染。

工业固体废物贮存、处置的设施、场所，符合国家环境保护标准，加强管理和维护，保证其正常运行和使用。不得向生活垃圾收集设施中投放工业固体废物。

按照国家相关法律法规的要求进行工业固体废物申报登记。建立工业固体废物管理台账，如实记录产生工业固体废物的种类、数量、流向、贮存、利用、处置等信息，实现工业固体废物可追溯、可查询。

转移固体废物出省、自治区、直辖市行政区域贮存、处置的，向固体废物移出地和接受地的省、自治区、直辖市人民政府环境保护行政主管部门提出申请。

在生态保护红线区域、永久基本农田集中区域和其他需要特别保护的区域内，禁止建设工业固体废物、危险废物集中贮存、利用、处置的设施、场所和生活垃圾填埋场。

产生工业固体废物的单位委托他人运输、利用、处置工业固体废物的，对受托方的主体资格和技术能力进行核实，依法签订书面合同，在合同中约定污染防治要求。

受托方运输、利用、处置工业固体废物，依照有关法律法规的规定和合同约定履行污染防治要求，并将运输、利用、处置情况告知产生工业固体废物的单位。

任何单位和个人依法在指定的地点分类投放生活垃圾，并定期转运至当地生活垃圾处理场进行处置。

工程施工单位编制建筑垃圾处理方案，及时清运工程施工过程中产生的建筑垃圾等固体废物，并按照环境卫生主管部门的规定进行利用或者处置。

六、危险废弃物

产生危险废物的单位，按照国家有关规定制订危险废物管理计划，向所在地县级以上地方人民政府环境保护行政主管部门申报危险废物的种类、产生量、流向、贮存、处置等有关资料。

产生危险废物的单位，按照国家有关规定和环境保护标准的要求贮存、利用、处置危险废物，不得擅自倾倒、堆放。

建设危险废物储存间应进行环境影响评价，危险废物储存间三防（防扬散、防流失、防渗漏）情况合规，按照国家规定设置危险废物识别标志，见图 6-1。

图 6-1　危险废物识别标志

收集、贮存危险废物，按照危险废物特性分类进行，禁止混合收集、贮存、运输、处置性质不相容而未经安全性处置的危险废物。

收集、贮存、运输、利用、处置危险废物的场所、设施、设备和容器、包装物及其他物品转作他用时，按照国家有关规定经过消除污染处理。

产生、收集、贮存、运输、利用、处置危险废物的单位，依法制订意外事故的防范措施和应急预案，并向所在地县级以上地方人民政府环境保护行政主管部门备案。

危险废物收集、贮存、运输单位应建立规范的管理和技术人员培训制度，定期对管理和技术人员进行培训。

从事收集、贮存、利用、处置危险废物经营活动的单位，按照国家有关规定申请取得许可证。转移危险废物的，应当按照国家有关规定填写、运行危险废物电子或者纸质转移联单。运输危险废物，应当采取防止污染环境的措施，并遵守国家有关危险货物运输管理的规定。

第三节　环境监测和应急

企业应坚持环境数据真实准确、环境信息公开透明的原则，持续规范环境管理，主动接受政府监管和公众监督。

一、环境监测

企业应当按照国家和地方有关规定、根据本企业环境保护管理的需要，制订并实施环境监测计划，保存原始监测记录。企业应当按照国家有关环境监测技术规范的要求，规范设置采样口。

企业应当根据环境监测工作需要，配置、安装或使用符合国家有关环境监测技术规范、计量认证要求的监测设备，保证设备正常运行，保障监测数据合法有效。

企业应当按照国家和地方的有关规定，安装、运行污染物自动监测设备，并与地方政府生态环境主管部门联网。

企业自行开展环境监测应当符合国家相关技术规范的要求，对监测数据的真实性和准确性负责。外委开展环境监测的，应当委托有资质和能力的监测机构，并对监测机构的资质和能力进行审查。

二、信息管理

任何单位和个人不得篡改、伪造监测数据，不得擅自修改自动监测设施参数，不得干扰自动监测设施的采样和正常运行。

企业应当按照国家和地方有关管理规定及技术规范开展环境统计，及时向地方政府生态环境主管部门上报环境统计信息。建立并保存准确完整的环境保护台账记录。

企业应当及时获取、更新国家、地方和上级单位相关环境保护法律法规、规章制度、标准、规划、计划及相关要求。

企业应当建立环境预警机制，对污染物排放、生态环境损害、环境纠纷、社会舆情等环境事件风险进行监控，并及时采取应对措施；对有可能引发重大影响的信息，按照信息管理有关规定报告。

三、环境应急

企业应当落实突发环境事件风险评估制度，实施风险分类分级管理，完善风险防范和应急措施。

落实突发环境事件隐患排查和治理制度，制订年度隐患排查计划，实施隐患分级管理，对重大隐患制订专项治理方案并进行专项验收，建立环境隐患排查和治理档案。

企业应当按照国家有关规定制订突发环境事件应急预案，并纳入同级总体应急预案，应当与地方政府及相关部门、上级单位突发环境事件应急预案相衔接，按照国家有关规定报地方政府主管部门备案。企业应当开展环境应急能力评估，完善应急设施配备、物资储备和应急队伍建设。

发生或可能发生突发环境事件时，企业应当立即启动应急预案，采取切断或控制污染源及其他防止危害扩大的措施，及时通报可能受到危害的单位和居民，开展应急环境监测，并按照国家有关规定报告事件信息。企业应当开展突发环境事件善后处置工作，落实生态环境修复措施。

第七章　危险化学品安全管理

危险化学品是指具有毒害、腐蚀、爆炸、燃烧、助燃等性质，对人体、设施、环境具有危害的剧毒化学品和其他化学品。民用爆炸品、放射性物品和城镇燃气不适用危险化学品安全管理要求。危险化学品安全管理按照“直线责任、属地管理”的要求，遵循“谁生产、使用、储存、采购、经营、装卸及运输、处置，谁负责”的原则。

企业应按照国家有关规定进行重大危险源辨识、评估、登记建档、备案、核销及其监督管理。构成重大危险源的单位应当按照有关规定建立健全安全监测监控体系，完善控制措施，定期检测、评估、监控，制订应急预案，并报地方安全监督管理部门备案，具体内容参见本书重大危险源管理章节。

第一节　危险化学品概述

危险化学品可通过由国家安全生产监督管理总局修订发布的《危险化学品目录》查询，包括主要成分均为危险化学品且质量或体积比之和不小于 70% 的混合物（经鉴定不属于危险化学品的除外），其他无法确定其危险性的化学品，应以省级及以上危险化学品鉴定部门出具的具有法律效力的《化学品危险性分类报告》为依据判定是否纳入危险化学品管理，危险化学品的具体危害程度参照产品《化学品安全技术说明书》确定。

一、基本安全要求

危险化学品生产单位和使用单位在进行生产前，应取得危险化学品安全生产或安全使用许可证，编制相应的安全操作规程，设置工艺控制卡片。对从业人员进行教育和培训，考核合格后上岗。

对有资质要求的岗位应当取得相应的资质。如从事危险化学品道路运输的装卸管理人员、驾驶员、押运人员；从事生产危险化学品的操作人员应当根据工艺特点办理相应的压力容器操作许可证、充装证等。

委托国家认可资质的机构定期开展安全评价，剧毒化学品生产装置每年应进行一次安全评价；其他危险化学品生产装置每 3 年应进行一次安全评价。根据安全评价报告及时修订相应的技术文件，整改落实方案中的问题。安全现状评价报告报所在地安全生产监督管理部门备案。

建立危险化学品台账，编制化学反应矩阵。收集或编制化学品安全技术说明书，并及时更新。应当根据危险化学品的危险特性，定期开展职业场所职业卫生检测，根据各场所不同的介质危害，选择相应的监测方式，并针对不同的危害选择相应的个人防护用品。

制订本单位危险化学品事故应急预案，报所在地人民政府应急管理部门备案；配备应急救援人员和必要的安全设备设施、消防设施、防护器材和应急处置所需的工具和装备，安全设备设施进行经常性维护、保养，保证安全设备设施的正常使用。使用剧毒化学品的场所应配备急救药品。

发生危险化学品事故，事故单位主要负责人应当立即按照本单位危险化学品应急预案组织救援，并向当地政府主管部门报告。道路运输过程中发生危险化学品事故的，驾驶人员或押运人员应立即按照应急预案的要求采取应急处置措施，同时还应当向事故发生地交通部门报告。

二、风险研判与报告

取得危险化学品生产、经营（带有储存设施）许可证及安全使用许可证的相关单位应实施安全风险研判与承诺公告制度，以生产站场为基本单元开展风险研判，落实安全生产主体责任，有效管控安全风险，及时排查治理事故隐患；有关工作开展情况向全体员工做出公开承诺，并在各生产站场的主门岗外公告，接受公众监督。

（一）风险研判内容

相关单位应根据生产站场实际确定风险研判的内容，至少包括：

——生产装置的温度、压力、组分、液位、流量等主要工艺参数是否处于指标范围；

——锅炉、压力容器、压力管道等特种设备是否处于安全运行状态；

——各类设备设施的静动密封是否完好无泄漏；

——超限报警、紧急切断、联锁保护等各类安全设施配备是否齐全，并可靠运行；

——可燃及有毒气体报警和联锁保护是否处于可靠运行状态；

——各项特殊作业、检维修作业、承包商作业是否健全和完善相关管理制度，是否进行安全风险辨识，是否制订了作业计划书（方案）并按程序审批，是否办理了作业许可并审批，现场是否严格程序确认和监督检查；

——各项特殊作业、检维修作业、承包商作业是否存在变更，变更的审批程序是否符合规定；

——按照年度风险辨识结果，重大风险、较大风险是否落实管控措施及降低风险措施；

——安全隐患是否进行了整改，未整改的是否制订了防控措施。

（二）风险研判要求

企业应按照“疑险从有、疑险必研，有险要判、有险必控”的原则，应建立覆盖“全员、全过程、全天候、全方位”的安全风险研判和管控工作流程。布置安全风险研判和管控工作任务时，既要向下级交任务、交工作、交目标，也要同步交思路、交方法、交意见。确保生产站场每日风险研判有时效，报告方式可操作。

三、安全承诺公告

（一）公告的内容

——生产状态：生产站场当天的生产运行状态和可能引发安全风险的主要活动。如共有几套生产装置，其中几套运行、几套备用；场站内是否存在特殊作业及作业的种类、次数；是否存在检维修及承包商作业等。

——安全承诺：生产站场在进行全面风险研判的基础上，落实相关的风险管控措施，由生产站场的现场负责人或值班干部承诺当日所有装置、罐区是否处于安全运行状态，安全风险是否得到有效管控。

（二）公告的方式

——公告时间：每天上午 10：00 更新，至次日上午 10：00；

——公告方式：按照属地安全监管部门要求进行网络公告；在生产站场门岗显著位置设置电子公告牌公告。

（三）注意事项

存在以下情形之一的，不得发布安全承诺公告：

——存在重大事故隐患不能立即排除的，生产装置、罐区故障不能及时排除的，因恶劣天气等原因导致作业区域不能保证安全生产的，违章指挥、违章作业及违反劳动纪律的行为没有得到纠正的；

——动火等特殊作业管理措施不符合要求的，当天对重点装置、罐区，以及动火等特殊作业没有进行风险研判和采取有效措施的；

——特殊时段生产站场无负责人或干部值班带班的。

第二节　采购、生产与使用要求

危险化学品生产企业应取得危险化学品安全生产许可证，危险化学品生产企业、进口企业应取得危险化学品登记证，危险化学品经营企业应取得危险化学品经营许可证。

一、采购安全要求

采购部门应按照“谁审批、谁负责”的原则落实相关申报、审批制度。危险化学品采购合同中必须包含安全、环保责任的条款，严禁采购成分或危险性不明的化学品。

购买剧毒化学品的，应当依法取得相应的许可证件或者取得购买凭证；购买易制爆危险化学品的，应当依法取得相应的许可证件或者本单位出具的合法用途说明；购买易制毒危险化学品的，应当依法取得相应的许可证件、购买凭证，或者在购买前向单位所在地县级公安机关备案。

危险化学品应实行入库前检验，不合格产品严禁验收入库。危险化学品验收时，应附带安全标签和生产厂家提供的安全技术说明书等资料；进口危险化学品还应取得质量监督检验检疫部门核发的检验合格材料，并附带中文的安全标签和经销商提供的安全技术说明书。

危险化学品包装容器应牢固、严密，符合《危险货物运输包装通用技术条件》（GB 12463—2009）等相关要求，按《危险货物包装标志》（GB 190—2009）等有关规定喷涂色标。安全标签应符合《化学品安全标签编写规定》（GB 15258—2009）的要求，安全技术说明书应符合《化学品安全技术说明书内容和项目顺序》（GB/T 16483—2008）的要求。

二、生产安全要求

生产危险化学品的生产单位应根据危险化学品的种类和特性，在现场设置相应的监测、监控、通风、防晒、调温、防火、灭火、防爆、泄压、防毒、中和、防潮、防雷、防静电、防腐、防渗漏、防护围堤或者隔离操作等安全设施、设备。

（一）安全设施设备

按照国家标准、行业标准或者国家有关规定对安全设施、设备进行经常性维护、保养，保证安全设施、设备投入正常使用。在其作业场所和安全设施、设备上设置明显的安全警示标志。在作业场所设置通信、报警装置，并保证处于适用状态。

（二）定期工作制度

应当建立定期工作制度，落实责任人，切实保证生产装置、场所处于受控状态。工作制度应包括但不限于以下内容：

——定期开展执行工艺纪律检查，确保工艺参数处于工艺卡片范围内。

——定期开展生产装置、场所的各类设备、报警和联锁保护系统等安全设施维护、维修、检测，保持完好和安全可靠。

——定期开展生产装置中控制工艺参数的设备、设施安全检查，确保其完好可靠。

——定期开展生产过程的供电、供气（汽）、供水等公用设施及紧急停车系统（ESD）维护保养，确保其保持完好可靠。

——定期开展安全泄放系统、放空火炬系统、水封系统、事故吸收系统检查，确保生产装置正常排放和事故排放的可燃物或有毒物应经过回收、燃烧或中和处理，严禁直接排放。

——定期开展消防供水系统、火灾及气体检测系统、灭火隔离系统、冷却系统、通风系统等安全设施维护保养，确保其完好可靠。

——定期开展隐患排查工作，及时消除发现的安全隐患。

（三）变更、检修、开停车

涉及工艺、设备及控制参数、报警、联锁参数调整，产品配方调整等变更应严格执行工艺与设备变更管理要求。未经批准不得停用安全设备、设施。

——生产装置进行施工、检修应按照公司相关管理规定进行风险评估，制订相应的管理方案和应急预案，办理相应的作业许可，严格落实安全措施。

——应制订装置开、停车管理规定，装置开、停车应实行领导干部带班管理。应建立健全产品检验制度，保证危险化学品产品质量符合相关标准。

（四）安全周知卡

危险化学品生产场所，应编制和悬挂危险化学品安全周知卡。应在其产品的包装内附有与危险化学品完全一致的化学品安全技术说明书，并在包装（包括外包装件）上加贴或拴挂与包装内危险化学品一致的化学品安全标签。

三、使用安全要求

应根据危险化学品的种类和特性，采取相关的管理措施，确保使用现场安全受控。

（一）领用要求

——使用单位应制订危险化学品的领用审批制度，领取危险化学品时，应核对包装内附有的安全标签、安全技术说明书与使用的危险化学品完全一致。

——应当根据生产情况适量领用，生产现场临时储存应当符合通用贮存要求和防误用的措施。领用人员应检查包装物上的安全标签是否完好，不得使用无标签药品。

——实验室使用危险化学品应当贴好标签，标明名称、浓度、存量、有效期和配制日期；爆炸性危险化学品、剧毒危险化学品使用单位，应当根据当天使用量领用，当天未使用完毕的必须当天退回，并详细记录退回物品的种类和数量。

（二）使用要求

——使用危险化学品的单位应建立危险化学品购买、储存、使用、废弃处置管理制度和使用操作规程，以及危险化学品台账和使用记录并严格执行，储存场所应编制危险化学品活性反应矩阵表。

——使用危险化学品的装置、场所，应配备相应的消防设施、防护器材和应急处理的个人急救药品。

——各类设备、报警和连锁保护系统等安全设施，应符合国家标准和行业规范规定，并定期进行维护、维修、检测，保持完好和安全可靠。

——涉及危险化学品的实验室、化验室应当符合防火防爆、防止职业危害和环境污染的设计要求，配备必要的通风设施、消防器材、有毒有害物报警装置、视频监控系统、冲洗设施及个人劳动防护等设备设施。

——应当在其作业场所和安全设施、设备上设置明显的安全警示标志。在作业场所设置通信、报警装置，并保证处于适用状态。

——危险化学品使用场所进行施工、检修应按照管理规定进行风险评估，制订相应的管理方案和应急预案，办理相应的作业许可，严格落实安全措施。

——危险化学品使用场所，应编制和悬挂危险化学品安全周知卡。

（三）储存要求

——实验室、化验室的危险化学品应按危险化学品特性和有关规定，采取隔离、隔开和分离等方式储存在相应的储存室或者库房。

——按照使用需要控制危险化学品储存量，明确危险化学品申请、领取、使用、交回、废弃等管理要求，账物相符。

——使用危险化学品从事生产并且使用量达到规定数量的单位（属于危险化学品生产单位的除外）应当按照规定取得危险化学品安全使用许可证。

（四）危害消除和控制

使用单位应通过下列方法，消除、减少和控制工作场所危险化学品产生的危害：

——选用无毒或低毒的化学替代品；

——选用可将危害消除或减少到最低程度的技术；

——采用能消除或降低危害的工程控制措施（如隔离、密闭等）；

——采用能减少或消除危害的作业制度和作业时间等。

第三节　装卸、运输与储存要求

装卸、运输单位及从业人员必须按照国家有关法律法规的要求取得相应的资质许可。驾驶人员、装卸管理人员和押运人员上岗时应当随身携带从业资格证和“道路运输危险货物安全卡”。

一、装卸安全要求

危险化学品卸货作业应制订装卸安全操作规程，卸货人员必须经过培训，掌握危险化学品理化特性、应急处置等，配置与装卸产品相适应的个人劳动保护用品，在现场准备好消防器材，车辆在停车后应刹紧制动器，在有坡度的场地应采取防止溜车措施，卸货过程司机不得离开现场。

（一）通用安全要求

进入易燃、易爆危险货物装卸场所，不得随身携带火种，关闭随身携带的手机等通信工具和电子设备，严禁吸烟；应当穿着不产生静电的工作服及不带铁钉的工作鞋，佩戴适应的个人安全防护用品。

——用于装卸危险化学品的机械及工具的技术状况应当符合行业标准规定的要求。危险化学品运输托运人和承运人应当按照合同约定指派装卸管理人员。

——装卸作业应当遵守安全作业标准、规程和制度。危险化学品装卸全程必须有专人负责指挥，装卸应当根据危险货物的性质，轻装轻卸，堆码整齐，防止混杂、撒漏、破损，不得与普通货物混合堆放。

——危险化学品装运应根据不同的要求，采取相应的衬垫防护、防扬散、脱落、丢失等措施，车厢内不得有与所装危险化学品性质或消防方法相抵触的货物。罐体内不得残留与装运介质不相容的遗留货物。

——装卸危险化学品场所应当确认防雷电、防静电、防潮、防火、防爆等安全措施有效。装卸场所应当设置警告标志，无关人员不得进入装卸作业区域。

（二）石油类产品充装

充装石油类产品作业人员应严格查验载具及相关人员的资质或证件，按作业规程对装载器具进行充装前检查。检查内容包括但不限于以下内容：

——移动式压力容器或罐车及其附件完好情况，阀门状态，防静电、防火防爆安全设施完好情况。

——首次充装投入使用并且对罐体有置换要求的，是否有置换合格报告或者证明文件。

——移动式压力容器或罐车罐体铭牌与各种标志（包括号码、颜色、环形色带、警示性、介质等）是否符合相关规定，充装介质是否与罐体涂装一致。

——核查压力、温度、充装量（或剩余量）是否符合要求。各密封面密封状态完好，无泄漏。

作业人员进行充装石油产品作业时，应严格执行操作规程，控制充装速度，作业全程不允许离开现场，严禁超量充装。

二、运输安全要求

危险化学品运输过程的安全管理按照《危险货物道路运输安全管理办法》（中华人民共国交通运输部令 2019 年第 29 号）的要求执行。危险化学品由供应商负责运送的，应在采购合同中附危险货物运输资质文件或相关托运委托合同。

（一）基本要求

——各单位应制订固定的油区危险化学品运输车辆行车路线，行车路线应尽量避开危险化学品运输车辆禁止通行区域。

——定期对进入本单位生产区域的危险化学品运输车辆开展安全监督检查，向司机和押运人员告知油区道路风险。

——进入危险化学品储存区域的车辆应安装防火帽。车辆卸货后不准在库区、库房、货场内停放和修理。

——汽车、拖拉机不准进入甲、乙类物品库房；进入甲、乙类库房的电瓶车、铲车应是防爆型的；进入丙类库房的电瓶车、铲车应装有防火花飞溅措施。

——用于运输危险化学品的罐式专用车辆和压力容器应当符合国家及行业有关技术要求，并在质量检验部门出具的压力容器或者罐体检验合格的有效期内承运危险货物。

——专用运输车辆应当配备符合有关国家标准及与所载运的危险货物相适应的应急处置器材和安全防护设备。

——运输危险化学品应当根据其性质，采取防火、防爆、防静电、防震、防泄漏、防水、防扬尘、防晒等措施。

——经营性道路货运驾驶员和道路危险货物运输驾驶员不得超限、超载运输，连续驾驶时间不得超过 4h。

（二）运输单位要求

需要委托运输危险化学品必须选择具有危险化学品运输经营资质的企业承运，托运人应当严格按照有关规定妥善包装并在外包装设置标志，并向承运人说明委托的危险化学品名称、数量、危害、应急措施等情况，提供与托运货物完全一致的安全技术说明书和安全标签。

——运输单位应当通过卫星定位监控平台或者监控终端及时纠正和处理超速行驶、疲劳驾驶、不按规定线路行驶等违法违规驾驶行为。

——运输单位应定期对运输危险化学品的包装物、容器、槽罐等设备设施，在重复使用前开展检查，发现存在隐患的，应当维修或者更换。

——运输单位应当按照国家有关规定对运输车辆进行危险化学品警示标志涂装，悬挂符合国家标准的标志。

——运输单位应当在运输危险化学品启运前编制应急预案。运输剧毒化学品前，还应当指定详细路线图和运行时间表。

（三）押运人员职责

危险化学品运输单位应当配备押运人员，运输过程应处于押运人员监管之下。监督范围应包括但不限于以下内容：

——监督危险化学品车辆不得超装、超载、超速；

——监督运输车辆严格遵守有关部门关于危险货物运输线路、时间和速度等方面的有关规定；

——监督运输车辆不得驶入禁止危险化学品车辆通行的区域；

——危险化学品中途停车或者遇有无法正常运输情况时，向当地公安机关报告；

——监督驾驶人员对运输货物产生危险的行为。

三、储存安全要求

危险化学品储存方式、方法、数量、场所应当符合国家法律法规和行业规范的要求和《危险化学品仓库储存通则》(GB 15603—2022)的要求，储存剧毒化学品、易制爆危险化学品的专用仓库，还应设置相应的技术防范设施，并纳入要害部位管理。

(一) 出入库管理

危险化学品库房及场所应设专人管理，建立入库验收、出库、检查等制度和台账，定期对库存危险化学品进行检查，严格核对、校验进出库物品的规格、质量、数量，并登记和做好记录，应对运输车辆(厢)，装载(含施封)加固状况进行检查，发现异常时与相关方联系处理。认真查验提货车辆及随行人员的危险化学品运营资质，出库前应严格核对领用单据，单据保存期限不少于两年。应附有化学品安全技术说明书。

验收问题的处理。单据逾期或票模、印鉴不符，应更换单据；错开品名、编号、规格、数量的单据可由委托储存单位更改，更改处应加盖单位公章和单位负责人签字。包装破损、潮湿、污染的不应入库。无化学品安全技术说明书与安全标签的危险化学品不应入库，仓库内储存物应设置“一书一签”。数量不符应按实收数量处理。超期危险化学品经与委托储存方协商进行相应超期处理。

(二) 储存场所

储存场所的选址、建设应符合《建筑设计防火规范》GB 50016—2014(2022年版)、《危险化学品仓库储存通则》GB 15603等的要求，危险化学品生产企业或经营性的危险化学品仓库还应分别符合《石油化工企业设计防火标准》GB 50160—2008（2022 年版）、《危险化学品经营企业安全技术基本要求》GB 18265—2019 的要求。

仓库地面应平整、坚实、防潮、防滑、防渗漏、易于清扫。应根据储存物品特性，配备通风、密封、调温、调湿、防静电等设施。危险化学品储存单位应定期对仓储设施进行检测，保证其符合设计使用要求。

——贮存建筑物、场所消防用电设备，应能充分满足消防用电的需要；

——贮存区域或建筑物内输配电线路、灯具、火灾事故照明和疏散指示标志，通道、出入口和通向消防设施的道路应保持畅通，并设置防止危险化学品外泄的设施；

——贮存易燃、易爆危险化学品的建筑，必须安装避雷设备；

——贮存建筑必须安装通风设备，设有导除静电的接地装置；

——贮存建筑采暖的热媒温度不应过高，热水采暖不应超过 80℃，不得使用蒸汽采暖和机械采暖；

——通风、采暖的管道和设备的保温材料，必须采用非燃烧材料；

——根据危险品特性和仓库条件，必须配置相应的消防设备、设施和灭火药剂；

——应根据仓库条件安装自动监测和火灾报警系统；

——如条件允许，应安装灭火喷淋系统（遇水燃烧化学危险品，不可用水扑救的火灾除外），持续时间 90min。

（三）储存要求

危险化学品储存单位应建立危险化学品储存信息管理系统，具备识别化学品安全技术说明书中要求的灭火介质、应急、消防要求及库存危险化学品品种、数量、分布、包装形式、来源等信息及危险化学品出入库记录，数据保存期限不少于 1 年，且应采用不同形式进行实时备份，做到实时可查。

危险化学品储存单位应根据危险化学品仓库设计要求，严格控制危险化学品的储存品种、数量。应根据储存危险化学品的特性及其化学品安全技术说明书的要求，实行分库、分区、分类储存，禁忌物品不应同库储存。

剧毒品应实行“五双”管理（双人验收、双人保管、双人发货、双把锁、双本账）；储存地点、储存数量、流向动态及管理人员的情况应报相关部门备案。

库房内应设置温湿度记录装置，根据所存物品的性能特点确定每天观测记录频次，观测记录应保存不少于 1 年。库房应配置通风、除湿、增温、降温等温湿度调控设备，根据库房条件和所存物品的需要，正确调节控制库内温湿度。

（四）堆码要求

危险化学品仓库堆垛之间应留有足够的垛距、墙距、顶距和安全通道。危险化学品堆码应整齐、牢固、无倒置；不应遮挡消防设备、安全标志和通道。采用货架存放时，应把包装件置于托盘上并采取固定措施。

除 200L 及以上的钢桶包装外，其他包装的危险化学品不应就地码放，货垛垫底高度不小于 15cm。堆码应符合包装标志要求；无堆码标志的木箱和 200L 及以上钢桶包装堆垛高度应不超过 3m；纸箱和小铁桶堆垛高度应不超过 2.5m；放置托盘上应不超过 3m。

仓库、货棚内的堆垛间距：主通道≥200cm，墙距≥50cm，柱距≥30cm，垛距≥100cm（每个堆垛的面积不应大于 150m^2），灯距≥50cm。具体贮存量及贮存安排见表 7–1。危险化学品与普通物品同库存储时，应保持一定距离。

表 7–1 危险化学品贮存量及贮存安排表

贮存要求	露天贮存	隔离贮存	隔开贮存	分离贮存
平均单位面积贮存量，t/m^2	1.0～1.5	0.5	0.7	0.7
单一贮存区最大贮量，t	2000～2400	200～300	200～300	400～600
垛距限制，m	2	0.3～0.5	0.3～0.5	0.3～0.5
通道宽度，m	4～6	1～2	1～2	5
墙距宽度，m	2	0.3～0.5	0.3～0.5	0.3～0.5
与禁忌品距离，m	10	不得同库贮存	不得同库贮存	7～10

注：1. 隔离贮存：在同一房间或同一区域内，不同的物料之间分开一定的距离，非禁忌物料间用通道保持空间的贮存方式。

2. 隔开贮存：在同一建筑或同一区域内，用隔板或墙，将其与禁忌物料分离开的贮存方式。

3. 分离贮存：在不同的建筑物或远离所有建筑的外部区域内的贮存方式。

4. 禁忌物料：化学性质相抵触或灭火方法不同的化学物料。

（五）禁忌物料储存

危险化学品的储存方式、方法应当符合国家标准或者国家有关规定，也可参照安全技术说明书（SDS）的要求。禁忌物不得混合贮存。常见储存禁忌包括：

——遇火、遇热、遇潮能引起燃烧、爆炸或发生化学反应，产生有毒气体的化学危险品不得在露天或在潮湿、积水的建筑物中贮存。

——受日光照射能发生化学反应引起燃烧、爆炸、分解、化合或能产生有毒气体的化学危险品应贮存在一级建筑物中。其包装应采取避光措施。

——爆炸物品不准和其他类物品同贮，必须单独隔离限量贮存，仓库不准建在城镇，还应与周围建筑、交通干道、输电线路保持一定安全距离。

——压缩气体和液化气体必须与爆炸物品、氧化剂、易燃物品、自燃物品、腐蚀性物品隔离贮存。

——易燃气体不得与助燃气体、剧毒气体同贮；氧气不得与油脂混合贮存，盛装液化气体的容器属压力容器的，必须有压力表、安全阀、紧急切断装置，并定期检查，不得超装。

——易燃液体、遇湿易燃物品、易燃固体不得与氧化剂混合贮存，具有还原性氧化剂应单独存放。

——有毒物品应贮存在阴凉、通风、干燥的场所，不要露天存放，不要接近酸类物质。

——腐蚀性物品，包装必须严密，不允许泄漏，严禁与液化气体和其他物品共存。

——危险化学品与普通物品同存一仓库时，应保持安全距离。

（六）其他安全要求

——剧毒化学品、易制爆危险化学品必须在配备可靠防盗报警装置的专用仓库内单独存放，设置危险等级和注意事项的标志牌，严格实行双人收发、双人记账、双人双锁、双人运输、双人使用的“五双”管理，并报当地公安部门和安全生产监督管理机构备案。

——甲、乙类化学品库房不得与员工宿舍在同一座建筑物内，并应当与员工宿舍保持安全距离。库房内不得设办公室、休息室。甲类和乙类危险化学品是《建筑设计防火规范》（GB 50016—2014）中规定的，根据火灾危险性来划分。

——储存易燃和可燃化学品仓库、露天堆垛、储罐附近，不准进行试验、分装、封焊、维修、动火等作业。如因特殊需要，应按规定办理审批手续方可作业。

——危险化学品包装不应泄漏、生锈和损坏，封口应严密，摆放要做到安全、牢固、整齐。甲、乙类化学品的包装容器应当牢固、密封，发现破损、残缺、变形和物品变质、分解等情况时，应按规定及时处理。

——危险化学品储罐应符合国家有关规定，安全附件应齐全完好。必须设置罐区监测监控设施，根据规范要求设置储罐高低液位报警、压力报警、联锁装置及易燃易爆、有毒有害气体泄漏报警系统，定期检验，并确保其完好可用。

——气瓶储存场所不得设在地下室或者半地下室，不能与办公室或休息室设在一起，储存场所应通风、干燥、防止雨（雪）淋、水浸，避免阳光直射，严禁明火和其他热源，不得有地沟、暗道和底部通风孔，并且严禁任何管线穿过。

四、弃置和处置要求

企业应明确危险化学品的弃置工作程序，每年制订废弃计划和处置方案，处置过程应建立台账、清单，不得随意处置、买卖或挪作他用。包括废弃危险化学品和危险化学品废弃物的处置。

（一）废弃危险化学品

废弃危险化学品是指未经使用而被所有人抛弃或者放弃的危险化学品，以及淘汰、伪劣、过期、失效的危险化学品。对已失效过期，已经分解、理化性质改变的危险化学品，不得转移，应组织销毁。

企业需要批量销毁危险化学品或剧毒等危险性较大的危险化学品时，应委托获得国家资质的单位完成，双方要签订协议，明确各自的责任、义务和完成时限，不能将危险化学品私自转移、变卖。

实验室废弃危险化学品的安全预处理、收集、储存等应符合《实验室废弃化学品收集技术规范》(GB/T 31190)、《实验室废弃化学品安全预处理指南》(HG/T 5012)等的要求。

(二)危险化学品废弃物

危险化学品废弃物是指危险化学品在生产、使用和贮存过程中产生的废物。危险化学品废弃物的处置方法应依据废弃物性质而确定，包括废弃物所含的危险化学品的种类和数量，处置方法应符合国家相关法规、标准的规定。

当废弃物的危害程度不能确定时，应按照危险废弃物进行处置。实验室开展分析实验产生的废液，应收集处置，收集废液时应进行危险因素识别，相互可能发生化学反应产生危险的废液不得混合收集。

企业处置生产过程中产生的危险化学品废渣、废液、废气时，要严格按照国家有关规定，不准将废弃的危险化学品倾倒入下水井、地面和江河中，以及排放至大气中，应当交由具备资质的单位处置。

(三)包装物与容器处置

危险化学品包装物、容器应集中收集、统一保管，不得随意处置，严禁挪作他用或随意买卖。危险化学品包装物、容器的回收、交接、处置等工作应建立台账、清单。危险化学品包装物、容器的保管场所应符合防火要求。

含有或直接沾染危险废物的包装物、容器应尽量用于原始用途，可由原生产该包装物、容器的单位直接回收。由经销商或供应商回收，且将回收的包装物、容器交给生产经营者重新用于原始用途的，经销商或供应商应具有危险废物经营许可证。

不用于原始用途的危险化学品包装物，应按照危险废物进行处置。处置剧毒物品的包装箱、纸袋、瓶、桶等包装废弃物，应由专人负责管理，统一回收。

第八章　实验室安全与气瓶安全

企业应当将实验室安全管理纳入 HSE 管理体系，组织开展体系审核，建立健全全员安全生产责任清单，明确实验室安全生产承包点责任人。气瓶在使用、运输或储存过程中受到不当操作、碰撞、高温等因素影响，可能会发生泄漏、中毒、窒息或爆炸事故。

第一节　实验室安全管理

实验室是指开展科学研究、技术开发、测试化验和分析化验等活动的实验、试验场所，包括配套的附属设施、设备、装置和场所等。加强实验室安全管理，防止实验室和实验活动安全事故发生，保障人身、财产和环境安全，应对实验室设计建设、日常运行与维护、检测化验和科学实验过程进行安全管理。

一、一般安全要求

实验室应当具备满足有关国家法律法规和标准规范要求的安全条件，建立健全实验室安全责任体系、管理制度和操作规程。

（一）隐患与风险管理

企业应系统排查实验室存在的隐患并建立隐患清单，对排查出的隐患实行分级、动态管理，落实整改措施、责任、资金、时限和预案“五到位”，按照轻重缓急整改治理、动态跟踪整治进度。

按照国家法律法规有关要求对所有科学研究、技术开发、测试化验和分析化验等实验活动进行全过程安全风险评估，落实风险管控措施，确保风险受控。

对处于研究探索阶段、装备和技术不成熟的科学实验或者新增实验项目，应当组织开展安全技术论证和风险研判，制订风险防范措施，并报相关主管部门审查。

（二）危险化学品管理

企业应当对实验室的危险化学品（含易燃易爆、有毒有害、腐蚀性质的化学试剂，下同）、压缩气体、放射性物品等危险物品，实行采购、运输、存储、分装、转移、使用、废弃、回用、处置等全流程全周期管理。

实验室危险化学品应当按照相关规定选择具有相应资质的单位进行采购和运输，在专门的存储场所存储并严格控制数量，由专人负责发放、回收和记录，实验后产生的废弃物要统一收储并依法依规科学处置。

建立危险化学品、压缩气体、放射性物品等危险物品出入库管理制度，实行出入库专人管理，规范出入库核查、登记流程和内容，明确出入库过程中的操作流程和注意事项。

实验室的易制毒化学品、易制爆危险化学品、剧毒化学品和放射性物品应当执行“双人保管、双人领取、双人使用、双把锁、双本账”的“五双”管理要求。

（三）能力与培训

企业应当根据实验室岗位职责，明确岗位安全能力要求，定期开展实验室人员履职能力评估，确保人岗匹配。实验室人员按照国家法律法规和地方政府对实验岗位的有关要求，取得相应资格证书。

实验室人员安全培训制度，组织开展安全技能和操作规程培训，掌握实验室标准和操作规程、主要风险和防控措施，以及实验室仪器设备、防护用品的维护使用要求，未通过考核的人员不得上岗操作。使用新设备、新工艺技术时，应当接受专项培训。

（四）安全目视化

应当在实验室合适位置设置明显的安全标志和状态标识，实施实验室安全目视化管理。安全标志应当结合实验业务和安全风险设置，符合有关标准规范。

——符合《消防安全标志　第 1 部分：标志》（GB 13495.1）和《消防安全标志设置要求》（GB 15630）等规定的消防安全标志。

——符合《安全标志及其使用导则》（GB 2894）等规定的禁止、警告、指令、提示等永久性安全标志。

——符合《化学品分类和危险性公示　通则》（GB 13690）等规定的化学品危险性质的警示标签。

——符合《工业场所职业病危害警示标识》（GBZ 158）等规定的工作场所职业病危害警示标识。

（五）安全防护与应急

根据实验仪器装置危险性、物料危害性等因素，为实验人员配备符合《个体防护装备配备规范》（GB 39800）等国家标准规范要求的个体防护用品，并建立个体防护用品台账。

对产生职业病危害的实验室落实职业病防治管理要求，采用有效的职业病防护设施，定期进行职业病危害因素检测、评价，组织开展接害人员职业健康检查。

依据国家相关标准，针对实验室、实验区域和实验过程重大风险、异常状况、设备故障等实际情况，配备消防器材、急救包等应急物资，建立应急物资清单，并制订实验室应急处置方案、岗位应急处置卡，定期组织应急演练。

发生实验室事故应当按照本单位应急响应程序启动应急预案，组织开展应急处置救援，采取积极有效的应急措施，防止危害扩大和蔓延，并按照事故信息报送和事故管理相关规定及时报告事故信息。

二、专业安全要求

企业应委托具有相应资质的设计单位进行实验室建筑设计和实验装置设计，采用基于风险的策略进行本质安全设计。实验室建设项目安全、环保、职业病防护设施满足“三同时”要求，并取得相应行政许可。在安全可靠、经济适用的基础上，优先选择先进的技术、工艺和设备，提高实验装置自动化水平。

（一）基础设施管理

根据实验室建筑结构、实验活动、实验危险特性等，合理布置实验区域和仪器设备。涉及易燃易爆、有毒有害的实验场所应当与办公区、休息区有效隔离，满足安全距离、卫生防护、防爆等要求。

实验室建筑设施的消防、应急、通风、除尘、温湿度调节等设备设施及其介质应当与实验室功能和实验室内储存、使用、生成、处理的危险化学品属性和安全特性相适应。

实验室安全出口门应当采用平开方式，并向疏散方向开启。实验室内平面立面应当设计合理并设置安全通道，安装疏散指示灯、安全出口灯和应急照明灯，布置应急疏散路线图，确保疏散通道和安全出口畅通。

根据实验室布局设计、实验生产活动等，设置符合国家标准规范相关要求的电气线路，以及水、暖、通风、气体输送等管路，检漏合格后方可投入使用，并定期查验维修。

根据实验生产活动、仪器设备布局、实验物质物料属性等，科学合理设置通排风系统；对涉及挥发性危险化学品或危险工艺的实验场所，应当采取防爆措施。

（二）仪器设备管理

建立健全实验室仪器设备管理制度和操作规程，涵盖仪器设备论证、设计、选型、购置、制造、安装、使用、维护、修理、改造、报废等全过程管理。设置专人负责实验室仪器设备的定期维护、保养，规范设备档案管理。组织制订实验室设备年度检维修计划，并按计划组织实施。

对具有高温、高压、高辐射、高速运行等潜在危险的实验仪器设备，制订安全防护措施并配备相应物资。高压、强电试验区域应当与其他场所保持安全距离和空间，按规定设置安全遮拦、标示牌、安全信号灯及警铃等。

根据实验室所使用的化学品危险性质，配置洗眼器、喷淋器等安全防护措施，保证设施有效运行。涉及可燃气体、有毒气体的实验室应当配置可燃气体、有毒气体检测报警系统。涉及爆炸性环境的实验室应当配置防爆型电气设备。针对实验室安全管理重点区域和部位设置视频监控系统。

指定专人负责实验室安全设施管理，建立安全设施台账，做好更新、维护保养和检修工作，并建立相关记录。安全设施不得擅自停用和变更，变更时应当开展风险评估，履行审批程序。

根据实验需要设置气瓶贮存间或气瓶柜。实验室气瓶搬运、装卸、储存和使用管理应当符合标准规范的要求。气瓶应当分区分类存放管理，不同类型气瓶不得混放。氧化性气体和可燃性气体不得同时存放在同一房间。气瓶存放时应当套好防震圈，牢固直立，并佩戴好瓶帽（有防护罩的气瓶除外），气瓶使用时应当配置防倾倒措施。备用气瓶、空瓶不宜存放在实验室内。

对长期停用的仪器设备及其内部危险介质妥善处理，设置明显标识并定期维护。重新启用前应当进行技术检验、性能评估和安全风险分析，消除隐患并确保满足安全要求后方可重新启用。

（三）化学品管理

实验室根据实验需要设置危险化学品储存间、化学试剂（样品）贮存间，采取相应的防火、防水、防晒、防静电、防潮、通风、照明、防盗等措施。危险化学品不得储存在地下室。实验室内的化学品储存柜应当避免阳光直晒，不得靠近暖气、高温电器设备等热源，不得贴邻实验台设置。

实验室应当按照有关法律法规和标准规范要求对化学品实行分类、分柜、分架贮存，做到安全、牢固、整齐、合理。

——剧毒化学品和爆炸性化学品应当分别单独存放在专用储存柜或保险柜中；

——需要低温储存的易燃易爆化学品应当存放在专用防爆型冰箱内；

——腐蚀性化学品应当单独存放在具备耐腐蚀功能的储存柜或容器中；

——含挥发性有机物的化学品储存应采用密闭容器、包装袋等；

——除上述条款规定以外的危险化学品应当储存在专用的储存柜或货架。

严禁在非化学试剂（样品）贮存间长期贮存化学试剂、危险化学品。化学试剂贮存间、储存柜、实验通风橱不得存放杂物。

除化学品贮存间外，应控制每间实验室内危险化学品暂存总量。压缩气体、液化气体、剧毒化学品和爆炸品严格执行国家有关室内存放量规定。实验室其他危险化学品暂存总量不得超过 $1L/m^2$ 或 $1kg/m^2$，其中易燃易爆性化学品的暂存总量不得超过 $0.5L/m^2$ 或 $0.5kg/m^2$，且单一包装容器不得大于 25L 或 25kg。

实验台试剂架上、实验通风橱内的危险化学品可暂时存放当天实验所需数量，剩余危险化学品应当放回储存柜或贮存间。对于自配制试剂或标准溶液，实验室应当在其容器标签上明确名称、浓度、操作人、日期、有效期等信息。

采购危险化学品时，应当按照规范要求索取并及时更新安全技术说明书和安全标签，放在方便获取处。应当在危险化学品储存容器上张贴安全标签。按照规范要求，对实验室危险废物实行收集、暂存、转运、利用、处置等全过程管理，并委托具有相应资质的单位进行处置，并跟踪处置结果。

设置危险废物暂存区和危险废物警示标识，配置防遗撒、防渗漏设施或采取防溢容器作为防遗撒、防渗漏设施，并定期检查。对过期、失效、包装损坏和无标签或标签脱落损坏而无法辨认的化学品，按照相关规定及时处理。

实验室或者实验过程对危险化学品转移或分装到其他容器内时，应当充分论证转移或分装过程中所涉及的物料、设备、场所等安全风险和应急措施，制订安全可靠的操作方案并严格执行。对直接或者可能直接接触危险化学品的转移或者分装作业应当优先采用自动化方式进行。

三、实验安全管理

组织对首次开展或者存在重大安全风险的实验项目开展安全风险评估，全面评估实验过程涉及的物料特性、设备设施、实验场所条件、人员资质能力、实验方案、实验操作流程、安全保障措施等方面的风险，形成评估报告，明确并落实风险防控措施，经有关负责人审核同意后方可实施。

（一）常规性实验

常规性实验或者无重大安全风险的实验，可由实验项目负责人结合实际开展安全风险评估。实验方案或实验流程（工艺）发生重大调整，或出现新的重大安全风险，应当重新进行安全风险评估，重新履行审核程序。

实验开始前，有关部门或者实验项目负责人应当根据安全风险评估情况，对实验人员进行安全技术交底，明确实验操作流程及过程安全风险、防范措施和应急处置方案等。组织对实验仪器设备、化学品、操作规程及个体防护装备等进行检查，安排实验过程监督监护和巡检人员，确保实验过程安全。

实验过程中，实验人员应当遵守安全管理制度，正确穿戴和使用个体防护用品，按照仪器设备操作规程、实验指导书、实验方案等进行操作。实验期间，实验人员不得随意离开实验现场，若须暂时离开应当关闭或者委托其他实验人员照看仪器设备，必要时应经实验项目负责人审核批准。

实验过程中发生温度、压力超标等异常情况，或者发生异味、浓烟、泄漏、着火、爆炸等严重险情时，实验人员应当立即中止实验，实施应急处置程序，并及时向有关负责人进行报告。对实验产生的废气、废水、固体废物等，应当按照有关法规和标准规范采取有效的污染治理措施，确保达标排放或处置，避免产生污染。

实验结束后，实验人员应当按照操作规程、实验方案等正确关停相关实验装置和仪器设备，并将危险化学品存放于专用储存场所内；离开实验室前，实验人员及现场工作人员应当进行现场安全检查，确保实验装置仪器设备及物料等处于关闭关停状态，关闭水、电、气等各种开关及门窗，确认完好后方可离开。

（二）野外实验

涉及野外实验活动的项目，实验项目负责人应当编制野外实验实施方案，涵盖工作计划、作业人员、必要的安全保障措施和应急处置预案等。

野外实验活动前，实验项目负责人应当对运输工具、仪器设备、后勤供应、安全措施等落实情况进行全面检查，做好仪器设备的编号登记、安装固定、检查调试等准备工作。野外实验过程中，仪器设备应当专人专管，严格按照操作规程使用。

野外实验期间，实验项目负责人应当全面识别野外实验及作业过程中的风险，及时了解掌握实验区域自然灾害信息，制订切实可行的风险管控和应急处置措施。

第二节　气瓶使用安全管理

气瓶是指生产作业活动中使用的可搬运的钢质压缩气瓶，我们这里要讲的是施工现场主要使用的气瓶，有氧气瓶、乙炔气瓶和氮气瓶等，不包括空气呼吸气瓶、灭火器瓶、民用液化气瓶、车载燃料气瓶，以及机器设备上附属的瓶式压力容器。一个容积为 40L，压力为 15MPa 的气瓶，爆炸时产生的能量约相当于 0.37kg 的 TNT 炸药的威力。

一、气瓶的基本要求

企业应从具有气瓶生产或气瓶充装许可证的厂家采购或充装气瓶，接收前应进行检查验收，对检查不合格的气瓶不得接收。气瓶使用单位应指定气瓶现场管理人员，在接收气瓶时及在气瓶使用过程中定期对气瓶的外表状态进行检查，挂贴相应的标签。

（一）目视化管理

应使用外表面涂色、警示标签、状态标签对压缩气瓶进行目视管理。

1. 表面涂色

气瓶外表面的颜色、字样和色环，必须符合《气瓶颜色标志》（GB/T 7144—2016）的规定，并在瓶体上以明显字样注明产权单位和充装单位。企业施工作业现场常见气瓶见表 8-1 和图 8-1。

表 8-1　施工作业现场常用气瓶颜色标志

序号	充装气体	化学式	瓶体色	字样	字色	色环
1	乙炔	C_2H_2	白	乙炔 不可近火	大红	
2	氧	O_2	淡（酞）兰	氧	黑	P=20，白色单环 P=30，白色双环
3	氮	N_2	黑	氮	淡黄	
4	氩	Ar	银灰	氩	深绿	P=20，白色单环 P≥30，白色双环
5	氢	H_2	淡绿	氢	大红	P=20，淡黄色单环 P=30，淡黄色双环
6	二氧化碳	CO_2	铝白	液化二氧化碳	黑	P=20，黑色单环
7	甲烷	CH_4	棕	甲烷	白	P=20，淡黄色单环 P=30，淡黄色双环

2. 状态标识

应用状态标签标明气瓶的使用状态（满瓶、空瓶、使用中、故障，见图 8-2），新充装完成后，使用前挂上，使用时将“满瓶”撕掉，全部使用完后

（带有余压），将“使用中”撕掉，任何时间出现故障时，将其他标签全部撕掉，只留“故障”标签。对有缺陷的气瓶，应与其他气瓶分开，并及时更换或报废。

图 8-1　气瓶颜色标识

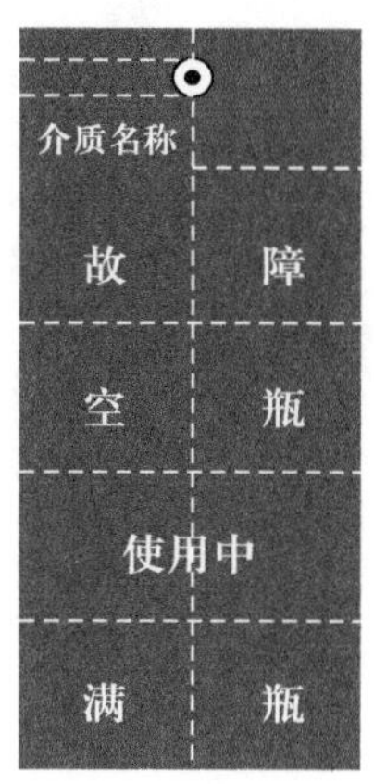

图 8-2　气瓶状态标识

3. 警示标签

气瓶警示标签的式样、制作方法及应用应符合《气瓶警示标签》（GB/T 16804—2011）的规定。警示标签由面签和底签两个部分组成，面签上印有图形符号，来表示气瓶的危险特性；底签上印有瓶装气体的名称及化学分子式等文字，并在其上粘贴面签。面签和底签可以整体印刷，也可以分别制作，然后贴在气瓶上（图 8-3）。

（二）检查与检验

1. 气瓶检查

对气瓶的检查主要包括以下方面：

——气瓶是否有清晰可见的外表涂色和警示标签。

——气瓶的外表是否存在腐蚀、变形、磨损、裂纹等严重缺陷。

——气瓶的附件（防震圈、瓶帽、瓶阀）是否齐全、完好。

——气瓶是否超过定期检验周期。

——气瓶的使用状态（满瓶、使用中、空瓶、故障）。

2. 气瓶的检验

企业应委托具有气瓶检验资质的机构对气瓶进行定期检验，检验合格的气瓶，应按规定打检验钢印，涂检验色标。气瓶钢印标记的项目和排列见图 8-4 和图 8-5。

易燃气体
有毒气体
易燃气体标志
有毒气体标志
氧化剂
氧化剂标志
永久或液化气体，不易燃，无毒气体标志

图 8-3　气瓶面签和底签

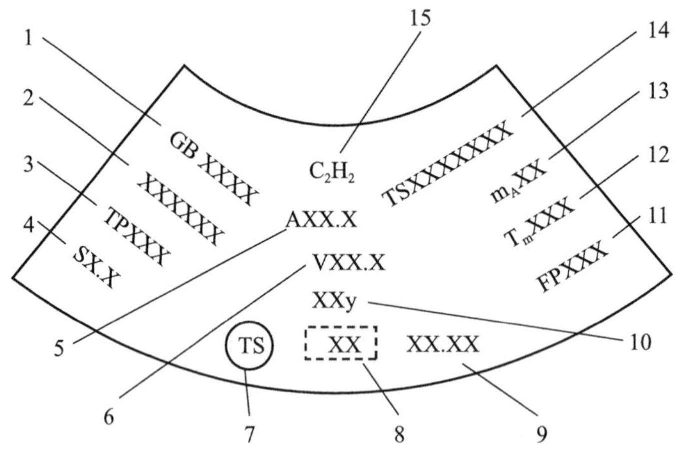

1—产品标准号；2—气瓶编号；3—水压试验压力，MPa；4—瓶体设计壁厚，mm；
5—丙酮标志及丙酮规定充装量，kg；6—瓶体实际容积，L；7—检验标记；8—制造单位代号；
9—制造日期；10—设计使用年限，Y；11—基准温度15°C时限定压力，MPa；12—皮重，kg；
13—量大乙炔量；14—气瓶制造许可证编号；15—乙炔化学分子式。

图 8-4　溶解乙炔气瓶钢印标记的项目和排列

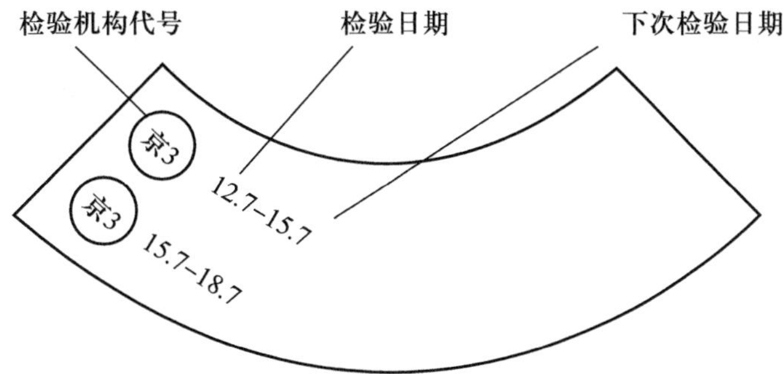

说明：图中第一次检验周期是2012年7月～2015年7月；第二次是2015年7月～2018年7月。

图 8–5　气瓶检验钢印标记

定期检验后，检验机构应在气瓶检验钢印上和检验标记环上，按检验年份涂检验色标，检验色标的式样见表 8–2，每 10 年为一个循环周期。

表 8–2　气瓶检验色标的涂膜颜色和形状

检验年份	颜色	开关
2015	RP01　粉红	矩形
2016	R01　铁红	
2017	Y09　铁黄	
2018	P01　淡紫	
2019	G05　深绿	
2020	RP01　粉红	椭圆形
2021	R01　铁红	
2022	Y09　铁黄	
2023	P01　淡紫	
2024	G05　深绿	
2025	RP01　粉红	矩形
2026	R01　铁红	

充装单位对自有气瓶和托管气瓶的安全使用及按期检验负责，并应建立气瓶档案。检验周期如下：

——盛装腐蚀性气体的气瓶（如二氧化硫、硫化氢等），每两年检验一次。

——盛装一般气体的气瓶（如空气、氧气、氮气、氢气、乙炔等），每三年检验一次。

——盛装惰性气体的气瓶（氩、氖、氦等），每五年检验一次。

气瓶在使用过程中，发现有严重腐蚀、损伤或对其安全可靠性有怀疑时，应提前进行检验。超过检验期限的气瓶，启用前应进行检验。

二、气瓶的运输与搬运

装运气瓶的车辆应有“危险品”的安全标志；车辆上除司机、押运人员外，严禁无关人员搭乘，司乘人员严禁吸烟或携带火种。

（一）车辆运输要求

——运输气瓶的车辆停靠时，驾驶员与押运人员不得同时离开；运输气瓶的车不得在繁华市区、人员密集区附近停靠；不应长途运输乙炔气瓶。

——气瓶必须佩戴好气瓶帽、防震圈，当装有减压器时，应拆下减压器再拧紧气瓶帽，防止摔断瓶阀造成事故。

——气瓶应直立向上装在车上，妥善固定，防止倾斜、摔倒或跌落，车厢高度应在瓶高的三分之二以上。

——所装介质接触能引燃爆炸、产生毒气的气瓶，不得同车运输。易燃品、油脂和带有油污的物品，不得与氧气瓶或强氧化剂气瓶同车运输。

——夏季运输时应有遮阳设施，适当覆盖，避免暴晒；运输可燃或有毒气体气瓶的车辆应备有灭火器材或防毒面具。

（二）气瓶装卸要求

——装卸气瓶应轻装轻卸，避免气瓶相互碰撞或与其他坚硬的物体碰撞，不应用抛、滚、滑、摔、碰等方式装卸气瓶。

——用人工将气瓶向高处举放或需把气瓶从高处放落地面时，应两人同时操作，并要求提升与降落的动作协调一致，轻举轻放，不应在举放时抛、扔或在放落时滑、摔。

——装卸气瓶时应配备好瓶帽，注意保护气瓶阀门，防止撞坏。

——卸车作业时，要在气瓶落地点铺上铅垫或橡皮垫；应逐个卸车，严禁溜放。

——装卸作业时，不应将阀门对准人身，气瓶应直立转动，不准脱手滚瓶或传接，气瓶直立放置时应稳妥牢靠。

——装卸氧气瓶时，工作服、手套和装卸工具、机具上不应沾有油脂。

（三）现场搬运要求

——搬运气瓶时，要旋紧瓶帽，以直立向上的位置来移动，注意轻装轻卸，禁止从瓶帽处提升气瓶。

——近距离（5m 内）搬运气瓶，凹形底气瓶及带圆形底座气瓶可采用手扶瓶肩倾斜转动的方式搬运，并且应使用手套。

——移动距离较远时，应使用专用稳妥、省力的小车搬运，距离较远或路面不平时，应使用特制机械、工具搬运，并用铁链等妥善加以固定。

——禁止用身体搬运高度超过 1.5m 的气瓶到手推车或专用吊篮等里面，不应用肩扛、背驮、怀抱、臂挟、托举或二人抬运的方式搬运。

——气瓶搬运中如需吊装时，不应使用电磁起重设备。用机械起重设备吊运散装气瓶时，应将气瓶装入集装格或集装蓝中，并妥善加以固定。不应使用链绳、钢丝绳捆绑或钩吊瓶帽等方式吊运气瓶。

——不应使用翻斗车或铲车搬运气瓶，叉车搬运时应将气瓶装入集装格或集装蓝内。

——在搬运途中发现气瓶漏气、燃烧等险情时，搬运人员应针对险情原因，进行紧急有效的处理。

——气瓶搬运到目的地后，放置气瓶的地面应平整，放置时气瓶应稳妥可靠，防止倾倒或滚动。

三、气瓶的使用与存储

使用气瓶前使用者应对气瓶进行安全状况检查，应检查减压器、流量表、软管、防回火装置是否有泄漏、磨损及接头松懈等现象，并对盛装气体进行确认。检查不合格的气瓶不能使用。

（一）现场使用要求

——气瓶应在通风良好的场所使用。如果在通风条件差或狭窄的场地里使用气瓶，应采取相应的安全措施，以防止出现氧气不足，或危险气体浓度加大的现象。安全措施主要包括强制通风和气体检测等。

——气瓶的放置地点不得靠近热源，应与办公、居住区域保持 10m 以上，气瓶在夏季使用时，应防止气瓶在烈日下暴晒、雨淋、水浸，环境温度超过40℃时，应采取遮阳等措施降温。

——氧气瓶和乙炔气瓶使用时应分开放置，至少保持5m间距，安放气瓶的地点周围10m范围内，不应进行有明火或可能产生火花的作业（高空作业时，此距离为在地面的垂直投影距离）。盛装易发生聚合反应或分解反应气体的气瓶，如乙炔气瓶，应避开放射源。

图 8-6　气瓶防倾倒手推车

——气瓶使用时，应立放，严禁卧放，并应采取防止倾倒的措施（图8-6）。乙炔气瓶使用前，必须先直立20min后，然后连接减压阀使用。

——气瓶及附件应保持清洁、干燥，防止沾染腐蚀性介质、灰尘等。不应敲击、碰撞气瓶。

——使用氧气气瓶，其瓶体、瓶阀不应沾染油脂或其他可燃物。使用人员的工作服、手套和装卸工具、机具上不应沾有油脂。

——禁止将气瓶与电气设备及电路接触，以免形成电气回路。与气瓶接触的管道和设备要有接地装置，防止产生静电造成燃烧或爆炸。

——在气、电焊混合作业的场地，要防止氧气瓶带电，如地面是铁板，要垫木板或胶垫加以绝缘。乙炔气瓶不得放在橡胶等绝缘体上。

——气瓶瓶阀或减压器有冻结、结霜现象时，不得用火烤，可将气瓶移入室内或气温较高的地方，用温水或温度不超过40℃热源解冻，再缓慢地打开瓶阀。

——开启或关闭瓶阀时，应用手或专用扳手，不应使用锤子、管钳、长柄螺纹扳手等其他工具，以防损坏阀件。装有手轮的阀门不能使用扳手。如果阀门损坏，应将气瓶隔离并及时维修。

——开启或关闭瓶阀的转动速度应缓慢，特别是盛装可燃气体的气瓶，以防止产生摩擦热或静电火花。打开气瓶阀门时，人站的位置要避开气瓶出气口。

——在安装减压阀或汇流排时，应检查卡箍或连接螺帽的螺纹完好。用于连接气瓶的减压器、接头、导管和压力表，应涂以标记，用在专一类气瓶上。

——乙炔气瓶使用过程中，开闭乙炔气瓶瓶阀的专用扳手应始终装在阀上。暂时中断使用时，必须关闭焊、割工具的阀门和乙炔气瓶瓶阀，严禁手持点燃的焊、割工具调节减压器或开、闭乙炔气瓶瓶阀。

——乙炔气瓶瓶阀出口处必须配置专用的减压器和回火防止器。使用减压器时必须带有夹紧装置与瓶阀结合。正常使用时，乙炔气瓶的放气压降不得超过 0.1MPa/h，如需较大流量时，应采用多只乙炔气瓶汇流供气。

——气瓶使用完毕后应关闭阀门，释放减压器压力，并佩戴好瓶帽。

——瓶内气体不得用尽，必须留有余压。压缩气体气瓶的剩余压力应不小于 0.05MPa，液化气体气瓶应留有不少于 0.5%～1.0%规定充装量的剩余气体，并关紧阀门，防止漏气，使气压保持正压。

——在可能造成回流的使用场合，使用设备上必须配置防止回流的装置，如单向阀、止回阀、缓冲器等。

——气瓶投入使用后，不得对瓶体进行挖补、焊接修理。不应在气瓶上进行电焊引弧。不应用气瓶做支架或其他不适宜的用途。

——使用单位应做到专瓶专用，不应擅自更改气体的钢印和颜色标记。不应将气瓶内的气体向其他气瓶倒装；不应自行处理瓶内的余气。

——空瓶上应标有“空瓶”标签；已用部分气体的气瓶，应标有“使用中”标签；未使用的满瓶气瓶，应标有“满瓶”标签。

——发现瓶阀漏气或打开无气体或存在其他缺陷时，应将瓶阀关闭，并做好标识，返回气瓶充装单位处理。

——气瓶使用场地应设有空瓶区、满瓶区，并有明显标识。

（二）气瓶存储要求

气瓶的储存应有专人负责管理。入库的空瓶、实瓶和不合格瓶应分别存放，并有明显区域和标志。

1. 出入库管理

——应建立并执行气瓶出入库制度，并做到瓶库账目清楚，数量准确，按时盘点，账物相符，做到先入先出。

——气瓶出入库时，库房管理员应认真填写气瓶出入库登记表，内容包括：气体名称、气瓶编号、出入库日期、使用单位、作业人等。

——气瓶入库后，应将气瓶加以固定，防止气瓶倾倒。

2. 存储要求

——气瓶宜存储在室外带遮阳、雨篷的场所。存储在室内时，建筑物应符合有关标准的要求。气瓶存储室不得设在地下室或半地下室，也不能和办公室或休息室设在一起。

——气瓶在库房内应摆放整齐，分类存储，并设置标签。数量、号位的标志要明显。要留有可供气瓶短距离搬运的通道。

——气瓶在室内存储期间，特别是在夏季，应定期测试存储场所的温度和湿度，并做好记录。存储场所最高允许温度应根据盛装气体性质而定，必要时可设温控报警装置，储存场所的相对湿度应控制在 80% 以下。

——存储场所应通风、干燥，严禁明火和其他热源，不得有地沟、暗道和底部通风孔，并且严禁任何管线穿过。

——氧气或其他氧化性气体的气瓶应该与燃料气瓶和其他易燃材料分开存放，间隔至少 6m。氧气瓶周围不得有可燃物品、油渍及其他杂物。严禁乙炔气瓶与氧气瓶、氯气瓶及易燃物品同室储存。毒性气体气瓶或瓶内介质相互接触能引起燃烧、爆炸、产生毒物的气瓶应分室存放，并在附近配备防毒用具和适当的灭火器材。

——对于装有易燃气体的气瓶，在储存场所的 15m 范围以内，禁止吸烟、从事明火和生成火花的工作，并设置相应的警示标志。

——使用乙炔气瓶的现场，乙炔气的存储不得超过 $30m^3$（相当于 5 瓶，指公称容积为 40L 的乙炔瓶）。乙炔气的储存量超过 $30m^3$ 时，应用非燃烧材料隔离出单独的储存间，其中一面应为固定墙壁。

——气瓶应直立存储，用栏杆或支架加以固定或扎牢（图 8-7），禁止利用气瓶的瓶阀或头部来固定气瓶。支架或扎带应采用阻燃的材料，同时应保护气瓶的底部免受腐蚀。

——气瓶（包括空瓶）存储时应将瓶阀关闭，卸下减压器，戴上并旋紧气瓶帽，整齐排放。

——盛装容易发生聚合反应或分解反应气体的气瓶，如乙炔气瓶，必须规定存储期限，根据气体的性质控制储存点的最高温度，并应避开放射源。气瓶存放到期后，应及时处理。

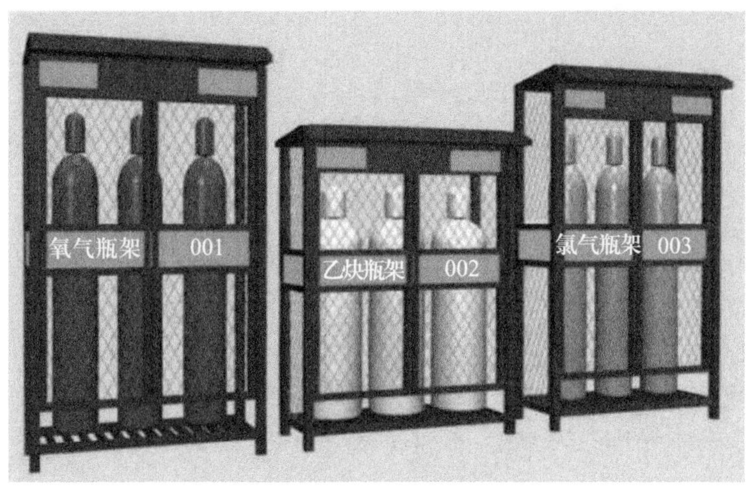

图 8-7　气瓶储存时防倾倒集装蓝

3. 检查与应急处置

——应定期对存储场所的用电设备、通风设备、气瓶搬运工具及栅栏、防火和防毒器具进行检查，发现问题及时处理。

——存储可燃、爆炸性气体气瓶的库房内照明设备必须防爆，电器开关和熔断器都应设置在库房外，同时应设避雷装置。禁止将气瓶放置到可能导电的地方。

——浓度超标，应强制换气或通风，并查明危险气体浓度超标的原因，采取整改措施。

——存储毒性气体或可燃性气体气瓶的室内储存场所，必须监测储存点空气中毒性气体或可燃性气体的浓度，设置相应气体的危险性浓度检测报警装置。

——如果气瓶漏气，首先应根据气体性质做好相应的人体保护，在保证安全的前提下，关闭瓶阀，如果瓶阀失控或漏气点不在瓶阀上，应采取相应紧急处理措施。

第九章　社会安全事件应对

社会安全是指国际业务所在国家（地区）因政局动荡、恐怖袭击、战争或武装冲突、宗教部落矛盾、社会治安（绑架、盗窃、抢劫及其他）等，可能危及境外员工、财产和公司正常运行的情形。为有效预防、控制和处置境外社会安全风险，保障境外员工和财产安全，加强中国石油国际业务社会安全管理、强化出国人员社会安全知识培训。

第一节　社会安全常识

从事国际业务的企业应遵守所在国法律法规，牢固树立“员工生命高于一切”的理念，通过健全制度，明确责任，保证投入，落实资源，抓好培训，强化监督，全面提高国际业务社会安全管理水平，切实保障境外员工在社会安全方面的各项权利，为员工创造安全稳定的生产生活环境。员工应严格履行社会安全管理各项义务，在生产活动和日常生活中遵守纪律，执行各项社会安全管理规定。

一、社会安全管理要求

社会安全管理对象涵盖了可能对社会安全构成威胁的各种因素，包括自然因素引发的安全问题（如自然灾害衍生的社会安全问题）、人为因素导致的安全问题（如违法犯罪、事故灾难、公共卫生事件等），以及社会结构和社会关系方面的不稳定因素（如社会矛盾、群体冲突等）。

（一）体系建设

企业应建立和推行国际业务社会安全管理体系（SeMS）对境外项目社会安全风险实施体系化管理，结合本单位生产实际，建立本单位国际业务社会安全管理体系。推动社会安全管理要求和标准融入境外项目备案、投标和实施的全过程，推动全员参与社会安全管理，有效预防、控制和处置各类社会安全风险。每年应至少组织一次社会安全管理体系内部审核，对本单位社会安全管理体系的符合性、适合性和有效性进行审核，并对不符合事项采取纠正措施。

企业应定期开展境外项目社会安全风险评估，正常状态下，境外项目每年应至少进行一次评估。遇有政局动荡、恐怖袭击、战争或武装冲突、宗教部落矛盾等重大安全形势变化，应立即对社会安全风险变化及形势发展做出评估和判断，并采取相应风险应对措施。

企业及境外各级生产经营单位应加强境外项目社会安全信息管理。通过与驻外使领馆、当地政府部门、专业机构、合作伙伴、部落社区等，建立多方位、多层次信息渠道，及时收集、分析和发布社会安全信息，完善预警预防机制，做好预警和预防。

企业应针对境外项目周边部落和社区的实际需要，开展针对性强、让当地群众真正受益的社会公益项目，赢得当地民众对项目的支持，依托当地民众做好预警和预防，为项目创造安全和谐的良好环境。

（二）防恐培训

应对外派员工实行防恐培训制度，赴境外长期（超过 30d）工作人员和赴高风险及以上国家（地区）的短期出差人员应当参加防恐安全培训，未参加培训或培训不合格员工一律不准派出。

企业及境外各级生产经营单位的主要负责人、分管领导和社会安全管理人员应当参加防恐安全管理培训，具备相应的社会安全管理知识和管理能力。企业应建立赴外员工旅程安全管理制度，加强员工在国外期间的旅程安全管理。

（三）安全保卫

企业的境外驻地和营地应当根据当地实际安全风险，配备必要的安全防卫设施，雇佣当地合法的保安、警察或军队等保卫力量，增强安全防卫能力，为员工提供安全的生产生活场所。

企业应建立保安力量管理制度，加强对保安力量的选择、雇佣和管理，明确保安人员的职责，规范保安人员的行为。对于武装保安，要确保其所持器械和行为符合当地法律要求。

境外驻地和营地的安全防范工程建设要执行与主体工程同时设计、同时施工、同时投入生产和使用的“三同时”管理制度。

物探、钻修井、测录试、管道施工、钻前工程及其他野外流动性作业，必须建立严格的外出作业管理程序，配备合适的车辆、通信工具和足够的武装保安，确保在安全的前提下外出作业。

（四）安保投入

企业在境外项目社会安全管理方面应当保证资金投入。在确定项目固定资产投资和编制年度预算时，要同步安排安保投入，按规定和实际需要列支各项安保费用。安保固定资产投资包括：

——安防设施：营地、驻地、办公室等固定场所采用的壕沟、铁丝网、水泥墙、防护栏、紧急避难场所等物理防护措施，以上地点安装的闭路电视监控系统、入侵预警系统等技术防护措施。

——个人防卫用品：包括头盔、防弹衣、急救包及防弹车辆的购置等。

——应急物资：包括应急支持点的建立、海事卫星电话等物资的购置等。

——其他与安保相关的固定资产投资。

安保年度费用包括：

——安全信息费用：日常安全信息收集、社会安全风险评估、重要安全信息情报渠道建立等。

——安保力量费用：雇佣当地警察、军队、安保公司、保卫车队等；应急物资费用：水、油料、食品、应急包等易耗物资的更新，以及应急撤离资金。

——培训教育费用：出国人员的防恐安全培训，购置或编印社会安全知识所需要的书籍、刊物、宣传材料等；其他与安保相关的年度费用。

（五）应急管理

企业应组织制订境外各级生产经营单位的社会安全应急预案。应急预案的建立及变更应报上级主管部门备案，同时与当地政府、周边相关方建立预警救援和联动机制，一旦发生突发事件，立即按程序启动应急响应。企业应设立 24h 境外应急值班电话，保证应急信息和指令得到及时报告和传达。

企业及境外各级生产经营单位要根据风险情况储备应急物资，落实应急资源。储备的应急物资主要包括：

——伤员现场急救所需的药品、器械、急救包；

——所在地区可能发生的传染病、流行病预防及治疗药品；

——应急食品、水及生活必需品；

——人员撤离地图、交通工具；

——所在地政府相关部门、医院的应急联系方式等应配备足够的应急通信设备。

二、伊斯兰教知识简介

伊斯兰教是世界性的宗教之一，与佛教、基督教并称为世界三大宗教。中国旧称大食教、天方教、清真教、回教等。全球穆斯林总人数约 17 亿，分布在 204 个国家的地区，占全世界人口的 24%。

（一）教义

伊斯兰教主要分布在亚洲、非洲，以西亚、北非、西非、中亚、南亚次大陆和东南亚最为盛行。在亚非多达 57 个伊斯兰国家中，穆斯林占全国总人口的大多数。在 30 多个国家中，伊斯兰教被定为国教。尽管穆斯林们分布于世界各地，国籍，民族、肤色和语言各不同，却共同恪守着那古老的教义，即宇宙间只有一个主宰“安拉”，并且依照各自的理解，遵循着《古兰经》的教义。

（二）礼拜

礼拜是一项重要的宗教仪式，是每一位成人穆斯林的“天职”。礼拜有一定的朝向、时间、仪式和要求。全世界的穆斯林在做礼拜时，必须面朝麦加圣寺内的“克尔白”（即天房，指寺内方形石殿，它是全球穆斯林朝拜的中心），因此各国穆斯林由于所处位置不同朝拜的方向也各不相同。每一个清真寺里的壁龛即表示礼拜的朝向。

伊斯兰教规定每日礼拜五次：晨礼（从拂晓到日出）、晌礼（从中午刚过到日偏西）、午礼（从日偏西至日落）、昏礼（从日落至晚霞消失）、宵礼（从晚霞消失至次日拂晓），此外，每星期五主麻日的晌礼时间，要求穆斯林到清真寺做集体礼拜“聚礼”。

（三）派系

伊斯兰教主要分为逊尼派和什叶派两大派系，逊尼派约占穆斯林总数的85%～90%，什叶派约占 10%～15%。逊尼派的信徒分布在大多数伊斯兰国家，中国穆斯林也大多是逊尼派。什叶派的信徒主要分布在伊朗、伊拉克、巴林。

（四）禁忌

安排访问应避开穆斯林的“斋月”，女性不能穿超短裙，肩膀、膝盖须掩盖。主要禁忌有：禁止各种形式的偶像崇拜；视左手肮脏，因此忌讳左手递物；禁止在商业上使用橄榄绿（国旗）；禁忌数字“13”；禁用猪、熊猫、六角星等做图案；禁止对当地的政府办公机构、海关、机场、兵营、警察局等建筑物拍照；禁止对当地人特别是当地女性拍照；尊重穆斯林每天定点朝拜的习俗，不得阻拦穆斯林做礼拜，即使是工作时间也不要近距离从礼拜者的正前方穿过；未经允许，不要触摸《古兰经》；不要盯着当地女性看，不得和当地人谈论女性；斋月期间，白天不能当着当地穆斯林的面吃东西、吸烟；不能吃穆斯林所禁忌的食物，如猪肉、狗肉、驴肉、动物的血、自然死亡的动物等。与伊拉克人打交道，不要赞美他们所持有的东西，否则，他们会把它作为礼物送给你。赞美含有“我想要”的意思。

第二节　防范意识和能力

员工应保持良好的防范意识和能力，包括但不限于以下方面：遵守法律法规，尊重文化习俗；保持低调形象，免受他人关注；参加培训演练，掌握安全技能；突发事件发生，冷静恰当处置；增强获救信心，减少伤亡概率。

一、提高防范意识

（一）做到“三要”

——要熟记联络电话：要熟记住地、上司、使领馆和当地友人的电话，以便紧急情况时能及时联络。

——外出要征得同意：出入要打招呼，最好主动登记，或者将目的地及时告诉同事。如特殊情况不能按时返回，必须通知同事。

——为人要低调：在境外要衣着朴素，入乡随俗，低调行事。别戴名表和贵重饰品。低调采购和使用贵重电子设备。身居敏感地区，即使是拍照这样在发达地区的常见举动都可能招来横祸。

（二）做到“三不要”

——不要仅指望官方公布的报警电话：有些地方报警电话并不可靠。这个系统是层层上报、层层下达的，关键时候语音电话可能延误时机。应该记得管辖自己的警方电话，直接打警局的电话更靠谱。不行的话，首先向自己最可靠的人求救。

——不要与歹徒搏斗：即使你有经过专业搏斗训练；目光对视、甚至掏护照这样疑似掏枪的动作，都会招致攻击。

——不要看热闹：遇大选、节日、集会、游行、身边发生疑似突发事情的时候，不仅不要看热，还要尽快远离，回住处反锁门窗。

二、提高辨识能力

（一）识别恐怖嫌疑人

——神情恐慌、言行异常、出汗、嘴干、颤抖、频繁吞咽、紧张的小动作。

——外表与身份不符，着装与季节不协调，有隐秘联络手段的团体，携带物品与其身份明显不符。

——冒称熟人、假献殷勤者。

——检查过程中，催促检查或态度蛮横不愿接受检查者。

——频繁进出大型活动场所或反复在警戒区附近出现。

（二）识别可疑物品

在不触动可疑物的前提下：

——看：由表及里、由近及远、由上到下，无一遗漏观察，判断识别可疑物品或可疑部位有无暗藏的爆炸装置。

——听：在寂静的环境中用耳倾听是否有异常声响。

——闻：如黑火药含有硫磺，会放出臭鸡蛋（硫化氢）味；自制炸药会分解出明显的氨水味等。

三、日常行为规范

（一）驻地和办公室

了解住所位置、周边区域信息和主要的安全风险，提高防范意识。

——熟悉紧急逃生通道的位置。

——能正确使用有关防护设施（如门禁、警报器、避难所等）。

——习惯性地锁好房门和挂好防盗链。

——定期检查住所门、窗、锁的状态和钥匙等，钥匙丢失尽快换锁。

——将自己的联系电话告知所在的部门或朋友，事先约定好恰当的暗语（在交谈或书信中用于指示是否处于胁迫状态）。

——当有人敲门时，在他人进入房间前，利用猫眼观察来人情况，确认来人身份。

——开门前，如有任何疑问，多问几个问题，如发现可疑情况立即通知保安、相关负责人或其他工作人员。

——如果陌生人敲门不断，则用对讲机、手机等通知保安或其他工作人员。

——如果有人试图闯入，锁紧加固门窗，以拖延时间拨打应急电话。

——如果收到来历不明包裹，要先由安保人员检查设法搞清楚里面是否有金属电线或爆炸物，若存在怀疑就不要打开。

——怀疑包裹可能有爆炸物时，将其放置安全区域，设置隔离带告诉周边人，紧急远离并立刻与有关部门联系。

——谨慎对待来自陌生人的“打错电话”或主动联系的电话（包括女性）。

——发现可疑情况立即报告。

（二）日常出行

不擅自出行，遵守当地风俗习惯，行为举止、穿着打扮尽量入乡随俗，经常变化并最大化减少规律性行程。

——时刻保持低调，考虑不同的着装，不在街上暴露相机、现金或个人文件。

——使用当地货币且持有小额零钱（将其放置于多个地方），避免带大量现金。

——了解当地安全信息如大选、游行、犯罪、暴乱的时段和地点等，了解安全地点以应对突发状况，如酒店、大使馆、警察局等。

——避开易发生冲突的区域，改变定期的活动，使用不同车辆经常不定时地变换路线、出口和乘车地点，并确保公司知晓你的行程变化。

——避免向他人透露不必要的信息，确信让可靠的人知晓自己的行程。

——出发前，通知目的地人员并与相关人员确认平安到达。

——在行车途中要锁闭门窗，减少停车次数和时间，在受保护的区域内停放车辆，进入未安排人员看管或无保护措施的车辆前要进行搜查。

——到达和离开时提高安全警惕，尽量让车辆处于启动状态且靠近建筑物的入口（如果对所在环境不熟悉要事先让车直线行驶），在确信车辆已经到达并可以安全离开之前要留在安全地点。

在可能的情况下尽量结伴出行，必须步行外出时一定要结伴而行，对陌生人始终保持警觉，避免在不熟悉的地方约见陌生人，不要在灯光昏暗的区域步行，坚持在主路上活动，不在公共场所翻阅地图。

（三）检查站

——携带所有有关文件（驾照、出入条等）并有序存放。

——关好车门、窗，在检查中要迅速对形势进行评估，并且做出回应。

——要表示出自己没有任何威胁且很顺从。

——要有耐心、礼貌和合作的态度并保持警觉。

——做好离开的准备，发动机保持启动并挂于合适挡位。

——避免使用贵重物品进行贿赂。

——夜间途经检查站时，车辆要关上前灯并打开内部照明。

（四）行李物品

——妥善保管敏感信息和文件，如护照等，要留好复印件备份。

——使用良好且不引人注意的行李箱（精美的行李箱易引起犯罪分子的

注意）。

——小心标记好行李（写好联系方式和当地住址），避免使用国旗、公司名称 logo 等做标志。

——不携带任何法律法规和公司规定禁止的物品，任何对所在国有侮辱性描写，或者内容涉及其政治、军事或宗教的书籍。

——尽量避免携带大额、大量现金和贵重物品出行，可在箱包中放盒香烟之类引人注意的东西，万一遇到抢劫，一盒香烟或许能平息罪犯的欲望。

第三节　突发事件应对

社会安全事件通常具有突发性、紧急性，对社会的安全和稳定构成直接威胁。这类事件往往涉及人为因素，可能是有意的破坏行为，也可能是无意的过失导致的。社会安全事件的处理需要迅速、果断，以减少对社会的负面影响。

一、人群踩踏事件

在世界各地，踩踏事件时有发生，已经成为一大公共安全问题。据不完全统计，2010—2020 年，全球至少发生了 55 起较大规模的踩踏事件，导致至少 4300 人死亡。发生场景主要以大型聚会为主，包括体育赛事、宗教活动、节日聚会、文娱演出等。踩踏事故多发生在人口聚集、人流密度较高，容易形成人流瓶颈的公共场所局部区域，譬如商业区、景区、运动场所、夜总会等。

（一）事故的原因

2014 年 12 月 31 日发生在上海外滩的踩踏事故，因很多游客市民聚集在上海外滩迎接新年，参加跨年夜活动，上海外滩陈毅广场东南角通往黄浦江观景平台的人行通道阶梯处底部有人失衡跌倒，继而引发多人摔倒、叠压，致使拥挤踩踏事件发生，造成 36 人死亡，其中男性 11 人，女性 25 人。

2022 年 10 月 29 日晚，韩国首尔龙山区梨泰院举行万圣节派对，发生大规模踩踏事故。当晚踩踏事故中共死亡 159 人，其中女性占了近三分之二。发生踩踏事故的小巷是一个宽约 3.2m，长约 45m 的斜坡，事故发生时，整条小巷都挤满了人。发生踩踏事故的地点是其中大约长 5.7m 的一段，当时这一段约 18m^2 的空间里有 300 多人，本次事故死伤者基本都处在这一空间中。

这四种情形易发生踩踏：一是大客流时前面有人摔倒，后面人未留意，没有止步；二是人群受到惊吓，产生恐慌，在无组织无目的的逃生中，相互拥挤踩踏；三是人群因过于激动（如兴奋、愤怒等）而出现骚乱，易发生踩踏；四是因好奇心驱使，造成不必要的人员集中而造成踩踏。

在踩踏事故中，女性和儿童的伤亡率远远高于男性。女性和儿童身体素质较弱，身形相比男性要瘦小，在拥挤的过程中很容易站不稳，在跌倒被踩之后较容易受伤和出现窒息，因此伤亡率高。踩踏事故中大多数遇难者的死因归结为，窒息造成的创伤性心脏骤停。

因为一旦有人不小心摔倒，或被人群挤倒，就会造成“多米诺骨牌效应”，人们一批一批倒下，后面的人推挤着前面的人就会一层一层挤压在一起，胸部受到严重挤压的，根本没办法扩张。人的呼吸是需要胸腔扩张来完成的，由于人压着人，呼吸受限，如果不能及时解除，在短短的几分钟内，人就会因为无法呼吸导致窒息死亡。

（二）事件的预防

“发现有踩踏风险，可以就近寻找避险物”。要设法靠近墙壁、柱子，甚至可以爬到周围的牢固物体（比如灯箱、粗柱子等）上面避险。待人群过去后，迅速离开现场。切记要远离店铺的玻璃窗，以免因玻璃破碎而被扎伤。如果路边有商店、咖啡馆等，立即进去暂避风险。

灾难事故往往难以预料，提早防范至关重要。平时要提高安全防范意识，避免去过度拥挤的场所。如果身处人多的场所不要推挤、不起哄、不制造紧张或恐慌氛围。一定要保持警惕，尽量走在人流的边缘或尾部。当发现有人情绪不对，或人群开始骚动时，要做好准备保护自己和他人。发觉拥挤的人群向自己行走的方向来时，应立即避到一旁。

不要“逆流而动”。比如突然看到人流向一个方向涌动，这时不要胡乱随着人流的方向走，更不能逆着人流前进，也不要停下，不要硬挤，而是一边顺着人流一边向两侧移动，一直移出人群。

稳住双脚，谨防摔倒。注意不要被绊倒，避免自己成为拥挤踩踏事件的受害对象。发现前方有人突然摔倒，一定要大声呼喊，尽快让后面的人知道前方发生了什么，停止继续向前拥挤。当带着孩子遭遇拥挤的人群时，最好把孩子抱起来，以免孩子在混乱中被踩伤。

不要弯腰。不可弯腰蹲下系鞋带或捡钱包，即便鞋子被踩掉，也不要弯腰提鞋或系鞋带。一旦身体降低，重心偏移，很可能被四面涌来的人潮推倒或淹没。

采取拳击式姿势。被人群拥着前行时，要撑开手臂放在胸前，背向前弯，移动时双手握拳架在胸前，就像“拳击手”的防守姿势，胸前形成一定的空间，以保持呼吸道畅通。如果有机会与人沟通，最好与周围的人手挽手在胸前，共同抵御外来的压力。

图 9-1　三三角自救法

（三）踩踏时自救

发生踩踏事件摔倒后，该如何保护自己？若遇踩踏事件，倒地者最佳防护姿势为抱头屈膝蜷缩以减小受伤可能，尽可能保证呼吸运动空间，见图 9-1，三三角自救法。自救姿势二十四字诀：紧急侧 / 俯卧，双手扣颈，护住后脑，蜷缩成团，并腿收拢，全身紧绷。

若被推倒，要设法靠近墙壁。面向墙壁，设法使身体蜷缩成球状，侧卧或俯卧于地面进行自我保护。应双手十指交叉护住后脑，双臂并拢护住额部和面部，身体屈曲，下肢蜷缩，膝盖尽量靠近脑部，保护好头、颈、胸、腹等重要部位，尽可能减少可能被踩踏的面积，而且身体还能形成一定空间保证自由呼吸。

二、遭遇绑架 / 劫持

万一被绑架或劫持，一定要尽快从惊吓和害怕中恢复镇静，保持冷静，接受现实，举止谨慎，判断形势，决定是否可安全逃离，如不能安全逃离，应服从劫持者的指令且表示无威胁，动作要缓慢，不做突然动作，不贸然抵抗，将手放在劫持者可见处。

（一）冷静、顺从

保持镇定，永不放弃获救希望。不要对视、不要激怒对方，也不要和绑匪太过接近或有身体接触，不要对话，千万不要突然站起来，绝对不要说认识绑匪、不表示能听懂绑匪的语言。双手始终在歹徒视线内，在被劫持现场，不要乱触摸任何东西。

（二）了解、观察

一定要使自己保持安静，听（看）清楚歹徒说的话和动作，小心留意你身边的环境及绑匪的行为细节。了解绑匪意图，观察对方的工具、路线、位置、周围环境及看守情况；记在脑子里，对自救和外部救援有帮助。多观察绑匪行为及其弱点。观察恐怖分子人数，头领，便于事后提供证言。

（三）服从、配合

接受配给的食物，保持体力，不卑屈，但一定要服从指令，没有明确指令，千万不要乱动，你只是绑架的对象，不是绑架者的目的，与绑架者友好相处，交谈不要涉及争议话题。当绑架者需要你帮助向家人打电话、向组织报告，配合对方。在保证安全的前提下可以给予某些暗号或线索。

（四）自保、应变

一定要详细说明自己的疾病及治疗情况，接受他人为你治疗伤病、给予的食物，要自救自保。利用好绑匪提供的便利，例如书籍、报纸或者广播。有条件可以设法逃跑，但关键是怎样抓住机会。不轻易尝试逃脱，除非你的计划有很大的成功几率。一定要有把握，一旦行动就不要停止。不要透露对绑匪可能有用的信息，要坚持进食和休息，时刻准备应对更复杂的局面。

（五）坚持、等待

不要期望会被立刻释放，做好长期吃苦的准备。沉着冷静，以不变应万变，制订饮食、锻炼计划并坚持不懈地进行，等待救援。一般绑匪是求财，你是他讨价还价的筹码，所以对于顺从的“筹码”是会保留的。如有厨师、医疗、维修方面的专业技能，可能会提高你的安全系数。

切记不要意气用事，不要单靠个人力量硬拼，更不要行为失控；在恐怖分子胁迫你与军警对峙的时候，尽量减少身体晃动，给警方狙击手创造射击角度，避免误伤自己；在警方发起突击的瞬间，尽可能趴在地上，在警方掩护下脱离现场。

三、路遇突发事件

出发前，应对车辆状况例行检查，车辆应配备必要的应急设备。出行期间，应随身携带相关应急联系电话，应遵循低调原则，衣着、言行与当地习俗尽量保持一致，应随身携带应急备用金。出行时遭遇当地民众爆发游行示威、罢工、骚乱等事件，可采取下列措施：

（一）路遇示威、罢工与骚乱

路遇示威、罢工与骚乱时，应保持冷静、观察现场情况、避免卷入冲突、保持警惕，确保自身安全。

——不要围观，车辆尽量绕行，马上离开示威区域。

——遇到道路管制，可选择绕行，不可强闯。

——可到就近商场或者酒店寻求避难。

——了解你所处的地方，马上向使馆或者单位报告。

——如果开车时遇到了示威，应该马上掉头，如果动弹不得，设法把车停在路边，不要阻碍示威车辆或者人群通过，同时锁上车门，摇上玻璃，不要熄火。

（二）路遇武装交火

保持冷静，迅速观察周围情况，判断交火的地点、规模和可能的扩散方向。

——千万不要站着，马上趴在地上，一定要平趴脸朝下。

——判断哪里打枪，打向哪里，自己所处的位置是否有利。

——立即寻找最近的坚固掩体，如沟渠和结实的建筑物躲起来。

——如果可能，尽量避开交火的直接区域，选择安全的逃生路线。

——在撤离过程中，尽量避免暴露在开阔地带，保持低姿态，避免成为攻击目标。

（三）逃脱时注意事项

保持冷静的头脑，避免恐慌和盲目行动，恐慌可能导致判断失误，增加危险。

——迅速观察周围环境，确定逃脱的最佳路线和可能的障碍。

——确保手机处于可用状态，以便及时与大使馆、单位、家人、朋友或救援人员联系。

——在逃脱过程中，尽量保持低姿态，利用墙壁、家具等坚固物体作为掩体，减少被攻击的风险。

——不随便呼喊，遇见当地人不要轻易讲自己被绑架。

——不要随意暴露自己的位置，特别是在开阔地带或光线明亮的地方，夜间灯火要控制。

——根据实际情况选择临时隐蔽、休息地点、等待救援。

——建立警戒范围、轮流休息，擦去留下的痕迹。

——在逃脱过程中，如果遇到救援人员，务必配合他们的行动和指示。

——保持积极、乐观的心态，相信自己能够成功逃脱，放松身体，以减轻这些负面情绪的影响。

——一旦成功逃脱，立即寻找一个安全的避难所，如警察局、医院或指定的安全区域。

相关链接：国际社会安全通用手语

一、数字手势

数字手势见图 9–2。

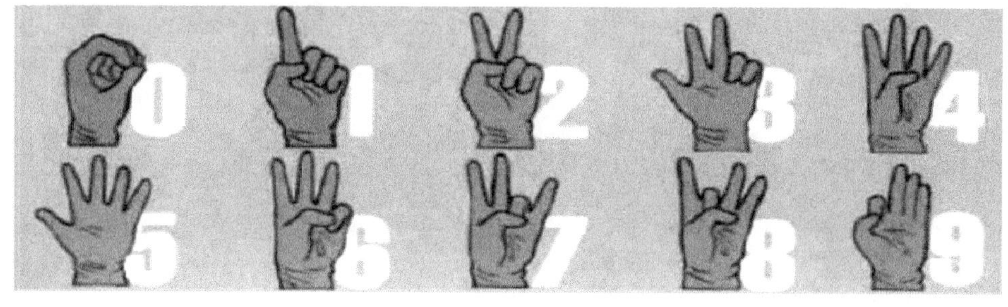

图 9–2　数字手势

二、人物身份

人物身份见图 9–3。

——成人：手臂向身旁伸出，手部抬起到胳膊高度，掌心向下。

——小孩：手臂向身旁伸出，手肘弯曲，掌心向下固定放在腰间。

——女性：掌心向着自己的胸膛，手指分开呈碗状，寓意是女性的胸部。

——人质：用手卡住自己的脖子，寓意是被劫持者。

——指挥官：食指、中指、无名指并排伸直，横放在另一手手臂上。

图 9–3　人物身份

三、武器类别、所处位置

武器类别、所处位置见图 9–4。

——手枪：手臂弯曲，伸直大拇指及食指，呈 90°，像手枪姿势。

——步枪：手臂伸直，举过头顶，伸直大拇指及食指，呈 90°。

——自动武器：手指弯曲呈抓状，在胸膛上下扫动，像弹奏吉他一样。

——门口：用食指由下向上，向左再向下，做出开口矩形的手势，代表门口的形状。

——窗户：用食指由下向上，向左再向下，再向右，做出闭口矩形的手势。

图 9–4　武器类别、所处位置

四、战术动作

战术动作见图 9–5。

——集合：手指作握拳状，高举到头上，食指垂直向上竖起，缓慢地做圆圈运动。

——推进：弯曲手肘，前臂指向地上，手指紧闭，从身后向前方摆动。

——撤退：胳膊垂直向下，握拳向后摆动。

——赶快：手部做握拳状态，然后弯曲手肘，举起手臂做上下运动。

——掩护我：把手举到头上，掌心盖住天灵盖。

——发现狙击手：手指弯曲，像握着圆柱状物体放在眼前，如同狙击手通过瞄准镜进行观察一样。

图 9–5　战术动作

五、其他基本手语

其他基本手语见图 9–6。

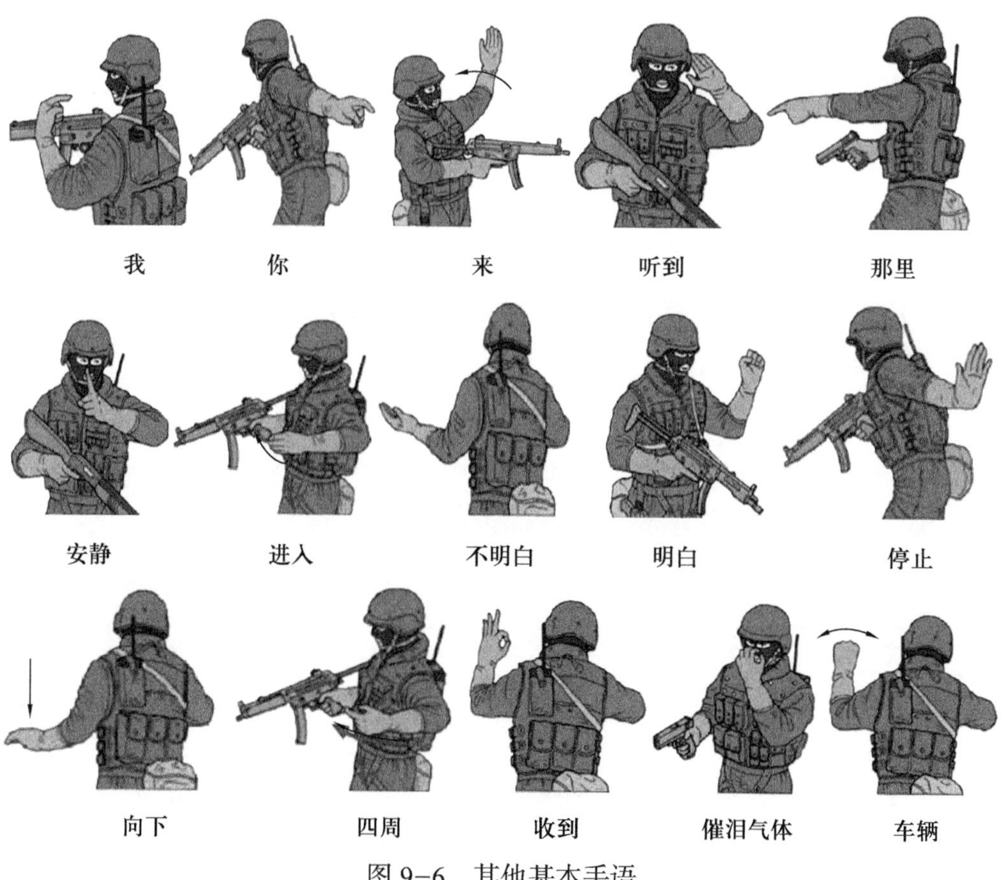

图 9–6　其他基本手语

随堂练习

1. 在办公室工作时，应整齐、合理摆放文件柜内的资料，下列说法正确的是（　　）。

A. 首先使用离地面最近的底层抽屉，避免在顶部抽屉盛装过量物品

B. 保持柜门或抽屉处于关闭状态，一次只开启一个抽屉

C. 轻关抽屉，并使用把手，避免夹手

D. 可以将文件柜作植物托架使用

2. 在办公室工作时，应正确、合理使用书柜和储物柜，下列说法正确的是（　　）。

A. 禁止将书柜和储物柜摆放在通道或紧急出口的位置

B. 避免在柜顶放置物品

C. 重物或易碎物品应放置在底部位置

D. 常用物品应放置在容易获取的位置

3. 在办公室工作时，应采取措施降低复印设备和化学物质带来的危害，下列说法正确的是（　　）。

A. 应选择合适的地点安装复印设备，根据要求进行通风换气

B. 明确复印设备和化学物质的安全使用程序和培训要求

C. 确保复印机所用化学物质正确标识和安全储存

D. 正确处理复印机硒鼓、碳粉盒、墨盒，在更换这些物质时，应注意安全

4. 根据《办公室安全管理规范》要求，应对所有办公室员工进行办公室安全培训，培训项目应涵盖行为安全要求和工作技术要求。培训内容可包括（　　）。

A. 办公室安全基本要求和行为准则　B. 紧急报警和撤离、消防知识

C. 防御性驾驶　D. 人体工效学　E. 心肺复苏

5. 根据《办公室安全管理规范》要求，下列正确的说法有哪些（　　）。

A. 从高处取物时应使用搁脚凳或梯子，禁止使用座椅或桌子

B. 办公室宜使用金属制垃圾箱

C. 应妥善放置尖锐物品（如小刀、剪刀等），尖头朝下放置

D. 宜使用圆头剪刀和不带扶手的座椅

6. 公司办公室安全管理要求应包括（　　）。

A. 拒绝无关人员进入办公室

B. 禁止在办公室存放易燃易爆物品

C. 乘坐自动扶梯、步行上下楼梯扶扶手

D. 下班离开办公室前，关闭电脑和饮水机等电器电源

7. 复印机在复印时会产生以下哪种主要危害因素（　　）。

A. 高噪声　　B. 臭氧有害气体

C. 高频电磁波　　D. 电磁辐射

8. 依据《办公区域安全管理规范》（Q/SY 1361）的规定，办公区域垃圾箱宜采用（　　）。

A. 塑料制垃圾箱　　B. 纸箱式垃圾箱

C. 金属制垃圾箱　　D. 以上均可

9. 依据《办公区域安全管理规范》（Q/SY 1361）的规定，办公服务过程中雇佣人员进行玻璃清洁作业时（　　）。

A. 要给予适当提示　　B. 不必进行干涉

C. 提供工作帮助即可　　D. 不必进行关注

10. 依据《办公区域安全管理规范》（Q/SY 1361）中对办公环境的安全要求包括以下（　　）方面。

A. 照明　　B. 噪声

C. 建筑物设计和结构　　D. 采暖、通风和空调

11. 在没有道路中心线的道路上，遇后车发出超车信号时，按照防御性驾驶技术要求，前车应当顾全大局，扫视后视镜，保持对周围交通环境的了解，（　　）。

A. 保持原有状态行驶

B. 加速行驶

C. 迅速停车让行

D. 在条件许可的情况下，降低速度、靠右让行

12. 手提式干粉灭火器的报废年限为（　　）。

A.5 年　B.8 年　C.10 年　D.12 年

13. 在扑救贵重设备、档案资料、仪器仪表、600V 以下电气设备的初起火灾时应采用（　　）灭火器。

A. 清水灭火器　B. 酸碱灭火

C. 二氧化碳灭火器　D. 化学泡沫灭火器

14. 身上着火后，下列哪种灭火方法是错误的（　　）。

A. 就地打滚　B. 用厚重衣物覆盖压住火苗

C. 迎风快跑　D. 跳入水中

15. 在空气不流通的狭小地方使用二氧化碳灭火器可能造成的危险是（　　）。

A. 中毒　B. 缺氧　C. 爆炸　D. 视线不清

16. 在扑灭配电室电器火灾的过程中，应注意不得用（　　）灭火。

A. 泡沫灭火器　B. 干粉灭火器

C. 二氧化碳灭火器　D. 水基灭火器

17. 下列有关特殊化学品火灾扑救方式的说法正确的是（　　）。

A. 扑救气体类火灾时，切忌盲目扑灭火焰，在没有采取堵漏措施的情况下，必须保持稳定燃烧

B. 扑救爆炸物品火灾时，切忌用沙土盖压，以免增强爆炸物品的威力

C. 扑救遇湿易燃物品火灾时，可用泡沫、干粉、二氧化碳等灭火剂扑救

D. 扑救易燃液体火灾时，比水轻又不溶于水的液体用直流水、雾状水往往无效，可用普通蛋白泡沫或轻泡沫扑救；水溶性液体最好用抗溶性泡沫扑救

18. 以下哪些物品着火后可使用二氧化碳灭火器进行灭火（　　）。

A. 电气设备　B. 精密仪器　C. 图书　D. 档案

19. 下列属于不宜超车的路况有（　　）。

A. 设有警告标志　B. 路口

C. 路口转弯视线有障碍　D. 弯道

E. 视野有障碍的路段

20. 电梯乘客应当遵守以下要求，正确使用电梯：（　　）。

A. 遵守电梯安全注意事项和警示标志的要求

B. 不乘坐明示处于非正常状态下的电梯

C. 不采用非安全手段开启电梯层门

D. 不乘坐超过额定载重量的电梯，运送货物时不得超载

21. 下列情形中哪些属于不安全行为（　　）。

A. 由停车场到办公室的道路，部分被冰霜覆盖

B. 办公室职员将闲置旧桌子推到过道，阻碍了消防通道

C. 机器上的防护罩由于振动哗哗作响

D. 领导干部到安全联系点进行安全检查，未戴安全帽

22. 根据 HSE 管理体系标准的要求，从本质上消除或降低风险的措施是：（　　）。

A. 良好的工作场所　　B. 全新的装置、机械

C. 过程、运行程序和工作组织的有效管理

D. 建立和保持程序，用于工作场所、过程和工作组织的设计

23. 电话报火灾时应注意：要讲清楚起火单位、详细地址、（　　）、是否有人被困及报警用的电话号码和报警人的姓名等。

A. 着火情况　　B. 什么物品着火

C. 有无爆炸危险　　D. 预计着火时间

24. 以下（　　）急救措施对解救休克病人有作用。

A. 掐“人中”穴（位）　　B. 人工呼吸

C. 心脏按摩　　D. 海姆立克

25. 施行人工呼吸时，当患者出现极微弱的自然呼吸时，应（　　）。

A. 继续进行人工呼吸，且人工呼吸应与其自然呼吸的节律一致

B. 继续进行人工呼吸，但人工呼吸应与其自然呼吸的节律相反

C. 立即停止人工呼吸

D. 继续进行人工呼吸

26. 下列（　　）情况不宜采用胸外心脏按摩。

A. 心跳停止并有肋骨骨折的　　B. 触电后心跳停止的

C. 心肌梗死病人　　D. 溺水者

27. 以下（　　）情况不宜采用口对口人工呼吸。

A. 触电后停止呼吸的　　B. 高处坠落后停止呼吸的

C. 硫化氢中毒呼吸停止的　　D. 溺水者

28. 有异物刺入头部或胸部时，以下（　　）急救方法不正确。

A. 快速送往医院救治

B. 用毛巾等物将异物固定住，不让其乱动

C. 马上拔出，进行止血

D. 密切关注伤者的状态

29. 发生手指切断事故后，对断指处理下列方法中，（　　）是正确的。

A. 用水清洗断指后，与伤者一同送往医院

B. 用纱布包好，放入清洁的塑料袋中，并将其放入低温环境中，与伤者一同送往医院

C. 把断指放入盐水中，与伤者一同送往医院

D. 将伤者送往医院

30. 腹部创伤患者在医生诊治前，如其口渴应（　　）。

A. 可让其喝水　　B. 可让其喝葡萄糖溶液

C. 可用水湿润其嘴　　D. 可让其喝热水

31. 因事故导致严重的外部出血时，应（　　）。

A. 清洗伤口后加以包裹　　B. 用布料直接包裹，制止出血

C. 用药棉将流出的血液吸去　　D. 要等专业医生来处理

32. 毛细血管出血，应使用以下（　　）进行止血。

A. 普通包扎法　　B. 指压包扎法

C. 对破口处进行消毒　　D. 泥土

33. 以下（　　）方法不是伤口包扎的目的。

A. 止血　　B. 减少细菌感染

C. 止痛　　D. 保护伤口

34. 发生骨折后，应及时将断骨固定，固定时应保持（　　）。

A. 尽可能紧

B. 尽可能松

C. 松紧适当，以不影响血液流通为宜

D. 无所谓松紧

35. 搬运脊柱骨折患者，下列搬运工具中，（　　）不宜使用。

A. 床板　　B. 软担架　　C. 门板　　D. 长木板

36. 灼烫指生产过程中因火焰引起的烧伤，高温物体引起的烫伤，放射线引起的皮肤损伤，或强酸、强碱引起的人体的烫伤，化学灼伤等伤害事故，但不包括（　　）。

A. 电烧伤　　B. 火灾事故引起的烧伤

C. 氧化物灼伤　　D. 带电作业产生的电弧烫伤

37. 浓硫酸洒在皮肤上，应该采用下述（　　）方法。

A. 马上用水冲洗　　B. 去医院

C. 用干净布或卫生纸将硫酸粘下，并迅速用大量凉水冲洗皮肤

38. 人体触电时，（　　）电流通路是最危险的。

A. 胸部至右手　　B. 胸部至左手

C. 两手之间　　D. 同样危险

39. 静电电压可发生现场放电，产生静电火花，引起火灾，静电电压最高可达（　　）V。

A.36　　B.220　　C.380　　D. 上万

40. 发现人员触电，首先应采取的措施是（　　）。

A. 呼叫救护人员　　B. 切断电源或使伤者脱离电源

C. 进行人工呼吸　　D. 用手将触电人员拉开

41. 被电击的人能否获救，关键在于（　　）。

A. 触电的方式

B. 人体电阻的大小

C. 触电电压的高低

D. 能否尽快脱离电源和施行紧急救护

42. 眼睛被消毒液灼伤后，首先采取的正确方法是（　　）。

A. 涂眼药膏

B. 立即开大眼睑，用清水冲洗眼睛

C. 马上到医院看急诊

D. 点眼药水

43. 误服强酸后，以下方法中哪项急救方法不正确（　　）。

A. 口服牛奶，并速送医院抢救　　B. 口服花生油，并速送医院抢救

C. 大量喝水，并速送医院抢救　　　D. 口服豆浆，并速送医院抢救

44. 发现煤气中毒人员，采取以下行动中，(　　) 急救方法是正确的。

A. 迅速打开门窗通风，并将病人送到新鲜空气环境

B. 在现场拨打电话求救

C. 在现场马上给伤员做人工呼吸

D. 找到煤气的来源

45. 下列哪些企业，应当实施强制性清洁生产审核（　　）。

A. 污染物排放超过国家或者地方规定的排放标准，或者虽未超过国家或者地方规定的排放标准，但超过重点污染物排放总量控制指标的

B. 超过单位产品能源消耗限额标准构成高耗能的

C. 使用有毒、有害原料进行生产或者在生产中排放有毒、有害物质的

D. 对生产过程中产生的废物、废水和余热等不能够进行综合利用或者循环使用的

46. 污染预防是实施环境保护的重要手段，可包括（　　）。

A. 污染源的减少或消除

B. 过程、产品或服务的更改

C. 资源的有效利用

D. 材料或能源替代、再利用、恢复、再循环、回收和处理

47. 依据《中华人民共和国清洁生产促进法》，企业在进行技术改造过程中，应当采取以下（　　）清洁生产措施。

A. 采用无毒、无害或者低毒、低害的原料，替代毒性大、危害严重的原料

B. 采用资源利用率高、污染物产生量少的工艺和设备，替代资源利用率低、污染物产生量多的工艺和设备

C. 对生产过程中产生的废物、废水和余热等进行综合利用或者循环使用

D. 采用能够达到国家或者地方规定的污染物排放标准和污染物排放总量控制指标的污染防治技术

48.《环境保护法》规定每年的(　　) 为环境日。

A.4 月 22 日　　B.5 月 31 日　　C.6 月 5 日　　D.6 月 30 日

49. 依据《环境保护法》第四十三条规定，排放污染物的企业事业单位和其他生产经营者，应当按照国家有关规定缴纳（　　）。

A. 环境保护税　　B. 污染物处理费
C. 排污费　　D. 清洁生产费

50. 依据《环境保护法》第四十五条规定，实行排污许可管理的企业事业单位和其他生产经营者应当按照（　　）的要求排放污染物。
A. 排污许可证　B. 总量控制指标　C. 环境管理　D. 环境方针

51. 依据《环境保护法》第五十六条规定，对依法应当编制环境影响报告书的建设项目，（　　）应当在编制时向公众说明情况，充分征求意见。
A. 建设单位　B. 施工单位　C. 监督单位　D. 承建单位

52. 依据《环境保护法》第十九条规定，编制有关开发利用规划，建设对环境有影响的项目，应当依法进行（　　）。
A. 环境影响评价　B. 环境监察　C. 环境监测　D. 环境评估

53. 依据《环境保护法》第二十五条规定，企业事业单位和其他生产经营者违反法律法规规定排放污染物，造成或者可能造成严重污染的，县级以上人民政府环境保护主管部门和其他负有环境保护监督管理职责的部门，可以（　　）造成污染物排放的设施、设备。
A. 没收、查封　B. 扣押、没收　C. 查封、扣押　D. 查封 拆除

54. 依据《环境保护法》第五十九条规定：企业事业单位和其他生产经营者违法排放污染物，受到罚款处罚，被责令改正，拒不改正的，依法作出处罚决定的行政机关可以自责令改正之日的次日起，按照原处罚数额按（　　）连续处罚。
A. 日　B. 月　C. 周　D. 年

55. 依据《环境保护法》规定，排放污染物的企业事业单位，应当建立环境保护责任制度，明确（　　）的责任。
A. 单位负责人　B. 相关人员　C. 分管领导　D. 工作人员

56. 依据《环境保护法》第五十三条规定，公民、法人和其他组织依法享有（　　）的权利。
A. 获取环境信息　　B. 举报污染行为
C. 参与环境保护　　D. 监督环境保护

57. 我国新《环境保护法》第五十五条规定，重点排污单位应当如实向社会公开其主要污染物的名称和（　　），以及防治污染设施的建设和运行情况，

接受社会监督。

A. 排污许可内容　　B. 排放方式

C. 排放浓度和总量　　D. 超标排放情况

58. 依据《职业病防治法》第三条规定，职业病防治工作的方针是：(　　)。

A. 以人为本，标本兼治　　B. 安全第一，预防为主

C. 预防为主，防治结合　　D. 以人为本，防治结合

59. 依据《职业病防治法》第三十三条规定，用人单位与劳动者订立合同时，要在劳动合同中写明(　　)，不得隐瞒或者欺骗。

A. 工作过程中可能产生的事故

B. 工作过程中可能产生的职业病危害及后果、职业病防护措施和待遇等内容

C. 单位提供的劳动保护用品

D. 应接受的安全教育和培训

60. 依据《职业病防治法》第三十七条规定，对遭受或者可能遭受急性职业病危害的劳动者，用人单位应当及时组织救治、进行健康检查和医学观察，所需费用由(　　)承担。

A. 用人单位　　B. 个人

C. 用人单位和个人　　D. 政府部门

61. 依据《职业病防治法》第三十九条规定，劳动者享有下列(　　)职业卫生保护权利。

A. 获得职业健康检查、职业病诊疗、康复等职业病防治服务

B. 了解工作场所产生或者可能产生的职业病危害因素、危害后果和应当采取的职业病防护措施

C. 要求用人单位提供符合防治职业病要求的职业病防护设施和个人使用的职业病防护用品，改善工作条件

D. 拒绝违章指挥和强令进行没有职业病防护措施的作业

62. 依据《职业病防治法》第二十条规定，用人单位应当采取下列职业病防治管理措施：(　　)。

A. 建立、健全职业卫生管理制度和操作规程

B. 制订职业病防治计划和实施方案

C. 建立、健全职业病危害事故应急救援预案

D. 建立、健全职业卫生档案和劳动者健康监护档案

63. 依据《职业病防治法》规定，对产生严重职业病危害的作业岗位，应当在其醒目位置，设置警示标识和中文警示说明。警示说明应当载明产生职业病危害的（　　）等内容。

A. 种类　　B. 后果　　C. 预防　　D. 应急救治措施

64. 依据《职业病防治法》第二十四条规定，产生职业病危害的用人单位，应当在醒目位置设置公告栏，公布有关职业病防治的（　　）。

A. 规章制度

B. 工作场所职业病危害因素检测结果

C. 操作规程

D. 职业病危害事故应急救援措施

65. 依据《环境保护法》第十九条规定，编制有关开发利用规划，建设对环境有影响的项目，应当依法进行（　　）。

A. 环境影响评价　　B. 环境监察　　C. 环境监测　　D. 环境评估

66. 依据《环境保护法》第五十三条规定，公民、法人和其他组织依法享有（　　）的权利。

A. 获取环境信息　　B. 举报污染行为

C. 参与环境保护　　D. 监督环境保护

67. 依据《环境保护法》第五十五条规定，重点排污单位应当如实向社会公开其主要污染物的名称和（　　），以及防治污染设施的建设和运行情况，接受社会监督。

A. 排污许可内容　　B. 排放方式

C. 排放浓度和总量　　D. 超标排放情况

68. 依据《消防法》第十七条规定，消防安全重点单位应当对（　　）进行岗前消防安全培训，定期组织消防安全培训和消防演练。

A. 消防安全重点部位的职工　　B. 安全员

C. 专职消防队员　　D. 职工

69. 依据《消防法》第五条规定，任何单位和个人都有（　　）的义务。

A. 维护消防安全　　B. 保护消防设施

C. 预防火灾　　D. 报告火警　　E. 参加有组织的灭火工作

70. 依据《消防法》第十八条规定，同一建筑物由两个以上单位管理或者使用的，应当明确各方的消防安全责任，并确定责任人对共用的（　　）进行统一管理。

A. 疏散通道　　B. 安全出口　　C. 建筑消防设施　D. 消防车通道

71. 工人在存在噪声危害的环境内工作时，其单位应首先考虑（　　）方法来改善。

A. 采用工程控制，降低噪声　　B. 提供合适的听觉保护器

C. 减少员工接触时间　　D. 定期开展职业卫生健康体检

72. 企业必须组织从事接触职业病危害因素作业的职工进行职业健康检查。职业健康检查包括：（　　）。

A. 上岗前检查　　B. 在岗期间检查

C. 离岗时检查　　D. 应急健康检查

73. 人体工效学危害因素通常会造成累积性的伤害，下列有关累积性伤害说法正确的有（　　）。

A. 不如急性伤害明显　　B. 短时间内不易引起人们的关注

C. 会因长时间在体内积累而存在，并会造成实际的疾病和伤害

D. 导致累积性伤害症，包括长期内分泌紊乱、关节发炎、腰肌劳损等

74. 下列叙述正确的是（　　）。

A. 用人单位违反本法规定，造成重大职业病危害事故或者其他严重后果，构成犯罪的，对直接负责的主管人员和其他直接责任人员，依法追究刑事责任

B. 生产、经营或者进口国家明令禁止使用的可能产生职业病危害的设备或者材料的，依照有关法律、行政法规的规定给予处罚

C. 职业卫生监督执法人员应当依法经过资格认定

D. 用人单位违反本法规定，造成重大职业病危害事故或者其他严重后果，构成犯罪的，对直接负责的主管人员和其他直接责任人员，依法给予处罚

75. 有关空气温度描述正确的有（　　）。

A. 低温对人的工作效率的影响最敏感的是脑力创造性工作

B. 评价热环境的主要指标分为舒适温度和允许温度

C. 在符合生理学上对舒适温度的规定，舒适温度在（21 ± 3）℃范围内

D. 对人的工作效率有影响的低温，通常是在 10℃以下

76. 依据《安全生产法》第四十一条规定，生产经营单位应当向从业人员如实告知作业场所和工作岗位存在的（　　）、防范措施及事故应急措施。

A. 危险因素　　B. 事故隐患　　C. 设备缺陷　　D. 重大危险源

77. 灼烫指生产过程中因火焰引起的烧伤，高温物体引起的烫伤，放射线引起的皮肤损伤，或强酸、强碱引起的人体的烫伤，化学灼伤等伤害事故，但不包括（　　）。

A. 电烧伤　　B. 火灾事故引起的烧伤

C. 氧化物灼伤　　D. 焊接作业产生的电弧烫伤

78. 在郊游、野营时要注意和准备的内容，包括（　　）。

A. 要准备充足的食品和饮用水

B. 准备好手电筒和足够的电池，以便夜间照明使用，准备一些常用的治疗感冒、外伤、中暑的药品

C. 要穿运动鞋或旅游鞋，不要穿皮鞋。早晨夜晚天气较凉，要及时添加衣物，防止感冒

D. 活动中不随便单独行动，应结伴而行。晚上注意充分休息，以保证有充沛的精力参加活动

79. 在工业生产过程中，静电可能会引起妨碍生产、影响产品质量、人员伤害、火灾爆炸等事故，下面关于静电控制措施说法正确的是（　　）。

A. 控制物料流速，增强静电电荷的衰减

B. 对有可能产生静电的管道设备必须连接成整体并做好防静电接地

C. 降低空气湿度

D. 特殊危险场所的工作地面应铺设导电地板

80. 遇到雷雨时我们应该做到不要靠近（　　）。

A. 电线杆　　B. 高塔　　C. 大树　　D. 水池

81. 游泳最容易遇到的意外有抽筋、陷入漩涡等。万一发生了这些情况，应当采取（　　）自救方法。

A. 遇到意外要沉着镇静，不要惊慌，应当一面呼唤他人相助，一面设法自救

B. 如果离岸很近，应立即出水，到岸上进行按摩

C. 如果离岸较远，可以采取仰游姿势，仰浮在水面上尽量对抽筋的肢体进行牵引、按摩，以求缓解

D. 如果自行救治不见效，就应尽量利用未抽筋的肢体划水靠岸。游泳时陷入漩涡，可以吸气后潜入水下，并用力向外游，待游出漩涡中心再浮出水面

82. 油锅起火时，应采取以下措施：（　　）。

A. 迅速盖上锅盖　　B. 向锅内倒水

C. 快速倒入下水　　D. 迅速盖上湿抹布

83. 影响食品腐败变质的因素是（　　）。

A. 食品的水分　　B. 微生物

C. 食品的营养成分　　D. 环境温度

84. 以下属于导致职业病的危害因素是（　　）。

A. 生产性粉尘　　B. 毒物

C. 噪声与振动　　D. 触电

85. 以下哪些是危化品的防火与防爆主要措施（　　）。

A. 防止易燃气体、易燃液体的蒸气和可燃粉尘与空气构成爆炸混合物，加强通风换气工作

B. 加强仓储物资包装管理，防止仓储物资渗透

C. 消除火源和防止日光直射

D. 严禁野蛮作业，防止相互撞击、摩擦，不得使用能产生火花的工具，工作人员严禁穿有铁钉的鞋

86. 以下关于关节扭伤后的处理，（　　）是错误的。

A. 立即按摩推拿

B. 把扭伤的关节立即浸入 5～10℃的冷水中

C. 抬高扭伤关节体位，限制它的运动，使患部血液流量减少

D. 用毛巾冷敷

87. 下述生产性毒物中，属于单纯性窒息性气体的是（　　）。

A. 一氧化碳　　B. 二氧化碳　　C. 甲烷　　D. 氮气

88. 下列有关特殊化学品火灾扑救方式，说法正确的是（　　）。

A. 扑救气体类火灾时，切忌盲目扑灭火焰，在没有采取堵漏措施的情况下，必须保持稳定燃烧

B. 扑救爆炸物品火灾时，切忌用沙土盖压，以免增强爆炸物品的威力

C. 扑救遇湿易燃物品火灾时，可用泡沫、干粉、二氧化碳等灭火剂扑救

D. 扑救易燃液体火灾时，比水轻又不溶于水的液体用直流水、雾状水往往无效，可用普通蛋白泡沫或轻泡沫扑救；水溶性液体最好用抗溶性泡沫扑救

89. 下列关于硫化氢危害说法正确的是（　　）。

A. 当硫化氢浓度大于1000ppm时，人体只要吸一口，就很难抢救而立即死亡

B. 当人体暴露在低浓度硫化氢环境下，将会产生慢性中毒，长时间也能导致人员窒息死亡

C. 一种易燃酸性气体，无色，低浓度时有臭鸡蛋气味，浓度极低时便有硫磺味，有剧毒

D. 针对耳鼓膜穿孔的人不能带上防毒器具在硫化氢气体的环境里工作，因为硫化氢可以从鼓膜穿孔处进入其肺部

90. 下列关于管线腐蚀的分类，正确的是（　　）。

A. 按腐蚀部位分为内壁腐蚀和外壁腐蚀

B. 按腐蚀的形状分为全面腐蚀和局部腐蚀

C. 按腐蚀过程的特点分为化学腐蚀、电化学腐蚀和物理腐蚀

D. 按腐蚀环境分为化学介质腐蚀、大气腐蚀、海水腐蚀、土壤腐蚀

91. 下列关于电离辐射的防护措施正确的是（　　）。

A. 缩短人员接触时间　　B. 加大操作距离或实施遥控

C. 屏蔽防护　　D. 配备普通个人防护用品

92. 污染预防是实施环境保护的重要手段，可包括：（　　）。

A. 污染源的减少或消除

B. 过程、产品或服务的更改

C. 资源的有效利用

D. 材料或能源替代、再利用、恢复、再循环、回收和处理

93. 为防止电褥子引起火灾，使用时（　　）。

A. 不要折叠　　B. 不要使用时间过长

C. 不要使用虚接电褥子　　D. 用完必须切断电源

94. 为保证食品质量，对食品冷冻工艺要求（　　）。

A. 快速冷冻　　B. 快速解冻　　C. 缓慢冷冻　　D. 缓慢解冻

95. 危险化学品的储存应严格执行危险化学品的装配规定，对不可配装的危险化学品应严格隔离，可采取的方式有（　　）。

A. 剧毒物品不能与其他危险化学品同存于同一仓库

B. 氧化剂或具有氧化性的酸类物质不能与易燃物品同存于同一仓库

C. 盛装性质相抵触气体的气瓶不可同存在同一仓库

D. 危险化学品与普通物品同存一仓库时，应保持一定距离

96. 危险化学品存在的主要危险是会导致（　　）。

A. 火灾爆炸　　B. 腐蚀　　C. 中毒　　D. 污染环境

97. 危险化学品，包括爆炸品、压缩气体和液化气体、易燃液体、易燃气体、易燃固体、自燃物品和遇湿易燃物品、氧化剂和有机过氧化物、有毒品和腐蚀品等。以下属于危险化学品的是（　　）。

A. 天然气　　B. 润滑油　　C. 硫化氢　　D. 硫酸

98. 使用电脑应满足人体工效学相关要求，下列说法正确的是：（　　）。

A. 工作面和座椅的高度适中，确保下肢有足够的活动空间

B. 正确放置键盘，操作者保持前臂处于水平位置，胳膊肘和前臂的角度保持在 70°～90°

C. 电脑屏幕摆放在正前方，屏幕上方比视线略低

D. 显示屏不宜直接面对、背对窗户或墙壁

99. 人员密集场所发生火灾时，该场所的现场工作人员应当履行（　　）义务。

A. 组织在场人员疏散　　B. 抢救贵重物品

C. 引导在场人员疏散　　D. 参与灭火

100. 抢救伤员的“三先三后”原则是（　　）。

A. 对窒息或心跳呼吸停止不久的伤员必须先复苏后搬运

B. 对出血伤员必须先止血后搬运

C. 对骨折伤员必须先固定后搬运

D. 必须先送医院后抢救

101. 某企业与从业人员订立的协议中规定，“如因员工个人原因造成工作事故，本厂不承担任何责任”。针对这种情况，正确的处置方式是（　　）。

A. 协议无效

B. 对生产经营单位的主要负责人处罚

C. 责令停业整顿

D. 对生产经营单位的主要负责人给予刑事处罚

102. 良好的作业环境，不能单靠添置新设备设施，应当充分依靠创造和保持一个整洁、方便、安全的环境，整洁的作业现场可以（　　）。

A. 减少故障和隐患　　B. 使作业区域更安全、更有效率

C. 展示安全的重要性　　D. 改变形象，进而改善精神面貌

103. 劳动防护用品按照防护部位有以下几大类：（　　）。

A. 头部防护用品，如安全帽；眼睛防护用品，如防护眼镜等

B. 耳部防护用品，如耳塞、耳罩等

C. 面部防护用品，如防护面罩；体部防护用品，如工作服、背带裤、雨衣、防寒服等；呼吸道防护用品，如防毒面具、呼吸器等

D. 手部防护用品，如手套；足部防护用品，如绝缘鞋等；其他防护用品，如安全带、安全绳（索）等

104. 家庭装修时应该注意（　　）消防安全。

A. 不能随意拆改建筑墙体

B. 不要随意改变燃气管线

C. 装修用料忌选易燃材料，慎选可燃材料

D. 根据实际情况增设电器设备

105. 家里发现燃气泄漏，要迅速关阀门，打开门窗，不能（　　）。

A. 打开电排风扇　　B. 拨打电话

C. 使用明火　　D. 使用普通手电查找漏点

106. 集体食物中毒的发病特点为（　　）。

A. 人与人之间直接传播　　B. 潜伏期短

C. 中毒病人有相似的食物史　　D. 中毒病人有相似的临床症状

107. 火灾中，正确的疏散做法是：（　　）。

A. 应该把重要的东西首饰包好，带走

B. 逃生时可以蒙上棉被，防止烧伤

C. 应用湿毛巾等捂住口鼻

D. 朝明亮处或外面空旷地方跑

108. 环境保护坚持保护优先、(　　) 的原则。

A. 公众参与　　B. 预防为主　　C. 损害担责　　D. 综合治理

109. 骨折常见的病因有 (　　)。

A. 直接暴力　　B. 间接暴力　　C. 积累劳损　　D. 病理骨折

110. 发现中暑患者时，第一时间采取措施的主要目的是给中暑者降温、补水等。具体急救措施如下：中暑急救采取的措施有 (　　)。

A. 应立即撤离高温环境到通风阴凉处休息

B. 饮糖盐水及清凉饮料，也可内服人丹

C. 可用清凉的毛巾冷敷其面部和全身，或是用纱布浸湿酒精擦拭，打开电扇或空调 (最好)

D. 保持在 22～25℃，同时在患者额头涂抹清凉油、风油精

111. 发现人员触电时，应采取 (　　)，使之脱离电源。

A. 立即用手拉开触电人员　　B. 用木棒拨开电源或触电者

C. 用铁棍拨开电源线　　D. 关掉电源开关

112. 发生地震时，你可以应急躲避的地点有：(　　)。

A. 桌子下面　　B. 坚固的家具旁边

C. 墙根、墙角　　D. 床下面

113. 不正确的急救方法有 (　　) 几种。

A. 发现有人触电时，立即用手去拉触电者

B. 对骨折伤员必须先固定后搬运

C. 随意搬动遇到因车祸等原因骨折的人

D. 抢救病人时，选择到比较远的大医院治疗

114.《国家危险废物名录》中，下列属于危险废物的有 (　　)。

A. 石油开采和炼制产生的油泥

B. 废弃钻井液处理产生的污泥

C. 石油炼制过程中的溢出废油或乳剂

D. 石油炼制过程中隔油设施的污泥

随堂练习答案

题号	1	2	3	4	5	6	7	8	9	10
答案	ABC	ABCD	ABCD	ABCDE	ABCD	ABCD	B	C	A	ABCD
题号	11	12	13	14	15	16	17	18	19	20
答案	D	C	C	C	B	AD	ABD	ABCD	ABCDE	ABCD
题号	21	22	23	24	25	26	27	28	29	30
答案	BD	D	ABC	A	A	A	C	C	B	C
题号	31	32	33	34	35	36	37	38	39	40
答案	B	A	C	C	B	AB	C	B	D	B
题号	41	42	43	44	45	46	47	48	49	50
答案	D	B	C	A	ABC	ABCD	ABCD	C	C	A
题号	51	52	53	54	55	56	57	58	59	60
答案	A	A	C	A	AB	ACD	BCD	C	B	A
题号	61	62	63	64	65	66	67	68	69	70
答案	ABCD	ABCD	ABCD	ABCD	A	ACD	BCD	D	ABCD	ABCD
题号	71	72	73	74	75	76	77	78	79	80
答案	A	ABCD	ABCD	ABC	BCD	A	AB	ABCD	ABD	ABCD
题号	81	82	83	84	85	86	87	88	89	90
答案	ABCD	AD	ABCD	ABC	ABCD	AC	BCD	ABD	ABCD	ABCD
题号	91	92	93	94	95	96	97	98	99	100
答案	ABC	ABCD	ABCD	AD	ABCD	ABCD	ACD	ABCD	AC	ABC
题号	101	102	103	104	105	106	107	108	109	110
答案	AB	ABCD	ABCD	ABCD	ABCD	BCD	BCD	ABCD	ABCD	ABCD
题号	111	112	113	114						
答案	BD	ABCD	ACD	ABCD